汉阅图典

书信中

**插图本**

S.G.Tallentyre
[英]斯蒂芬·G.塔伦泰尔 著 | 沈占春 译

*Voltaire in His Letters*

吉林出版集团股份有限公司

18.e Janv: 1763. au chateau de ferney.

Je vous réponds, Mesdemoiselles, sur du papier orné de fleurs, parce que je crois que le temps des épines est passé, et qu'on rendra justice à votre respectable mère et à vous. je vous félicite d'être auprès d'elle. je me flatte que votre présence a touché tous les juges, et qu'on réparera l'abomination de Toulouse. je vois avec un extrème plaisir que le public s'intéresse à vous aussi vivement que moi. Je fais mes plus sincères compliments à madame vôtre mère, et suis avec beaucoup de zèle, Mesdemoiselles, vôtre très humble et très obéissant serviteur voltaire gentilhomme ord.re du Roy

# 序　言

"在我看来，"乔治·艾略特①说过，"阅读一个人自己的作品，要比读他人对他的评论好得多，特别是，当被评论的人是精英之才，而评论他的人却是无名鼠辈时，尤为如此。"

她的这种见解，对于《伏尔泰书信》的翻译而言，或许是再好不过的理由了。

"翻译皆臆度"②乃老生常谈，亦为不言自明之理，但仍有很多受过高等教育且以阅读为娱乐之人，

---

① 乔治·艾略特（George Eliot，1819—1880）英国小说家。原名玛丽·安·伊文思，为避免当时社会对女小说家的偏见而用了这个男性的笔名。她也曾是一位翻译家、文学批评家和《威斯敏斯特评论》的副编辑。她主要的作品有《教授生活圈》《亚当·比德》《弗洛斯河上的磨坊》《织工马南传》《罗莫拉》《激进者：菲利克斯·霍尔特》《丹尼尔·德隆达》。她的经典之作《米德尔马奇》是一部对当时社会各个阶层的透彻研究之作。她的心理分析方法开创了当代心理小说创作的先河。
② *Traduttore traditore*，原文为意大利语，意为"翻译者乃背叛者"——译者注

他们除了自己的母语外，从来不读其他的语言。而有更多的人，对他们来说，法语虽是他们的第二语言，但他们也不会亲自去阅读那刊有伏尔泰信函的18大卷（每一卷500—600页）原著，他们更不会去鉴别那些随着时代变迁而价值削减的信函。似乎信函内容涉及的重大事件在今天看来不过是区区小事，还有那些在表达风格上的讥讽、明快及风趣等昔日无可媲美的文笔，而现在却不能激发起人们的兴致，在那些古老的灰烬中，我们筛选出永远散发着光和热的精华之作。

然而它们是值得探寻的。因为在许多方面，伏尔泰都是最优秀的，他是所有大书信家中书信最多的一位。

好的信函，无论用任何语言书写，经常出自那些生活平静的平凡人之手笔。他们生活的圈子狭小，几乎可以说，他们生活在书本和梦想之中，而忘却了真实的世界。你可以在书中见证考珀（Cowper）①的"神妙闲谈"，伴随着昂温太太（Mrs.Unwin）②茶炊的噗噗声、她打毛衣时织针有节奏的轻微撞击声，还有在木樨草地上蜜蜂的嗡嗡声和赤胸朱顶雀的鸣叫声。同样也见证了德·塞维涅夫人（Mme.de Sevigné）③对她女儿微妙咿呀学语的慈母之爱，还有爱德华·菲茨杰拉德（Edward Fitzgerald）④畅聊他从乡镇带来的令人愉悦而又高雅的绯闻流言，卡莱尔夫人（Mrs.Carlyle）⑤关于她的女佣和粉刷工那些犀利中肯的风趣妙

---

① 专珀（Cowper, 1731—1800），英国诗人，他终生受精神病患和宗教怀疑的折磨，曾多次产生自杀的念头。其主要的诗作有：《奥尔尼赞美诗》，那虔诚的赞美诗至今仍为英国新教徒们的最爱；《任务》，一部闲话自然恬淡的乡村生活的颂歌，预示着文学浪漫主义时代的到来。
② 昂温太太（Mrs.Unwin），《任务》长诗中的女主人公之一，库柏朋友的遗孀。
③ 德·塞维涅夫大（Mme.de Sevigné, 1626—1696）法国作家，以其书信而闻名于世。她出身贵族，受过很好的教育，懂拉丁语、西班牙语和意大利语。她的书信是17世纪贵族生活的真实记录。
④ 爱德华·菲茨杰（Edward Fitzgerald, 1809—1883）英国作家。他毕业于剑桥大学，著名作家萨克雷的同学和密友。他终生大部分时间过着离群索居的生活。他因自由地节译了波斯诗人奥马尔·海亚姆的诗集《鲁拜集》而名声大噪，并使此诗成为了一部英国文学中的经典而被人们传诵。他还译有西班牙剧作《卡尔德隆之戏剧六部》。
⑤ 卡莱尔夫人（Mrs.Carlyle，即Jane Welsh Carlyle）1801—1866，著名历史学家卡莱尔的妻子，书信体作家。她的作品1883年由卡莱尔编辑出版：《简·韦尔什·卡莱尔的书信与生平》。

语，你还可以体验到诗人格雷（Gray）①简练却不乏缜密的思考。格雷的朋友——贺拉斯·沃波尔（Horace Walpole）②——实在地讲，他本人真称得上是历史性的一个角色，他那名扬四海的信函对历史的贡献亦不容小觑，尽管那主要是些政治派系间无关紧要的怨愤、关于那个时代给我们以启示、从政治中获益的上层生活的丑闻。拜伦（Byron）③——最优秀的书信作家之一，因为他的书信最自然——经历了民族历史上最振奋人心的事件，在他勉力写下的大量书信中却没有几处提起过它们。可是伏尔泰，不仅与整整一个伟大的世纪相伴——他生于1694年，卒于1778年——而且他的一生在那个世纪里发挥着举足轻重的作用。他脉搏的跳动完完全全地与时代的重要性和发展前景保持合拍——他感受到了那个时代一切的耻辱，也给那个时代带来了荣耀。

他是一位君主的密友，又是另一位君主的仆人和廷臣，还是第三位君主的顾问和通信人。他不像贺拉斯·沃波尔和范妮·伯尼（Fanny Burney）④，虽然他也极力地讨好国王，但是他还是将他们放到自己格局中适当的位置。因为他知道并且理解那些有高贵头衔和声誉的人的真正价值，他与大多数伟大的文学家和同时代的社会改革

---

① 格雷（Gray，1716—1771）英国诗人。他是他父母12个孩子中的唯一幸存者。早年受教于著名的伊顿公学，是霍勒斯·沃波尔的同学和好友。后来毕业于剑桥大学，并大半生在那里任历史和近代语言学教职。他以其墓园诗派中最伟大的作品《墓园挽诗》而享誉英国。
② 贺拉斯·沃波尔（Horace Walpole，1717—1797）英国作家、艺术品鉴赏家和收藏家。他因哥特式小说《奥特朗城堡》而知名。当然最有影响的还是他的3000多封书信，他因此也被誉为"书信体作家之王"。
③ 拜伦（Byron，1788—1824）英国浪漫主义诗人和讽刺作家。曾就读于剑桥大学。他以《英国诗人和苏格兰评论家》的讽刺诗而一举成名，他的主要诗作有《时光流逝》《奇尔德·哈罗德朝圣之旅》《西永的囚徒》《曼弗雷德》和最著名的长诗《唐璜》。
④ 范妮·伯尼（Fanny Burney，1752—1840）英国小说家。音乐家查尔斯·伯尼之女，自学成才。她的作品生动地描述了当时音乐晚会的情景。她的成名作是书信体小说《艾薇丽娜，或一位年轻女士进入社会史》。她的第二部小说《塞西莉亚，或一位女继承人的回忆录》，则更加确立了她的小说家的地位。此外她还有《卡米拉，或青春画像》《早期日记》和《日记与书信》等作品。

家在生活上关系密切或以书信相交往：他曾会见过蒲柏（Pope）①、斯威夫特（Swift）②、博林布罗克（Bolingbroke）③，他喜欢同著名的《百科全书》的出版者和编辑人狄德罗（Diderot）④交往，他爱戴向世人介绍《百科全书》的达朗贝尔（D'Alembert）⑤，他赞赏沃韦纳格（Vauvenargues）⑥真实可信和精心细致的作品，他赏识杜尔哥（Turgot）⑦和孔多塞（Condorcet）⑧为受到压抑的人性所做出的高尚努力。此外，他不仅是一位那个时代一些最大知名案件（*causes célèbres*）的观察者，还是积极参与者，如卡拉斯（Calas）和西尔旺（Sirvens）案件，宾元帅（Admiral Byng）和拉利（Lally）元帅案以及拉巴雷骑士案（the Chevalier de la Barre）。

---

① 蒲柏（Pope，1688—1744）英国诗人、讽刺作家。他因翻译《荷马史诗》而闻名于世，同时也是《莎士比亚全集》的编者。他是一个早熟的男孩，因为他的罗马天主教信仰而没有受到正规的教育，造成知识大部分是自学的。他因脊椎变形和肺结核等疾病问题限制了成长和体育活动，结果身高只有4英尺6英寸高。他主要的著作有《批评论》《卷发遇劫记》《群愚史诗》《致阿斯巴诺特医生书》和哲学方面的长诗《人论随笔》。

② 斯威夫特（Swift，1667—1745）全名为乔纳森·斯威夫特，爱尔兰人，英语世界最重要的散文体讽刺作家。1688年革命时，他是都柏林三一学院的学生。他信仰新教。其主要著作有《一只木桶的故事》《致丝黛特拉书信集》，最有影响力的作品是他的《格列弗游记》。

③ 博林布罗克（Bolingbroke，1678—1751）英国政治家。著名的托利党人，在内阁中曾任国防大臣和国务大臣。其后他成为当时文学圈子的中心人物，发起了以文学宣传反对辉格党的活动。他的主要作品有《论党派》《一位爱国君主的理念》《流亡时的沉思》《论历史的研究与利用之书简》《致W.温德姆勋爵书》。

④ 狄德罗（Diderot，1713—1784）法国启蒙思想家、哲学家。早年受耶稣会的教育，后来获得巴黎大学的学位。1745—1772年，他担任启蒙时代重要的著作——《百科全书》（35卷）的主编。他的主要著作有：《论盲人书简》《对大自然解释的思考》《论绘画》，哲理小说《修女》《拉摩的侄儿》以及一些剧本和文艺论著。

⑤ 达朗贝尔（D'Alembert，1717—1783）法国的数学家、科学家、哲学家和作家。1743年，他出版了《动力学》一书，书中包括了以他的名字命名的"达朗贝尔原理"，此原理与牛顿运动定律相同。他详尽地阐述了《偏微分方程》，并出版了他研究的成果《积分学》。他与狄德罗共同主编了《百科全书》，他负责数学、科学的词条，并撰写了著名的序言。他也出版了关于声学的论著。1754年，当选为法兰西学院院士。

⑥ 沃布纳格（Vauvenargues，1715—1747）法国军人、道德家。因在代廷根战役中致残而退役，后在巴黎定居。他留有两部著作：《人类精神理解导论》，此书附有《思考与箴言》。其中对人类精神的思考早于卢梭。

⑦ 杜尔哥（Turgot，1727—1781）法国政治家、经济学家。曾任海军大臣、财政总监。在向路易十六国王建议6项经济改革的政令被拒绝后被解职。主要著作有《关于谷物贸易自由书》《论财富的形成和分配》。

⑧ 孔多塞（Condorcet，1743—1794）法国数学家、政治家和革命家。1777年，他成为法兰西科学院的秘书。1791年他当选为立法议会的巴黎代表。因赞同共和制，支持温和的吉伦特派而被迫流亡，被捕后死于监狱。他的代表作品是《人类精神进步史表纲要》。

但是当时，最令人感兴趣的是他与弗里德里希大帝（Frederick）①之间交往的那部分信函。值得强调的是，在伏尔泰的那些书信中，当时的德国皇帝和他伟大祖先之间的相像得到了引人注目的阐述，集中展现了他们之间那种悲喜交加的戏剧性友谊，其中加杂着对伏尔泰的未来的不祥预兆。这些信函给我们惟妙惟肖地重现了这样一位君主：像他的后继者一样，永远追求成为众人瞩目的中心；他有那种——由于缺少一个更好的表达，或许可以称之为宗教的姿态；当弗里德里希摆出一位有胆识的自由思想家的样子时——威廉"永远把上帝挂在口头上"。在伏尔泰的书信中，可以清楚地看到弗里德里希大帝从他更为狂野的男性祖先那里继承了狂热的血统，并把它连同过人的聪明一道传给了现在这位王室的代表。伏尔泰所描述的弗里德里希大帝，像他的前辈一样，"全知全能似乎成为他的怪癖"："如同生活在基督教世界中的任何人一样，他的小提琴演奏与他指挥战斗同样出色"，他的长笛演奏不逊于任何专业人员；他既是国王和征服者，又是法语诗人和文学家（*Littérateur*）；在政治上，威廉"丢弃了领航员"的身份，伏尔泰的信函则展示了威廉先祖玩世不恭的历史。这位先祖在文学和友情上，利用他的客人和友人，直到他对他感到厌烦，就"挤干了橙子，抛掉了"干瘪的"橙皮"。

信函中使人进一步注意到，渗透到威廉灵魂深处，也渗透到弗里德里希灵魂深处的那种他们自己永无过失的妄想，表明两者都同等地

---

① 弗里德里希大帝（Frederick the Great，英语译为弗雷德里克，此处仍按德语Friedrich der Grosse译为弗里德里希大帝，1712—1786）普鲁士国王，18世纪闻名的开明君主。他认为统治者应该行使专制的权力，但是其目的是为了臣民的利益。他施行了宗教宽容政策，废除了酷刑，在自己私人的领地内释放了农奴。他通过一系列军事胜利扩张了普鲁士的势力：1740年，击败了奥地利，攫取了西里西亚；在奥地利王位继承战争和七年战争中，极大地提高了普鲁士的地位和他自己的声誉；1757年，他在罗斯巴赫战胜了法国；在罗伊特恩击败了奥地利；在第一次瓜分波兰时扩大了普鲁士西部的边界。在波茨坦建立了逍遥宫，在那里接待宾客，演奏长笛，与伏尔泰通信。

觊觎"普天下的那种地位",即"开始想象篡夺整个世界的画面（le commencement et l'image de l'usurpation de toute la terre）"。

正是弗里德里希坚定地提倡和平——直到他彻底地准备好战争,他便将称之为条约的纸张撕成碎片;他违背与玛利亚·特雷莎的（Maria Theresa）①的诺言,侵入西里西亚（Silesia）②,从而使欧洲陷入历史上最血腥的一场战争。

"没有人比弗里德里希大帝更会披上称之为文化的精美外衣。他使这件外衣贴合得那么毫无瑕疵,以至于在'他将它甩到地上,并在它的上面践踏'之前,连精明的伏尔泰也以为那就是他的皮肤,而不是他的掩饰品"。作者引用这段写于15年前,出自《伏尔泰传》的引文,也应情有可原,因为它证明了弗里德里希和其皇室现在这位代表之间的相似之处,它不是离奇的空想或牵强的比喻,而确确实实一目了然（sautent aux yeux）的。

从这些信函中,我们十分令人满意地搜集到,在他住在波茨坦的（Potsdam）那些倒霉日子里,这位伟大的法国人与那位皇家主人可谓旗鼓相当。后者没有因为伏尔泰卷入与巴黎当局的冲突而轻慢地取消对他的访问（"那是使他到柏林的唯一办法"）:弗里德里希很节俭地用蔗糖、咖啡和蜡烛招待他的客人;截获和抄写他的信函;最后,伏尔泰从这种使他感到折磨、扣押和侮辱的怪异好客中逃脱。可是伏尔泰仍然以沉着自信和意味深长的笔触写道,"尽管我没有君权的节杖,但我却有

---

① 玛利亚特雷莎（Maria Theresa, 1717—1780）奥地利女大公,匈牙利和波西米亚女王,神圣罗马帝国皇帝弗朗西斯一世的皇后,神圣罗马皇帝约瑟夫二世的母亲。在她即位时,奥地利王位继承战争爆发,对她继承哈布斯堡地区是一个极大的挑战。接下来又与普鲁士进行了两场战争:七年战争和巴伐利亚王位继承战争。她统治期间,进行了一系列的财政和教育方面的改革,促进了贸易和农业的发展重组军队,所有这一切都增强了奥地利的实力。在对外关系上,她加强与法俄联盟,参与第一次瓜分波兰的行列。她是18世纪欧洲政治舞台上最有能力的统治者之一。她的16个孩子中包括路易十六的王后玛丽·安东瓦内特和神圣罗马帝国皇帝利奥波德二世。

② Silesia,历史上划分出的地区位于今天欧洲的东部,大部分在波兰的西南地区,一小部分在捷克和德国境内。

一支笔"——他炽热的天才之光确实无情地穿透了国王绚丽盔甲的薄弱之处。

总之，无论如何，除了弗里德里希大帝和他后来的仿效者以外——由于伏尔泰本人对一切都极感兴趣，几乎每个人对伏尔泰书信都依然怀着极大的兴趣：他所论及的主题——命运、自由意志、偏执、臣民的自由、出版自由和良心自由，如何对待悲伤和辛勤工作的价值——这些都不限于一个时代而属于所有的时代。

他不仅是一位思想家和实干家，而且是一位什么书都读的人，作为书信作家并非他的强项。最好的书信作家或其他文体的作家很少是书呆子，"如果一个人能做到其注意力不受书本的影响"，那么知识就是一种极大的力量。伏尔泰才华横溢的创新就是对他人过量舆论进行反击的证据：他阅读，但不是为了让人告诉他如何去思考，而是为了去行动：他图书室收藏的6000卷图书（他去世后此图书室被叶卡捷琳娜大帝购买）是他的仆人而不是他的主人，是手段而不是目的。

自然，他广泛的阅读确实给读者提供了关于名著的许多有趣批评：伏尔泰评价莎士比亚、蒲柏、《克拉丽莎·哈洛》（*Clarissa Harlowe*）以及他那个时代的法国戏剧家和平庸的诗人，展现出他卓越的评论才华和敏锐的洞察力，无疑也展现了他内心灵魂的承受力和对他人才能评价的极度宽容——一种他与所有真正的伟人共同具有的宽容。

但是，正如在所有的信函中——如所有的作品一样——风格与内容都同样极为重要。已经流传下来的那些值得留存的信函，经常因为撰写者的自我意识——意识到他们自身的讨巧——而受损。即使罗伯特·路易斯·史蒂文森（Robert Louis Stevenson）①的信函——近代最令人愉悦的书信作者之一——也有这种缺陷。一个人的艺术手法是完美的，他也知道有这些手法：文字是靠着技术和耐心反复打磨加工过的。如此令人赞美的艺术手法，结果它们最后造就的只是艺术中最高级的艺术——隐藏的艺术。

伏尔泰有丰富的灵感——大量天然和自发的涌动并流溢开来——这使他总是情不自禁：使其成为世界历史上对人类影响最大时代中最精明的一员，且还是一位最随意最自然的书信撰写者。

他在写信时不需要草拟初稿：他不需要像贺拉斯·沃尔波那样一遍遍地校正他的书信，他不需要去重复和修改他那些好的故事和俏皮话（bon-mots）。正如当他将《少女》（Pucelle）或他的《老实人》（Candide）放到一边——用他细致的书法，或许在一张纸牌的背面——去写一张晚宴的请柬时，会将他的诙谐妙语留待备用。在他的内心，他知道他拥有大量观察得到的资料和许多令人感兴趣的素材，用之不尽，取之不竭——因此不必担心是为一个愚蠢的胖侄女或一位双目失明的老太婆使用它们；还是用于应对弗里德里希大帝或那位了不起的几何学家达朗贝尔。

轻松而成的作品的确常常是"令人头疼地难读"，但是伏尔泰的书信却是轻如薄纱：当这些信函论及深奥的主题时，他思维最大的特色之一就是具有完美清晰的表述，但这一特点曾招致轻蔑的批评，"伏尔泰比任何人都更好地表达了每个人的思想"。可是事实正好相反，即他表

---

① 罗伯特·路易斯·史蒂文莱（Robert Louis Stevenson，1850—1894）苏格兰小说家、杂文家和诗人。他早年准备从事律师生涯但从未实践。他到处旅游，主要是为了寻找更好的气候以有利于他所患有的肺结核，但仍然因为健康问题而导致他在44岁时去世。他短暂的一生留下了不少的著作：《骑驴在塞文山脉的游历》《为少男少女而作》《金银岛》《绑架》《化身博士》《巴伦特雷的少爷》和19世纪最有影响的儿童文学《一个孩子的诗歌天地》等。

达复杂的事物是那么的明晰，以至于在他阐明它们之前，他的读者们竟然没有意识到它们有多么复杂。

即使形而上学——他自己将其定义为"华丽的名词，没有人能够解释，因为没有人能懂那是什么意思"——他也描绘得很有趣：尽管，在通常出于愉悦目的的前提下，读者肯定不会倾向于阅读18世纪的作家们对命运、自由意志和天生的罪恶和美德方面的说教。但我们这样说绝不过分，因为在论述这些主题时，伏尔泰也会令人感到妙趣横生。

然而，这里不但有他的长处，也有他的短处。在信中——正如在小说中——正如在所有的写作中——"在书信的背后，肯定有一个人"。通过伏尔泰的书信，我们可以看到一个缺乏威严的人：在他严肃的时候，他常常是半开玩笑地装装而已。当然，甚至在他带有温情的严肃中，人们还是会疑心他在嘲笑：如果是不公正的（当他涉及感动他和令他内心恐惧的问题时——卡拉斯案件、西尔旺案件和拉巴雷案件——都是不公正的），他此时便名副其实地成为一位天生的冷嘲者，对于他，讽刺是用来为无辜者辩护申冤的武器，通过罗马天主教的基督教派系，正如他所理解的，某些人类灵魂最神圣的宗教奥秘，也是他用来进攻的武器。

然而，正如他是一位讽刺作家、嘲弄者和讥笑者一样，他的书信还表明：他是一位热情的人道主义者、睿智的慈善家和先进的社会革新者。

"好人当中最糟糕的就是那种懦夫。"他对自己说。是的，他完全不是这种人！谁能够想象到这个伏尔泰（他在自身的利益和安危遭受威胁时，在权利被自己的政府剥夺受到冤枉时，他总能成功地逃离）作为一位被动的中立者、谨慎的沉默者在观望着一个自称为基督教国度的强权命令下，接连不断地在20世纪的比利时（Belgium）、波兰（Poland）、塞尔维亚（Serbia）和亚美尼亚（Armenia）发生那样的暴行？这位身材矮小、衰弱枯槁的怀疑主义者的气魄和天才，以何等狂怒激情带给他的震颤剧痛，痛斥和阻止如此的行径并使其受到永久的诅咒。尽管他可能是亵渎者，但他不仅知道"正义就是正义，在嘲笑重要性的结果中，追求正义就是智慧"，他也从不因为过于胆怯或过于慎重而影响他按照自己的认识去行动。

虽然他书信中的法语表达极为流畅、简洁和浅显易懂，但翻译好它们并非易事。他的嘲讽是那么微妙，因此在翻译时真正的困难在于不要失去它的风格；在某种程度上，伏尔泰用来刺穿敌人的那些富于进攻性的锋利妙语之箭，总是必然被冗赘语句的影响而变钝。伏尔泰笔下的每一个句子都浸透着他的民族性，译者在将他的语言转化为英语时，一定要意识到他在将一位最具法兰西精神的典范英国化，因为伏尔泰是法兰西之子中最具独到见解的一位。伏尔泰自己说过，"一位具备优秀翻译能力的人，很少能够在翻译过程中愉悦自己"。在每一个书架上都会找到这种结论的大量证据，现在的译者对此也不敢自命为不在此列；但他确实声称，对这位伟大法国人的熟悉，对他的生活、著作和品格的赞同，就会对他有效的内容做出起码有极大可能性的正确判断。

在他所有的著作中，书信对他的传记而言，无疑是最不可缺少的部分。就书信本身的形式而言，它就是一种极好的自传。这本书信集是精心挑选出来的，至少部分地具备他自传的性质。它们实际上正如书名所表达的，不是"伏尔泰的书信"而是"书信中的伏尔泰"，因为这些书信提供了"他在世时生活习惯"的最好肖像。它们不仅展示了他独特而非凡的智慧，也描述了他的爱恋和狱中生活；记载了他患天花后的康复过程，还有他为情人之死的悲痛欲绝之感。他觐见国王，他为人申冤，他抨击非人道的法律，他贬低莎士比亚，还有他对切斯特菲尔德（Chesterfield）①由衷的赞赏。当伏尔泰24岁时，正如拉吉利埃（Largillière）②为他所画的肖像一样：热情、敏感、才华横溢地开始了他的人生事业——或如乌东（Houdon）③所雕刻的他，晚年胜利地结束了他的活动，他成为欧洲最著名的人物——在知识界，他是同时代最伟大的人；对教会来说，他是一个可憎之人（anathema）。然而，乔伊特（Jowett）④说过，他所做过的善事要比所有的神甫做的还要多。

本书的译者将每一封信的起因、历史和解释都单独地撰写了一篇前言置于其前，这样就不至于打断正文，对那些喜欢自己弄清作者意思和典故的读者，就能够不受其干扰。在前言中，译者通篇都坚持一个原则，即篇幅越短越好，宁可对信中个别不甚明了的地方不做解释，也不去解释那些本已相当明白的内容。

只要译者知道书信的发信地，就都会标出地址，但有些也没提供地址。当然，信件是按年代排序的，一般说来，全书中也提供了相关的信息。没有提供时，省略只是基于这样的一个事实，即作者转而去谈那些不再有趣的主题。

为方便那些对伏尔泰历史的主要资料不甚熟悉的读者，现将他的一

---

① 切斯特菲尔德，全名为菲利普·多默·斯坦诺普（Chesterfield, 1694—1773），因承袭了其家族的第四代贵族爵位而称之为切斯特菲尔德伯爵。英国政治家、外交家、著名的演说家。但他留给后世最大的财富，是给他带来巨大文学声誉而被世代传颂的《切斯特菲尔德伯爵致子书》。他是辉格党议员，强烈反对沃波尔的政策。作为爱尔兰的总督，他建立学校，鼓励建立工厂，使爱尔兰人与奥尔良派及天主教和解。其后曾任国务大臣。他的那些信是用英语、法语和拉丁语写给他的私生子菲利普·斯坦诺普的。不幸地是他的这个儿子36岁时早逝，留下的两个孩子也默默无闻。他的儿媳认为这些书信是有利可图的一笔财富，因此将它们卖给了出版商。他的书信受到了伏尔泰的高度赞扬，认为它们清晰准确地反映了18世纪上流社会的真实生活。切斯特菲尔德本人就是艺术鉴赏家和文学评论家，他充满智慧的书信和细腻的文笔形成了独特的切斯特菲尔德文风。他与当时的许多文人交往密切并深受尊重。蒲柏、斯威夫特、艾迪生等都是他的密友。他在信里写道："当我与艾迪生先生和蒲柏先生在一起时，我会认为我正与那些远远高于我自己的人相伴，好像自己置身于欧洲所有的君主之中。"
② 拉吉利埃（Largillière, 1656—1746）全名为尼古拉·德·拉吉利埃，路易十四时代有名的历史和肖像画家，素有"法国的凡·戴克"之称。他著名的作品有路易十四肖像、法国政治家皮亚琴察公爵夏尔·勒布伦肖像。
③ 乌东（Houdon, 1741—1828）法国雕刻家，以其同代人的半身像和塑像而知名，主要作品有伏尔泰、布丰、狄德罗、卢梭、华盛顿和富兰克林。
④ 齐伊特（Jowett, 1817—1893）19世纪英国著名的学者、牛津大学教授、巴里奥尔学院院长、牛津大学副校长。以翻译柏拉图、修昔底德、亚里士多德等古典大师的作品而闻名，被认为是那个时代的一位大师。

伏尔泰1694年11月21日生于巴黎，1778年5月30日卒于这座房子

生简短扼要地增补如下：

弗朗索瓦·马里·阿鲁埃（François Marie Arouet），1694年11月21日出生在巴黎（或在巴黎附近）的一位公证人家里。他在圣路易—勒格朗的耶稣会学院（the Jesuit College of St.Louis-le-Grand）接受教育。19岁时，他对父亲宣布，他打算靠他的笔去谋生，结果招致父亲的反对。此后，他以驻荷兰法国大使的随员身份被派往海牙。在那里，他爱上了迪努瓦耶（Dunoyer）的女儿，因此以行为不端之臣民（*mauvais sujet*）被解职引渡回国。回国后，他创作了他的第一部戏剧《俄狄浦斯》（*Œdipe*）。1717年，他莫名其妙地因两篇并非他撰写的嘲讽奥尔良摄政王（the Regent Orléans）①的作品而被关入巴士底狱。在这里，他把自己的名字改为伏尔泰，并开始创造他著名的史诗《亨利亚德》

---

① 奥尔良摄政王（the Regent Orléans，1674—1723）法国摄政王。他天资聪颖，但是从青少年时期起就没有了道德约束。尽管年轻的公爵在反击英国和荷兰的联合作战中证明了他的勇敢，并成功地指挥了在意大利和西班牙的战斗。但因遭到路易十四的排挤，他被流放了几年。直到路易十四逝世前，他才被授予奥尔良唯一执政的资格。

(Henriade)。1718年，他的《俄狄浦斯》在剧院上演，此剧令其作者一举成名。1723年，《亨利亚德》出版，但这部作品很快地就遭到新闻审查官的封杀。虽然如此，史诗的作者还是成为受欢迎的人（persona grata）和知名的剧作家，他的剧作成为路易十五和他的新娘玛丽·莱什琴斯卡（Marie Leczinska）①的宫廷娱乐（divertissements）。1726年，他因为据称对德罗昂骑士（Chevalier de Rohan）莫须有的侮辱而被再次投入巴士底狱。在那里，他被判流放，根据他本人的要求，他被放逐到英国。在英国期间，他结识了当时英国所有的伟人，由此他创作了后来的名著《英国通信》，从此他终生感悟并一再热情地赞美英国制度的宽容、自由和公正。当他回到法国后，他又出版了《扎伊尔》（Zaïre）——他最感人和最受欢迎的戏剧之一。1734年，《英国通信》在巴黎出版——对法国当局而言，他表达的思想太过自由——他再次被迫逃离首都，到香槟区（Champagne）西雷（Cirey）侯爵的乡下别墅避难，著名的迪夏特莱女侯爵（Marquise du Châtelet）②本人就是一位杰出的知识女性，她是伏尔泰15年的情人，因此她的西雷城堡就成了他的家。在那里，他们商讨翻译《牛顿哲学原理》（The Elements of Newton's Philosophy），伏尔泰则继续创作他那粗俗不堪的关于圣女贞德的史诗——《少女》。在那里，他多次拜访弗里德里希国王，即后来普鲁士的弗里德里希大帝。伏尔泰用他的笔，刺伤并杀戮了留在都城里的许多批评家和敌人——特别是那位最显要的神甫、记者和叛国者德方

---

① 玛丽·莱什琴斯卡（Marie Leczinska，1703—1768）法国王后。她是被废黜的前波兰国王斯坦尼斯瓦夫的女儿。1725年与路易十五完婚，育有10个孩子，其中活下来的有7个。
② 迪夏特莱女侯爵（Marquise du Châtelet，通译为"夏特莱夫人"，1706—1749）以与伏尔泰长期的亲密关系而闻名于世。她在靠近西桑边界的布莱斯河畔的西雷城堡接待和保护了伏尔泰。她是一位聪颖的才女，潜心于数学、科学和哲学，翻译了牛顿的《自然哲学原理》并使其通俗化；她还精通拉丁语、意大利语和英语，并用这些语言来写诗。她不为那个时代的世俗社会所欢迎，曾遭到迪德方夫人的尖刻嘲讽。

丹（Desfontaines）①。

1746年，已经52岁的伏尔泰，当选为法兰西学院的院士。两年之后，迪夏特莱因为圣朗贝尔侯爵（Marquise de Saint Lambert）②而背叛了他。1749年，迪夏特莱在曾作为波兰国王斯坦尼斯拉斯（Stanislas）宫廷的吕内维尔（Lunéville）去世。弗里德里希大帝对一位小诗人——达诺（d'Arnaud）③的艺术资助成为伏尔泰接受普鲁士王室提供的职位和年金的主要原因，在此之前，他一直明智而坚定地谢绝波茨坦王室的年金和职位。1750—1753年，他在那里度过了一段最为动荡不安的生活，那也是最令他烦恼的时期之一：因为他卷入到柏林一桩犹太高利贷商人诉讼案之中。此事件激怒了他的皇室主人。同时，他与柏林科学院院长莫佩尔蒂（Maupertuis）④展开了论战，最后在《阿卡基亚医生的讽刺》（*The Diatribe of Dr.Akakia*）一文中对他进行了猛烈抨击，这篇文字是法国文学中最尖刻、最辛辣的讽刺作品。国王站在了他的院长一边：他对他的客人大发雷霆，但还是不允许他的客人离开他下辖的版图。遭受普鲁士官员上百次的烦扰之后，伏尔泰成功地逃离了国王的宫廷，但是因为他的《各民族的精神和风俗论》不合适宜地问世，他无法回到自己的国家，因为他在该书"人类的精神史"一章中攻击了国王和天主教的残暴，"触犯了所有权力阶层和所有怀有宗教偏见的人

---

① 德方丹（Desfontaines，1685—1745），全名为皮埃尔-弗朗索瓦·居约，法国耶稣会神甫、文学批评家。他离开了耶稣会后，以写作为业。还在《学者杂志》上翻译了《格列佛游记》，并经营过各种文学期刊。他的《崇高的时代精神习俗新词典》嘲笑了某些他的同代人的作品和语言，而他翻译的维吉尔的史诗《埃涅阿斯纪》据说是法语译文中最好的译本。不过，他被人们记得主要还是因为他与伏尔泰的论争。
② 圣朗贝尔侯爵（Marquise de Saint Lambert，1716—1803），法国诗人、《百科全书》的撰稿人。他的诗《四季时光》以汤姆森的《季节》为范本，从浪漫和哲理的观点来描述大自然，虽然格里姆、狄德罗和迪德夫人这些明智的评论家谴责他的作品平淡、冗长乏味，但他的诗还是获得了很大的成功。
③ 达诺（d'Arnaud，1718—1805），法国戏剧家和小说家，主要著作有悲剧《科里尔》、惊悚剧《科曼热伯爵》以及一些小说。他的诗《耶利米之哀歌》引发了伏尔泰诙谐的反击并直接导致了后来对蓬皮尼昂的论战。
④ 莫佩尔蒂（Maupertuis，1698—1759），法国数学家和天文学家。路易十五派到拉普兰测量子午线的考察队队长；支持牛顿地球为椭圆形的理论；因其考察队的成功，被弗里德里希聘为柏林科学院院长。他提出了物理学上的最小作用原理。他一生中卷入到了大量的争辩之中，特别是因为伏尔泰对他的讥讽而永载史册。

士",导致了路易十五对蓬帕杜夫人（Mme. De Pompadour）表示："我希望伏尔泰不要回到巴黎。"因此，他去了瑞士。首先到了欢乐园（Délices），接着到了费尔内（Ferney），两地都靠近日内瓦。在瑞士，通过他的笔，人们感受到他的力量，正如他自己所言，他已经成了"欧洲的小店主"。

在他停留普鲁士期间，尽管他的创作惊人地多产，却几乎没有什么作品问世。唯一的是他的历史著作《路易十四时代》出版了，接着他又开始了《哲学辞典》的编写。1755年，里斯本发生了恐怖的地震，他在那篇《里斯本的灾难》的诗中表达了他内心深处的痛楚。他在诗里抨击了教皇"不管现实如何都是正确的"那种轻松的乐观主义，如在他的《论自然法则之诗》他对上帝的探索一样，通过世界的恐怖和悲伤来"探索上帝"。

1756年，英国的宾元帅（Admiral Byng）[①]因为在征服被法国占领的梅诺卡（Minorca）的战斗中所起的作用受到不公正的判决，这第一次促使伏尔泰选择一生的最高尚工作——为无辜者辩护，为受冤枉的人平反昭雪。

1759年，他发表了或许是他最好和最具嘲弄性的小说《老实人》（Candide），以嘲笑来自他在《里斯本的灾难》和《论自然法则》这些诗里很严厉批驳过的"在最好的世界里一切都会是最好"的理论。小说"因嘲笑而消失"，而那两部作品也被公开焚毁。

1756年，伏尔泰开始了与大《百科全书》的联系，并与大《百科全书》的承办者达朗贝尔建立了更亲密的友谊：1757年，该书发表了"日

---

① 宾元帅（Admiral Byng，1704—1757），著名的海军司令乔治·托灵顿子爵的第四子。他于1718年在海军服役，1745年被任命为海军司令。1756年，他的舰队在保卫梅诺卡的战役中被法军击败。1757年，军事法庭判处他失职罪并处以死刑。

内瓦"词条，伏尔泰肯定参与了编写。事实上，该词条宣称，加尔文教只是索齐尼教（Socinianism）①而已，而且他们大力支持戏剧表演，令整个城市争吵起来。因此有一段时间，伏尔泰在这个城市里几乎无立足之地。正是在这个时期，他制订了自己的战斗口号——战胜无耻迷信和偏执（Ecrasez l'infâme——"l'infâme"）如果能用一个词来翻译他要反对的是什么，那就是"不宽容"，但特别是指以基督的名义，对异教徒的诋毁、迫害、烧死等宗教上的不宽容。

1760年，伏尔泰收养了著名的高乃依（Corneille）②的侄孙女，通过编辑她叔祖的著作提供给她一份嫁妆。一年以后，这位人类造物中最多才多艺的人就着手建造了一座教堂，它（上面带有著名的铭刻："敬献上帝"Deo erexit Voltaire，——伏尔泰）仍然矗立在费尔内他昔日的花园中。1762年，他开始要证明让·卡拉斯（Jean Calas）的无辜，后者是图卢兹（Toulouse）一位新教徒，因为莫须有的谋杀亲子罪而被车裂至死。伏尔泰不顾一切困难和来自各方面反对的压力，为此案的真相拼命地工作了3年多，并以卡拉斯案作为主题，撰写了他的名著《论宽容》。最后，他不屈不挠的努力终于有了回报，让·卡拉斯和他的全家终于在法律上被宣布为无罪。"胜诉无望诉讼案的辩护人"，当他这样称呼自己时，他很快地发现自己要做更多的工作；他为了改变对另一个新教家庭——西尔旺家（the Sirvens）的野蛮判决而悲叹、疾呼和奋

---

① Socinianism，16世纪一种理性主义基督教，因其意大利出生的神学家索齐努斯而得名。其教义为：灵魂与躯体同存，即灵魂随着肉体的死亡而死亡，但是那些坚持服从天主十诫的人的灵魂将会复活。政治上他们主张政教分离。

② 高乃依（Corneille，1606—1684），法国伟大的古典剧作家，早年毕业于耶稣会中学，研读法律，后任律师直到1650年。他早期创作了多部戏剧，给他带来了声誉和金钱。他还是以悲剧大师闻名于世，其中最成功的是他的四部悲剧：《熙德》《西拿》《贺拉斯》和《波利厄克特》。

争；努力证实年轻的骑士拉巴雷（Chevalier de la Barre）①无罪——拉巴雷是第一位因为犯罪而遭受酷刑并在阿布维尔被斩首的人。而那"罪行"，正如伏尔泰自己所言，"应受圣徒拉撒路（Saint Lazare）②的佑护"。拉巴雷的尸体与伏尔泰最具才华和独创性的作品《哲学辞典》的第1卷一同被焚烧。《哲学辞典》是一本小型的百科全书，明快，诙谐风趣，勇于挑战，深刻，可是在罗马和巴黎却被教会诅咒，甚至在伦敦，它的第五版也遭到同样的命运。

伏尔泰现在变得越来越衰老，可是他和他的侄女，作为城堡女主人的德尼夫人（Mme. Denis）一起，在费尔内继续接待客人——他们大部分都是欧洲的名流。1767年，因同情自己庄园的穷苦人，他起用了一群钟表匠和织布工，在那里他给50位食不果腹的人提供了工作，而后居住地发展繁盛到留有1 200人的自给自足居住区。

1773年，年龄高达79岁的伏尔泰将他尚存的精力投入到帮助年轻的拉利-托朗达（Lally-Tollendal）③澄清他已故父亲声誉而进行辩护申冤的努力之中。拉利的父亲拉利将军是爱尔兰詹姆斯二世党人，1776年在巴黎被害，只是因为他代表他移居入籍的法国在印度反击英国人的战斗中失败。

当时的伏尔泰已是83岁的高龄，他听从了他的甥女和他许多仰慕者那种愚蠢和讨好的规劝，回到了他已阔别了28年的首都。他出席了他最后的一部戏剧《伊蕾娜》（Irène）的庆祝表演，得到了法兰西学院和法

---

① 拉己雷（Chevalier de la Barre, 1747—1766），全名为让·弗朗索瓦·勒费弗尔·德·拉巴雷，他是骑士安托万·勒费弗尔之孙。1766年，在他19岁的时候，被阿布维尔市法庭判处死刑，在十字架上被肢解后处死。这一野蛮行径和宗教偏执地对待无辜，使义愤满腔的伏尔泰在《评述骑士德拉巴雷之死》中予以抨击。

② Saint Lazare，这里是法语拼法，英语应为"Lazarus"大天使的名字，详见《圣经·约翰福音》11章。

③ 拉利-托朗达（Lally-Tollendal, 1751—1830），拉利将军之子。在伏尔泰的帮助下，他于1788年获得国王的敕令，宣布恢复他父亲的名誉，撤销以前不公正的判决。1789年，他是法国三级会议上贵族的代表，但不久就和王室联合到一起。他提倡君主立宪制，1790年逃往英国。1792年回到法国。恐怖统治期间，他被囚禁，但不久后被释放。之后又返回英国。1816年，路易十八封他为贵族。他著有《为法国移民辩护》和《斯特拉德福伯爵温特沃斯传》。

兰西科学院的热烈欢迎。他在万众欢呼致意之中，在覆盖着致敬的玫瑰之中，于1778年5月30日在巴黎去世。

因担心巴黎当局会拒绝接受这位强劲的不信教者进入基督教徒的墓地，他的亲属们将他的尸体运到了塞里埃尔（Scellères）修道院，在那里全部仪式都按照教会的规定而进行。13年以后，在法国大革命期间，他的骨灰被送到了先贤祠（Pantheon），仪仗队和乐队在队列的前面演奏音乐，成千上万人组成的队伍跟随送行。他的石棺上刻着如下的铭文：

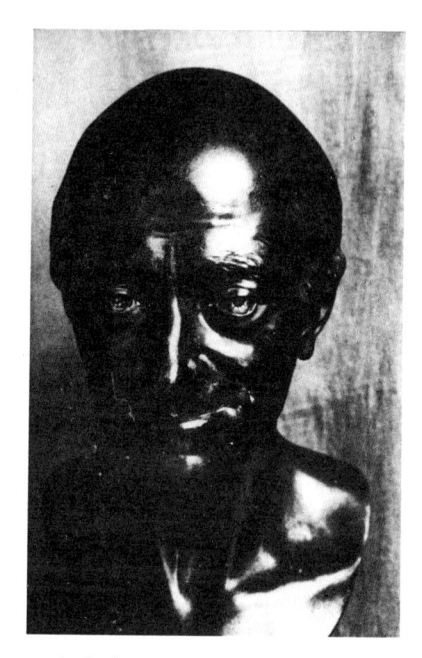

伏尔泰青铜像：雕塑家乌东作

> 他曾为卡拉斯、拉巴雷、西尔旺和蒙贝利申冤昭雪。他是诗人、哲学家、历史学家，他赋予了人类的心灵以巨大的力量。他为我们未来的自由奠定了基础。

对这些高尚真诚的语句，也许还应中肯地加上：他不仅为人们的自由做好了准备。而且他为人类反对今天将世界置于血泊之中的争夺领土之野蛮贪欲，竭尽全力地进行过战斗。他酷爱自由、和平、宽容和正义，不仅他的著作中散发着浓郁的仁慈气息，而在他的这些信函中更充满着宽容的美德，构成了它们值得后人永远追忆的感人篇章。

编者

1919年

# 目　录

**I　策划私奔**
　　致迪努瓦耶小姐 …………………………………… 001

**II　真爱之路**
　　致迪努瓦耶小姐 …………………………………… 003

**III　告别热恋**
　　致迪努瓦耶小姐 …………………………………… 005

**IV　论巴士底狱的解放**
　　致警官 ……………………………………………… 007

**V　论天花的侵袭**
　　致布勒特伊男爵 …………………………………… 010

**VI　强制的囚犯**
　　致巴黎管理区之牧师 ……………………………… 019

**VII　论生活在英国的好处**
　　致泰里奥先生 ……………………………………… 021

**VIII　谈生意**
　　致斯威夫特教长 …………………………………… 024

- IX 论正确地对待悲伤
  - 致一位匿名通信人 ·············································· 026
- X 安慰一位失败者
  - 致当热威尔小姐 ················································ 030
- XI 论撰写当代史
  - 致贝尔坦·德罗谢雷 ············································ 033
- XII 论出版自由兼论戏剧
  - 致一位首席专员 ················································ 036
- XIII 关于乔迁之喜
  - 致德尚博南夫人 ················································ 041
- XIV 论同样的主题
  - 致讷维尔女伯爵 ················································ 043
- XV 关于《少女》和《路易十四时代》
  - 致多利维神甫 ··················································· 045
- XVI 论君主的自由思想
  - 致普鲁士国王弗里德里希 ······································ 049
- XVII 论上帝、灵魂和固有的道德
  - 致普鲁士国王弗里德里希 ······································ 054
- XVIII 关于伏尔泰甥女的婚姻
  - 致泰里奥先生 ··················································· 059
- XIX 论平静的生活和一时的沮丧
  - 致基诺小姐 ····················································· 062
- XX 关于法国人与英国人
  - 致勒勃朗神甫 ··················································· 066

| XXI | 论背信弃义 |
| --- | --- |
| | 致泰里奥先生 ································· 068 |

| XXII | 论诗歌创作 |
| --- | --- |
| | 致爱尔维修先生 ······························· 073 |

| XXIII | 论同一主题兼论布瓦洛 |
| --- | --- |
| | 致爱尔维修先生 ······························· 077 |

| XXIV | 论英国的宽容 |
| --- | --- |
| | 致塞萨尔·德米斯先生 ························· 080 |

| XXV | 论高乃依与莱辛 |
| --- | --- |
| | 致德·沃韦纳格先生 ··························· 083 |

| XXVI | 对一位批评家的批评 |
| --- | --- |
| | 致马丁·卡勒先生 ····························· 089 |

| XXVII | 论盲人 |
| --- | --- |
| | 致狄德罗先生 ································· 092 |

| XXVIII | 关于迪夏特莱夫人之死 |
| --- | --- |
| | 致迪博卡热夫人 ······························· 096 |

| XXIX | 同前一主题 |
| --- | --- |
| | 致达诺先生 ··································· 099 |

| XXX | 到达普鲁士 |
| --- | --- |
| | 致德尼夫人 ··································· 101 |

| XXXI | 在波茨坦的快乐生活 |
| --- | --- |
| | 致德·方丹夫人 ······························· 105 |

| XXXII | 同前一主题 |
| --- | --- |
| | 致德尼夫人 ··································· 109 |

- XXXIII  长笛内的小裂缝
  - 致德尼夫人 ……………………………………………… 112
- XXXIV  国王的宠爱
  - 致德尼夫人 ……………………………………………… 116
- XXXV  论灵感
  - 致弗里德里希国王 ……………………………………… 119
- XXXVI  分歧加深
  - 致德尼夫人 ……………………………………………… 121
- XXXVII  一块橘子皮
  - 致德尼夫人 ……………………………………………… 125
- XXXVIII  紧张关系加剧
  - 致德尼夫人 ……………………………………………… 128
- XXXIX  论健康
  - 致巴吉厄先生 …………………………………………… 131
- XL  同莫佩尔蒂的争吵
  - 致德尼夫人 ……………………………………………… 135
- XLI  同前一主题
  - 致德尼夫人 ……………………………………………… 139
- XLII  风暴突降
  - 弗里德里希致伏尔泰 …………………………………… 143
- XLIII  国王的词典
  - 致德尼夫人 ……………………………………………… 146
- XLIV  告别
  - 致弗里德里希大帝 ……………………………………… 149

| XLV | 免职 |
| --- | --- |
| | 弗里德里希大帝致伏尔泰复函 ············ 151 |

| XLVI | 逃离普鲁士 |
| --- | --- |
| | 通过国防大臣达尔让松伯爵向法国国王递交的请愿书 ············ 153 |

| XLVII | 论接种疫苗 |
| --- | --- |
| | 致达尔让塔尔伯爵 ············ 157 |

| XLVIII | 关于一位朋友的失明 |
| --- | --- |
| | 致迪德方夫人 ············ 160 |

| XLIX | 论《博林布罗克勋爵回忆录》 |
| --- | --- |
| | 致迪德方夫人 ············ 165 |

| L | 论蒲柏和维吉尔 |
| --- | --- |
| | 致迪德方夫人 ············ 170 |

| LI | 论文明与文学的进步 |
| --- | --- |
| | 致J.J.卢梭 ············ 174 |

| LII | 关于里斯本地震 |
| --- | --- |
| | 致里昂的特龙钦 ············ 183 |

| LIII | 论良好的文学鉴赏力 |
| --- | --- |
| | 致×××小姐 ············ 185 |

| LIV | 关于宾元帅案 ············ 189 |
| --- | --- |

| LV | 关于大《百科全书》 |
| --- | --- |
| | 致达朗贝尔先生 ············ 193 |

| LVI | 信仰的表白 |
| --- | --- |
| | 致×××先生 ············ 198 |

| LVII | 论《克拉丽莎·哈洛》 |
| --- | --- |
| | 致迪德方夫人 ············ 202 |

| LVIII | 对一位诽谤者的质疑 | |
|---|---|---|
| | 致帕里索先生 | 206 |
| LIX | 1760年的社会状况 | |
| | 致德巴斯蒂德先生 | 211 |
| LX | 论玛丽·沃尔利·蒙塔古女勋爵 | |
| | 致达让塔尔伯爵先生 | 215 |
| LXI | 论嘲笑 | |
| | 致贝特朗先生 | 218 |
| LXII | 关于卡拉斯和西尔旺案 | |
| | 致达米拉维尔先生 | 220 |
| LXIII | 德拉巴雷骑士 | |
| | 致达朗贝尔先生 | 233 |
| LXIV | 论卢梭在英国的影响 | |
| | 致英国的助理法官马里奥特先生 | 237 |
| LXV | 论耶稣会会士和凯瑟琳大帝 | |
| | 致迪德方夫人 | 242 |
| LXVI | 论莎士比亚 | |
| | 致贺拉斯·沃波尔先生 | 247 |
| LXVII | 关于作为动物的好处 | |
| | 致雄贝格伯爵 | 258 |
| LXVIII | 致达朗贝尔先生 | |
| | 论马丁案 | 261 |
| LXIX | 论皮加勒的雕像 | |
| | 致内克尔夫人 | 265 |

**LXX　同前一主题**
　　致内克尔夫人 ·················· 268

**LXXI　致普鲁士国王弗里德里希·威廉**
　　论上帝和灵魂 ·················· 270

**LXXII　论老年的幸福**
　　致切斯特菲尔德勋爵 ·············· 273

**LXXIII　论天赋**
　　致狄德罗先生 ·················· 276

**LXXIV　论明智的任命**
　　致杜尔哥先生 ·················· 280

**LXXV　关于杜尔哥和费尔内**
　　致孔多塞侯爵 ·················· 282

**LXXVI　论切斯特菲尔德勋爵的信**
　　致迪德方夫人 ·················· 286

**LXXVII　同前一主题**
　　致弗里德里希大帝 ················ 289

**LXXVIII　为穷人恳求**
　　致德法尔热先生 ················· 291

**LXXIX　论路易十四时代**
　　致德福热尔男爵 ················· 295

**LXXX　论君主制和专制**
　　致吉恩先生 ··················· 300

**LXXXI　一份临终者的信仰表白**
　　致戈尔捷神甫 ·················· 303

| LXXXII | 1778年的巴黎 |
| --- | --- |
| | 致比茹-费尔内的德弗洛里安侯爵 ················· 306 |
| LXXXIII | 告别 |
| | 致弗里德里希大帝 ································· 309 |
| LXXXIV | 绝笔书 |
| | 致德拉利伯爵 ····································· 312 |

# I

## 策划私奔

致迪努瓦耶小姐

【此信写于弗朗索瓦·马里·阿鲁埃（François Marie Arouet）——即后来的伏尔泰——19岁之时。当他向自己的父亲宣布他要靠他的笔在这个世界上生存的打算后，他被父亲强行作为法国驻荷兰大使——德沙托纳夫侯爵（Marquis de Châteauneuf）的随员被派往海牙。在那里，他爱上了迪努瓦耶小姐（Mdlle Dunoyer）。迪努瓦耶即人们所熟悉的"潘佩特"（Pimpette）——她的母亲既身无分文又没有社会地位（déclassée）。伏尔泰的情书表现了他火热的激情、轻松活泼的心情、机智善断的能力和属于他终生气质的大无畏精神。他为自己的箴言给出了佐证："所有激情中最强烈的是爱情，因为它转瞬间就袭遍你的头脑、心脏和肉体。"这种激情的兴奋和快慰，因遭到大使的强烈阻止和潘佩特母亲的坚决反对而数倍地上升——致使大使要把他监禁起来。但他违背了获释的誓言，从窗子里爬了出来，像信中所提出来的一样，与潘佩特一起，确实"像风一样地"飞到了远至5英里外的斯海弗宁恩（Scheveningen）①。在那里，在他的指示下，她写下了旨在计划有助于下一步私奔去巴黎的秘密规划的"不情愿的信"。】

我在这里是国王的囚犯。他们可以剥夺我的生命，但是却不能剥夺我对你的爱，我的至爱。我要在今晚见到你，哪怕这会带给我身败名裂的结局。看在上帝的份上，给我的信里千万不要带有非常忧郁的情绪，要充满活力而不忘谨慎：要将你的母亲作为最危险的敌人来提防；当心每一个人，任何人都不要相信；当月亮升起的时候做好准备；我要隐匿身份并悄悄地离开这座房子，然后我将乘一辆四轮马车或轻便的双轮马车，风一般地驰往斯海弗宁恩。我将带上纸和墨，我们要写一些非情愿的信函。可是如果你爱我的话，你就鼓起勇气，唤起你全部的坚定和冷静；在你母亲面前，千万要保持你绝对的警觉；尽力地找到你的肖像画；在任何情况下，都不要怀疑我对你的挚爱和忠诚。什么都不能把我们分开，我们的爱建立在相互尊重的基础上，因此只要一息尚存，我们的爱就永不消失。你最好告诉鞋匠叫一辆轻便马车——不，仔细想想，我还是宁愿你不要相信他：我将在你的路口等你。暂此，我为你承担的任何风险都不值一提，你值得我为你付出无穷的爱。再见，我的心肝宝贝。

此致

你的阿鲁埃

1713年于海牙

---

① 斯海弗宁恩，海牙的一处海滨旅游胜地，位于荷兰西南部的南荷兰省。

## II
## 真爱之路

致迪努瓦耶小姐

【写完这封信5天以后,阿鲁埃被遣回巴黎,作为不可救药的年轻人交给他的父亲。】

亲爱的,就在昨天,我才听说你病了——那都是因为我带给你的焦虑。天哪!我一下子成为你痛苦的起因,而我又无力缓解它们!我从未感受到如此刺痛的悲伤——我也从未如此地感受到我完全是罪有应得。我不知道你病成什么样子,所有这一切都增添了我的担忧。你爱我,又不给我写信——由此我知道你肯定是病了。两位恋人置身于多么压抑的处境之中啊!——一位病卧在床,另一位失去了人身自由。我恳求你快些好起来,如果那样,你就是在以你的能力帮助我：至少你能照料你自己，那将是你带给我的最大快乐。我相信，在我以往写给你的每一封信里，我都恳请你注意自己的健康。如果你能战胜你的疾病，我将欣然地承受自己全部的不幸。我离开的日子又一次拖延了。M.德·M先生，强行进入我的房间，禁止我继续写信。再会，再会了，我亲爱的宝贝儿！愿你的幸福感就像我现在的不幸感一样永远与你相伴！暂此，我亲爱的，尽量给我写信。

此致

你的阿鲁埃

1713年12月13日 于海牙

## III
## 告别热恋

致迪努瓦耶小姐

【伏尔泰直接回到了巴黎，对使潘佩特到这里的那项规划，这位热恋中的情人使出了他的浑身解数，通过耶稣会教士们——对罗马的天主教来说他们是迷失了的叛逆羔羊——的服务机构。这项规划被老阿鲁埃以防患于未然，而为他的淘气鬼弄到的一份监禁令（*lettre-de-cachet*）而流产。在大约一两年之后，潘佩特成为温特菲尔德伯爵夫人（Countess of Winterfeld）。几年之后，还是她的那位母亲——一位不择手段的人，靠着耍她的小聪明过日子——出版了伏尔泰写给她女儿的一些有名的情书。这封信，是现存的伏尔泰初恋的最后一封，提供了他爱的激情正在逐渐冷静下来的某种证据，还有潘佩特是首先冷静

下来的较为充分的证据。】

亲爱的潘佩特：

每一次邮件的到来都没有你写给我的信，这只能让我想象到你还没有收到我的信，因为我相信对我永远不会产生影响的分离，自然对你也不能产生什么影响。我确信我爱你的心永远不变，我试图说服我自己：你依然爱着我。有两件事你务必告诉我：第一，你是否已经收到了我上次的两封信，是否你的心里还有我，千万告诉我你是否收到了我1月20日写给你的信，在信中我匆匆地提到了埃夫勒（Evreux）主教和其他人；在你的回信中准确无误地告诉我。最重要的是，我恳求你让我知道你现在身体好吗，你近况如何。信寄：莫贝尔广场（Place Maubert）附近阿兰先生（M.Alain）公寓，德·圣-福尔骑士（Le Chevalier de Saint-Fort）先生。一定要给我写一封比此信更长些的信。因为如果读到你一封4页的长信，总会比你读我的两封短信带给我更多的快乐。

此致

你的阿鲁埃
1715年2月10日于巴黎

# IV

## 论巴士底狱的解放

致警官

【1717年，现在已经23岁的阿鲁特，开始以一位作家而知名，他因为对法国罪恶的现状和摄政王奥尔良的罪恶生活进行辛辣讽刺的两篇文章——实际上他没有写——承担责任而被投入巴士底狱。这是他那个时代法国所有的文人都曾有过的经历，经历这种过程就如同儿童一定要经历麻疹一样不容怀疑，有时自然得令人不再有痛苦之感。除了朋友、美食和葡萄酒外，还允许他有笔墨，阿鲁埃利用他的闲暇来构想和开始他的史诗《亨利亚德》（Henriade）的创作，并把他的名字改为伏尔泰。1718年4月，他从巴士底狱获释，并在被允许返回巴黎前，将他放逐到沙特奈（Châtenay）（他父母的家）。此信以极其机敏灵活

而著称，他以此信再现了作者偏爱昔日的警官和摄政王布下的网——为了使自己弄清楚更多即将到来的命运——事实上即使伏尔泰没有讽刺摄政王，也会如此。伏尔泰完全意识到，当生活在上层社会的腐败已经是通例而非特例的时代，所有他恭维的抗议，便是他人格显著的堕落。】

摄政王奥尔良

阁下：

首先，我必须利用我的自由用书面表达我对您给予我自由的谢意。我唯一能证明我感激之情的表现，即不辜负您施与我的仁慈和对我的保护。我认为因为我的不幸我受益匪浅，我能向您保证，我对摄政王对我的拘押和给我的自由都同样充满感激之情。我曾犯过许多错误，但是我乞求您，阁下，要使国王陛下确信，我从来不会那么心怀恶意也不会那么愚蠢地去写什么反对他的文章。我讲到他时，永远都是对他天才的钦佩和赞美之词。如果他是位普通人，我会热情地表达自己的情感。我一直对他再尊重不过了，因为我知道他讨厌谄媚就如同他值得尊重一样没有差别。我知道在这方面，您同他一样，但是我还是无法抑制自己不告诉您，我认为我在您的管辖之下是多么幸运，我是多么肯定您将利用您手中的权力施惠于我。

致以最深切的尊重。

阁下，我永远是您卑微最驯顺的仆人。

阿鲁埃

1718年4月5日 于受难节 于沙特奈

## V
### 论天花的侵袭

致布勒特伊男爵

【1723年,伏尔泰,当他作为一位客人在他的朋友德·迈松先生(M.de Maisons)的圣·日尔曼尼亚(St.Germain)乡村别墅的时候,患上了天花。此信在揭示那个时代对医药科学的无知问题上表现出了他的好奇心——特别是关于当时所有疾病的治疗和最起码所需的(推测的)疗程——并表明伏尔泰在这个问题上相对的开明。就是这个时代,人们不是因为疾病而是因为医生像苍蝇一样死去。在那个很少有经验和学识的医学工作者时代,特龙钦(Dr.Tronchin)医生就是其中的一员。他曾经将他的职业忠告具体化为简洁的短语:"无敢为之事,畏医生甚于惧疾病。"甚至患上天花,伏尔泰也(几乎)不敢求治,结果反

倒救活了一个虚弱的病体，令历史上最精力旺盛的智者又进行了45年的海格力斯似的劳动（Herculean Labours）①。显然，人们注意到，病房没有尝试过消毒，结果偶然毁掉病房的那场大火却因祸得福。

这封信是寄给德布勒特伊男爵（*Baron de Breteuil*）的，他是一位颇具才华的女性之父，这位女性就是后来的沙特莱夫人和伏尔泰的情人。（1723年，她还是位小女孩）

使伏尔泰为之后悔的那篇还有少部分没有结束的"诗"就是《亨利亚德》。

伏尔泰24岁的画像
拉吉利埃作

---

① 本处为希腊语"Heraclean Labours"译为海格力斯的劳动。海格力斯是古希腊神话中的英雄，出自欧里庇得斯的悲剧《疯狂的海格力斯》。这句话出自罗马诗人维吉尔的《埃涅阿斯纪》，意谓付出惊人的努力才能取得的功业。

《玛丽安娜》（*Mariamne*）是他的第一部悲剧作品，他把它带到了迈松那里，并给他的东道主和同住的客人们朗读。

"拉贝尔水"（Rabel's Water），或"拉贝尔水"（*Aqua rabelliana*）① 是庸医拉贝尔的特效药。肯特（Kent）伯爵夫人、沃塞热（Vauseger）女伯爵和艾尼昂（Aignan）先生等的治疗法当然也都是庸医的特效药。

《泰里奥》（*Thieriot* 或 *Thériot*）剧本里的主人公泰里奥曾在很短的时期内与伏尔泰共事，为了让他的父亲高兴，伏尔泰曾短期地在一个律师事务所工作。就在此时，泰里奥成为了他的一位终生之友，虽然他有时并不是一位忠实的朋友。】

先生：

按照你的愿望，我将努力将自己所患天花的极其不寻常的治疗，以及整个事情的经过忠实地向你报告，虽然此事将我长期滞留在了迈松，但我还是把自己能够康复视为幸事。

德·迈松和我都是在11月4日患病的，但幸运的是，疾病仅将我一个人困住了。我们都被放了血：他有所好转，我患上了天花。在高烧两天之后，有轻微的皮疹出现。尽管普遍的偏见都反对放血疗法，我还是再一次坚持这种治疗。第二天，德·迈松先生善意地给我派来了罗昂红衣主教（Cardinal de Rohan）的医生——德、热瓦希先生（M. de Gervasi）。他很不情愿地来了，因为他不愿意接受已经患病两天的身体虚弱病人的天花病例。对他来说，如果没有泻剂，他所实施的治疗也仅仅是一直放血而已。

不管怎样，他来了，正赶上我在高烧。起初他认为我的病情非常严

---

① "拉贝尔水"（*Aqua rabelliana*），拉丁语，因医药多用拉丁语，所以伏尔泰在此有如此的解释。

重：仆人们料到了他不利的判断，就极为小心地让我知道他的看法。他们还告诉我，迈松的神甫已经来询问过我的病情，他不怕天花的传染，希望如果方便的话来看我。因此我让他进来，他为我做了忏悔。我的意志，正如你们很快就会相信的那样，是极为脆弱的。在那之后，我平静地等待着死亡，只是遗憾我的"诗"和《玛丽安娜》的结尾部分还没有写完，我肯定很快地就和我的朋友们告别了。然而，德热瓦希先生始终守护在我身旁：认真地观察我身上生命力的变化状态，一直不给我任何东西吃，也不告诉我这样做的原因。他让我意识到我的危险和逃脱的手段——他赋予信任和信心的论证是一个病人在他的医生那里不可或缺的，因为治愈有了希望就痊愈了一半。他给我服了8次催吐药，并让我喝了100品脱柠檬汁饮料。在这种病痛中通常推荐的都是用非烈性的饮料，这种疗法，你会认为是非常奇怪的，但是它可能是拯救我生命的唯一方法。如果采用其他的疗法，我很可能会死去。我确信那些患有这种恐怖疾病已经死去了的人，如果他们得到像我一样的治疗，那么他们中的大多数仍然会活在这个世界上。

普遍的偏见都强烈地反对在天花病例中所采取的放血和泻剂疗法：烈性甜酒和葡萄酒一直是他们开出的制剂；病人们一直以流体饮食为主；这种无知的疗法兴盛至极，因为尽管如此，有些病人还是康复了。他们忽略了活下来的病例都是那些没有并发症或不危险的患者。天花，以简单的形式，仅仅是血液清除自身的杂质，确有助益地为更强健的身体铺平道路。因此，单一的病例，不管他们是用烈酒还是用泻剂来治疗，都会同样康复。

最严重的伤口——当没有致命的感染时，都会自然地愈合，不管它们一直是尚未愈合还是用酒和油的热敷来治疗——不管是用拉贝尔水还是用一般的敷药——或根本什么也不用。可是当致命的部位被侵袭时，那么所有这些小型的治疗就完全无用了。最聪明的外科医生的智慧就是最大限度地去竭尽所能：那就是战胜天花。

当天花伴随着高烧，当血管严重充血到要爆裂的时候，当血液即将涌向大脑时，当体内胆汁充溢和发酵着异物时，那将对整个机体产生有害的影响。那么，常识仅仅告诉我们，放血是必需的，因为它净化血液，令血管减轻压力，使得身体器官运行得更轻松，相互之间更协调，皮肤的毛孔自由地张开，有益于疹子发出来。接下来，用猛药祛除病根儿，杀灭天花的病毒，使得余留的依然发着的疹子畅通地出净，这样就防止其发展为融合性天花。在此阶段，柠檬汁和其他的清新提神的饮品就会净化血液并降低其温度，通过皮肤的皮脂腺，异物会随之排掉，这样就防止了那些腺体的消损，因而患者的脸上也就不会留下麻痕。

不管怎样，有一个条件，那就是有强心作用的饮料，特别是非常强效的那些是绝对必要的：因为当病体的细菌更多地侵入时，血液就会非常黏稠而导致血流缓慢，排除攻入的病毒的效力就会受到影响。那么，肯特伯爵夫人的药粉、沃塞热女伯爵的香膏、艾尼昂先生的药物，都是通过使异物分散，使皮肤的毛孔扩张，以达到病毒通过出汗而排除的目的，这样就使凝滞的血液散开，从而加快血液更迅速地流通。

可是，就我的身体状况而言，那样的烈性饮品对我则会致命。这就无可置疑地证明，那些充斥着巴黎并开出同样药方（我不是说对所有的疾病，而一直在讲同一种疾病）的庸医，他们都是应该被囚禁的投毒杀人犯。

我不断地听到过去荒谬和致命的主张。"什么什么样的一个人，"据说，"已经被什么什么样的一种方式治好了：我患的就是他这种病，因此我一定要试试他的疗法。"多少人已经死于如此的推理！人们不愿意去理解折磨我们的病痛就像我们脸上的五官一样各自不同。如果你们允许我引用诗人们诗句的话，你就如伟大的高乃依（Corneille）所说：

> 有时一个人会精神崩溃，
> 另一个人却因精神抖擞而获救，
> 结果是
> 一个人死去，另一个人则健康地活着。①

伏尔泰起床
让·于贝尔作

而我正在变得非常专业！正如在律师的帮助下赢得了一场诉讼的人炫耀法律专业知识一样。

在我生病期间，没有任何东西能像令你所感兴趣的事物、我朋友们的关怀以及迈松先生和他的夫人无法形容的仁慈那样给我以安慰。同样幸运的是，我有一个朋友相伴，他是那些不多见的真正懂得友谊（整个世界都知道的仅仅是友谊的名义）含义的一位朋友，这里我是指泰里奥先生。他乘驿车赶40英里路来照料我，从此一直没有一刻离开过我。到了第15天，我已彻底地脱离了危险；到了第16天，尽管特别虚弱，我也开始创作剧本；从那时起，作为这场病痛和治疗后的结果，我仍然遭受

---

① 法语原文为 "Quelquefois l'un se brise ou l'autre s'est sauvé,
Et par où l'un perit un autre est conserve."

着痛苦。

我焦虑地等待着，等待着那一刻早日到来：即我能够不再接受迈松一家人惠及我的仁慈，不再成为他们家的负担。他们越友善，我不想利用那种善良的焦虑就越甚。终于熬到了12月1日，我的身体已经恢复到可以去巴黎了。那是怎样决定命运的日子啊！当我住过的房间一部分地板燃起大火之时，我离那所宅邸几乎不到200码。毗邻的和上面的房间、屋子里珍贵的家具全都在大火中焚毁，据估计损失达10万利弗尔。如果没有巴黎派来的消防车的帮助，这个王国里最美的建筑物之一就会完全被毁掉。

这个特大的消息是瞒着我的，我只是在康复后才被告知。你可以想象我当时的心境：你知道我得到了迈松先生慷慨仁慈的善待，在他的家里，他对我就像对待他的亲兄弟一样，他的善举的回报竟然是焚毁他宅邸的一场大火吗！我简直无法想象那场大火在我的卧室里怎么烧得那么快，当我离开那里的时候，在壁炉上只有很弱的小火，差不多要灭了。我查明火的起因是壁炉下面的一道横梁。建筑中的这种缺陷在现代建筑物中已经改正消除了：频繁引起的火灾使通过法律禁止如此危险的排列成为必然。我所讲到的横梁通过直接位于上面壁炉的高温渐渐地开始着火。这次不可思议的意外，我几乎不能庆幸我自己。这场一直燃了两天的火灾，只是在我离开后才发生。

我不是这场事故的原因，但我却是它不幸的近因：它令我悲伤，我实际上真该对此负责。高烧复发，我向你保证，在那个时候，我真的感谢德·热瓦希先生救了我的命。

德·迈松先生和夫人对此消息比我更冷静：他们的慷慨大方与他们的损失和我的悔恨同等的超乎寻常。德·迈松先生在那封证明了他的心地和心智同样高尚的信中亲自告诉我，他对我确是关怀备至，他唯一的忧虑就是让我放心，可是他的宽容大度使我更强烈地感受到是我导致他承受了巨大损失，正如我对他的敬慕一样，我的悔恨将伴随我终生，直到进入坟墓。我……

此致

阿鲁埃

1723年12月

冉森派教徒阿尔芒
对马德莱纳·杜兰
圣迹般痊愈的见证

vûe parfaitement guérie au commencement de 1735. & plusieurs autres fois depuis: & en dernier lieu on me l'a encore présentée aujourd'hui 8. Juin 1736. Les convulsions qui ont suivi immédiatement l'invocation du B., dont j'ai été témoin : son cancer disparu totalement, sans qu'il reste sur sa joue & au dedans de la bouche aucun vestige de fer ou de feu : la parfaite santé dont elle jouit à présent, tout cela m'a convaincu qu'on ne peut donner à un autre agent que Dieu, une guérison si miraculeuse. Il n'est que trop vrai que, quand Dieu n'amollit point le cœur par l'onction intérieure de sa grace, les graces extérieures ne servent qu'à l'endurcir davantage. On ne doit donc point être ni surpris, ni intimidé de la contradiction qu'éprouvent aujourd'hui les plus grands miracles, & cela ne doit point empêcher de leur rendre témoignage. C'est dans cet esprit que je me suis déterminé à donner le mien pour obtenir de Dieu la grace de ne point voir stupidement des merveilles qui étonnent les yeux, & qui souvent laissent le cœur sans vie & sans mouvement. Fait à Paris le 8. Juin 1736. Signé Armand Arouet &c.

XVI. PIECE.

MADELEINE DURAND

MADELEINE DURAND

# VI.
## 强制的囚犯

致巴黎管理区之牧师

【伏尔泰,卷入了与法国最傲慢家族的代表——"德罗昂骑士(*Chevalier de Rohan*)"的争吵之中,并向他发出了决斗的挑战。骑士用逮捕他敌人的授权令来回应他,因此他又再次被投入巴士底狱。蔑视和讽刺,他破例地在这份执笔人送到英国的请愿书中证明,他非常懂得"勇敢,勇敢,再勇敢(*l'audace' l'audace' et toujours de l'audace*)"的力量——总是以智慧和骨气支撑其勇敢为前提。他要求的结果是,他流亡英国近3年,他的名著《英国通信》,是显示他敏锐的观察和赞扬英国特色和宪法的引人关注的例证。】

德·伏尔泰先生①冒昧谦恭地指出，勇敢的德罗昂骑士（在他自己大胆安排在他后面的6名杀手的协助下）谋划暗杀他。自那以后，德·伏尔泰先生已经试图弥补，不是他自己的荣誉，而是骑士的荣誉——但那已被证明是太难了……德·伏尔泰先生要求：允许同巴士底狱的典狱长同桌进餐和看望友人之权利。他更迫切地要求，获准赴英国。就他去往那个国家的真实性如果感到任何可疑之处的话，可派一位押送人员将其押送到加莱（Calais）。

敬盼允准佳音！

伏尔泰敬上<br>1726年4月于巴士底狱

---

① M. de Voltaire，伏尔泰为了强调自己的身份，在自己的名字前加上了具有贵族资格才用的"de"，故此处有了德·伏尔泰的自称。——译者注

## VII.
## 论生活在英国的好处

致泰里奥先生

【此信写于在英国流放期间一次私下里短暂潜访巴黎之后。在不幸中,普通的英国人木然的、沉默的忧郁与法国人本质上和性情中充满生机的、活跃的绝望——唉!在那种绝望中还有某种欢乐感——的对比是引人注意的。

在《亨利亚德》中,"我诗中的主人公"即亨利四世。

"我正在寻找一个人"即德罗昂骑士。

"我的年金来自国王和王后",这里指法国的国王和王后,伏尔泰为他们写了戏剧和幕间舞曲(*divertissements*)。】

亲爱的泰里奥：

你5月11日的来信我收到得很迟。你知道我在巴黎是多么不幸。相同的厄运无处不在地追着我。如果我诗中的主人公角色一直如我自己一样厄运缠身的话，那么这部诗作就将肯定比我所要做的更成功。你给了我你友谊的保证如此感人，那么唯一公平合理的是我应该给予你我的信任。因此，我将向你吐露一个秘密，亲爱的泰里奥，不久前，我去巴黎来了次短暂的探望。既然我没有去看你，你就会知道，我谁都没有见。我去寻找一位如同他是懦夫似的隐藏起来的人，好像他料到了我有他的线索。我担心被发现，这使得我比来时更加匆忙地离去。事实是，我亲爱的泰里奥，十有八九我是永远不能再见到你了。我尚未确定是否我要回到伦敦。我知道英国是一个艺术方面会受到崇尚和奖赏的国度，在英国有条件上的差别，但是在人们之间除了才能外没有其他差别。在这个国家，不用担忧或畏缩，都可以自由和高尚地去利用自己的头脑和智力。如果我遵循自己的偏好，我就应该留在这里，但愿我学会如何思考和计划。而我还不能确定的原因是，是否我少量的财产——都被我过多的旅行吞噬了——我比以往更不稳定的健康、我的钟爱独处，这可能会把我投入白厅①和伦敦的喧嚣之中。

我在英国有许多初识，更多的友善也在那里等着我：但是我无法肯定地说，我会果断地做出决定。我必须做的有两件事：首先，尽快地为了我的荣誉去铤而走险；其次，我以适合我做人处事的方式，以某种默默无闻隐退来结束我的不幸和我对人类的失望感。

---

① 白厅，Whitehall，它是伦敦威斯敏斯特区宽广的街道，由北向南通过议会大楼和特拉法尔加广场之间，与主要的政府办公楼平行。因此，常常用来喻指英国政府或它的政策。此地原是怀特霍尔王宫，1698年毁于一场大火之中。这座王官住宅也包括由伊尼戈·琼斯设计的著名的王室宴会厅。1649年，查理一世就是在此门外的绞架上被处死的。

我能够欣然地放弃我得自国王和王后的年金，我唯一的遗憾就是我一直未能安排好让你利用它们。如果在我的人生中能感到曾对你有用的话，那在我孤独的人生中对我是一种真正的安慰。可是无论从哪方面来看，我都注定是不幸的……再见了，我亲爱的泰里奥！尽管与你久别和遭遇不幸，我仍然需要你的爱！

　　此致

你的阿鲁埃

1726年8月12日

## VIII

### 谈生意

致斯威夫特教长

【伏尔泰在英国期间，会见了英伦三岛上的众多名人，在这些人之中，就有乔纳森·斯威夫特（Johathan Swift）。下面这封信就是要求圣·帕特里克（St. Patrick）的教长允许将《论法国内战》献给他，当前此书藏于大不列颠博物馆，该书的扉页上题有伏尔泰整齐的手写体笔迹，"献给汉斯·斯隆爵士，您最卑微的仆人——伏尔泰敬献"。汉斯·斯隆爵士是皇家协会主席。伏尔泰将斯威夫特定义为"在他的意义上的拉伯雷"广为人知的。】

先生：

您会感到惊讶，因为您收到的是出自一位法国的游客用英语写的一篇《论法国内战》——其体裁是《亨利亚德》的主题。我恳求您对您的一位敬慕者宽容，因为他通过阅读您的著作已经深深地喜欢上了英语，因此他不揣冒昧地亲自用英语来撰写此书。由书的前言你可以看到，我确实在模仿您的文笔，并冒昧地在其中谈到了您，为了你们国家的荣誉和我的国家的利益，请不要禁止我以您的名义来装饰我的作品。

现在，让我怀着满意的心情谈到您，就如后世的人们非常确定无疑地将满怀敬仰地谈起您一样。

与此同时，我可以要求借用您的影响在爱尔兰设法给我争取一些《亨利亚德》的订户吗？此书因为缺少这样的帮助，一直还没有出版。

订购款只是1个基尼，预先支付。

先生，我真挚地怀着对您最深的敬意。

此致

　　　　　　　　　　您最卑微和恭顺的仆人　伏尔泰
　　　1727年12月14日　于伦敦科文特加登广场假发商招牌处

## IX
## 论正确地对待悲伤

### 致一位匿名通信人

【此信是从英国写给一位匿名的丧失了亲人的朋友。伏尔泰不久前失去了他的姐姐——凯瑟琳·米尼奥夫人（Mme.Catherine Mignot）。在他童年的时候，她曾如母亲般关爱他，伏尔泰对她一直深深地依恋。这封信——通常称之为抚慰信——提供了一份比通常人们所认为的伏尔泰更深情以及为那发自内心予以抚平伤痛的智慧的证明。在他对米尼奥夫人的3个孩子——德尼夫人、德方丹夫人和米尼奥神甫始终如一的关怀中，他提供了对逝者信守诺言的证据。】

先生：

如果同能提供给因为感到强烈悲伤而狂躁不安的

一颗心平静下来的这样一种诀窍相比,那么做似乎无法办到的事和永恒的运动就是简单的发现。只有巫师们才口中念念有词发装作能平息狂风暴雨。如果一位带着一道深深豁开裂口的受伤的人央告他的外科医生来缝合那道伤口,为的只是留下一道不显眼的疤痕,外科医生回答他道:"那一定要一位比我更了不起的医生来完成,瞬间被撕裂的伤口只有时间能够弥补。我能做的就是截断、切除、破坏,因为只有时间能够治愈伤口。"

对于心灵的伤口也是如此:假装的抚慰者点燃和刺激了它们,或是尝试去安慰、感动得流下晶莹的泪水,可是最终还是时间来治愈。

如果一个人非常相信,我们最深的印象最后将消失在天性的情感之中。经过一段时间后,我们的血管里既不是同样的血液,我们的大脑里也不是同样的(神经)纤维,那么,结果就是不一样的观念——简言之,我们真正地、自然地不再是同样的一个人。如果我说我们如此反思,我们就会在这种思维中获得更大的帮助,并将加速我们伤口的愈合。

我们一定要对自己说:"我已经经历了我亲友们的死亡,在我一时肝肠寸断之后,最终留给了我彻底的安宁。我已经感觉到,几年之后,一个新的灵魂就将在我身上诞生:25岁人的内心感受与20岁人的感受是不同的,20岁人的内心与15岁人的内心感受自然也不尽相同。"那么,让我们努力将我们自己尽可能置身于我们将来有一天肯定会达到的境遇之中吧,让我们在思想上领先于时代。

当然,在我们一方这是设想的自由行为。征求意见的人必须认为自己是自由的,因为如果接受它是不可能的话,那么征求意见就会是荒谬的行为。在开始行动的时候,我们总是根据我们是自由的设想去行动,因此让我们忠实于我们的激情去行动，那才是我们最重要的职责。自然从未想使我们的伤口在瞬间愈合——或者说我们应该马上结束从疾病到健康的过程，但是明智的疗法将肯定加速我们的痊愈。

我知道对于内心的悲伤没有比将深切的情感严肃地专注于其他对象更有效的疗法了。

这种转移改变了精神郁闷的一般趋向——有时甚至使我们对身体的疾病失去了感觉。任何一位将自己投身于音乐或阅读一本好书的人，他的注意力就会马上被吸引，并会唤起他丰富的想象力。他将发现他从疾病的痛苦中很快地缓解出来。他也会发现，慢慢地，他心中的剧痛在散去。

一个人不能不思考某事与他试图要忘记某事完全是两码事：一个人不得不经常思考——不，是始终如一地——他希望记住的东西。从长远的观点看，最强大的束缚是形成惯例的那些思维。我认为，是打破令我们悲伤的那些束缚，还是增强我们追随更大幸福的那些事物，都完全取决于我们自身。

的确，我们还不是我们思想的绝对主人，我们的想法必然包含更多的东西，可是，我们也不纯粹是我们思想的奴隶。我再一次相信，当上帝已经赋予了我们一点儿他的思考能力时，他就已经赋予了我们些微上帝的自由活动权。

那么，就让我们利用我们所拥有的这样的武器，通过阅读和思考，我们无疑增强了我们思考的能力。于是，我们为什么不同样增强所谓的我们的自由权呢？我们的任何一种感觉或我们的任何一种能力，都是通过努力可以得到补救的。为什么一个人未能增加人类唯一属性的自由权呢？

例如，设想我们见到我们周围的树上挂满了香甜却有毒的果子，一种极度的饥饿激起我们采摘的欲望。如果我们感到我们自己太缺乏自制力而无法抗拒诱惑，那么就让我们离开（走不走取决于我们自己）此地到没有此类果子的地方去吧。

  这些建议，像许许多多其他的建议一样，无疑说起来容易做起来难。但是当我们面对疾病时，我们切记：病人必须照顾好自己。

  此致

伏尔泰
1728年于英国

## X 安慰一位失败者

致当热威尔小姐

【此信写于伏尔泰的古罗马悲剧《布鲁图斯》（*Brutus*）上演之后，剧中的重要角色蒂丽叶（Tullie）被当热威尔小姐（Mdlle. Dangeville）演砸了。谅必没有任何其他的剧作家——甚至没有任何一位法国人——以更顾及他人的关怀和体贴来尽力安慰一位曾毁掉了他作品的缺乏自信的"天真少女（ingénue）"。】

小姐：

初出茅庐的小天才，让我送给你一本《亨利亚德》——就你的年龄而言，这是一本非常严肃的著作——但是能够扮演蒂丽叶的她，就必能阅读严肃的作品，我唯一的权力是应该将自己的作品敬献给她——一位将她的美赋予我作品的人。我认为我今天晚上快要死了,我确实病得很厉害,如果不是这样的话,我就应当为你今天给我带来的荣誉表示感谢。这部剧与你不相配,但是你一定记住,你以你的高雅赋予了我的蒂丽叶,你将因此而赢得表演的桂冠。它的成功将属于你。但是为取得那样的成功,你不可以急迫地将台词加速;你必须使你的台词听起来轻松悦耳,赋予你的朗诵以哀婉动人的效果,确保从容镇定和舒缓有度。最重要的是,将你全部的热情和力量放到第一场最后的对话上。将恐惧和悲伤再放后一点点——语速慢一些,表现出极度的绝望——你的死敌们将同样地绝望。永别了,年少的奇才!

不要沮丧!记住自己在彩排时表演得无懈可击,昨天你所需要的只是信心。可是你在角色的表现上非常不自信。明天你一定要挽回影响,赢得观众。我看到《玛丽安娜》(*Marianne*)演砸了,可我认为它是一大成功。

伏尔泰演出一幕戏剧
让·于贝尔作

不管怎样，看在上帝的份上，不要自寻烦恼！即使演出不那么顺利，有什么了不起的呢？你才仅仅15岁，任何一位对你能说出的最难听的话不过是诸如：你还没有成熟到你真正会成为观众所期待的那种演员。至于我，我对你非常感激，如果你没有意识到我是多么亲切、多么尊重地看待你，那么你就永远也演不了悲剧。我作为一位像父亲那样爱你的朋友，（希望）一开始你就要极好地演出你的角色。

再见，明天的演出是否会是最好的，那将取决于你自己。

此致

爱你的阿鲁埃

1731年12月

# XI

## 论撰写当代史

*致贝尔坦·德罗谢雷*

【1730年秋天,伏尔泰已经准备出版他那大胆而有魄力的瑞典史书《国王查理十二传》,此书写于英国,书中含有他赞扬的在我们国家里大量存在的"高贵的自由思想",因而此书遭到法国当局的没收和禁止。到1731年10月,他已经将此书秘密地重印并传入巴黎,此书在巴黎被广泛地阅读。】

亲爱的先生:

我很迟才有幸收到您的惠书。我十分理解您的好意,那就是您对《国王查理十二传》非常详尽的阐明。在以后再版时,我将不会不从您的评论中获益。

与此同时，我有幸通过驿车送去一册新版的《国王查理十二传》，您会发现这次新版更正了从前书中的一些错误。

您也会仍然看到许多印刷工的错误，但我认为我对那些错误并不应负责，而只是想到我自己的笔误之处。此书在法国的出版颇为仓促和保密，以至于校对者无法通篇检查。先生，正如你自己是一位历史编撰人一样，你将会知道在完全相反的历史事件中选择的困难。在普尔塔瓦（Pultawa）①的3名军官对那次战役给了我完全不同的陈述。德菲耶维尔（Fierville）先生和德维尔隆格（Villelongue）先生在城堡（the Porte）的阴谋问题上相互之间断然矛盾。我最大的困难就是还没有发现要找到的那些好的回忆录。撰写当代史有另一个难以摆脱的障碍：每一位服役的步兵队长，在查理十二世的军队里很难见到他们。如果一位队长在行军中偶然地失去了他的装备，他将会想到我应该提到他。如果陆军中尉们抱怨我的沉默，将军们和大臣们就会抱怨我的直言。无论是谁写他自己时代的历史一定预计到他所说的一切都将受到攻击，因为他没有说到的一切，但是那些小的障碍不应该令一位热爱真理和自由、无所期待、无所畏惧和无所要求的人失去信心，也不应该限制他在文学修养方面的抱负。

先生，我深感荣幸，您令人高兴和有教益的信给我的这种职业（métier）带来了快乐。对此我真诚地感谢您的信，同时并祈望你友好的关注永存。

---

① Pultawa，正确的拼法应为Poltava，俄罗斯沃尔斯克拉河岸上的一个城镇，首次提到是在1174年，但据说，它的历史可以追溯到大约公元9世纪。14世纪时，该城被立陶宛从鞑靼人手中夺取；17世纪时，它是哥萨克人的一处堡垒；1709年7月8日这里成了一场有决定性意义的战役的战场，俄国人在沙皇彼得大帝的指挥下击溃了查理十二世率领的瑞典军队，这是一场标志着俄国作为欧洲强国兴起的战役，普尔塔瓦也因此闻名于世。

此时，我的心情无法付诸笔墨……

此致

伏尔泰
1732年4月14日于巴黎

## XII

## 论出版自由兼论戏剧

致一位首席专员

【在读过这封信后,18世纪法国的出版审查极为严格就肯定会令你铭刻不忘。几乎每一位在自己的作品中表达了怀疑意见的作家都遭受过巴士底狱的惩罚,其著作的印刷商和出版商则被罚到舰艇上做苦力。

贝尔(Bayle)[①]是17世纪最勇敢的一位思想家,著名的《历史批评词典》(*Dictionarie Historique et Critique*)一书作者,他的书在法国和荷兰都遭到禁止,那是因为这部词典对于那个时代的思想产生了巨大的影响。我们可以说它是理性主义对教会的武断做出的首

---

① 皮埃尔·贝尔,(Bayle,1647—1706,法国词典编撰者、哲学家和文学评论家。他出生在新教家庭,曾一度改信天主教,后又回归新教,由此可见他是一位态度认真的怀疑主义者。因宗教迫害,他被迫离开法国,到荷兰的鹿特丹大学任哲学教授。他是自由思想和宗教宽容的捍卫者,因而遭到了荷兰政府的压制,鹿特丹大学解除了他的教职。贝尔的主要著作有:《历史批评词典》《关于彗星的思考》,并创办了《文学界新闻》。——译者注

次抗议。那些"无耻的教士帽"（*infamous callotes*）①的愚蠢与他们的丑恶无耻不相上下，他们为攻击伏尔泰写出来一篇简短而充满蔑视的文章。1732年，这篇文章被收入在他整理出版的一部讽刺短诗集——《杂集》（*Mélanges*）。

一年之后，这封信发表，当时伏尔泰自己的《哲学通信》被刽子手当众焚毁，他因而被迫逃离了首都。

当然，统治集团完全是自食其果。刽子手点燃的大火炫示的是它企图毁灭这部著作的臭名昭著的骂名，而此时到处秘密印刷的都是污言谩骂和秽语淫词的书刊。】

先生：

因为在您力所能及的范围内能对文学有所贡献，所以我恳求您不要将作家的翅膀连根剪断，也不要将他们变为舍内的家禽，因为如果允许他们起飞，他们就可以变为雄鹰。理性的自由使心灵的翱翔成为可能——奴役则会使其彳亍难行。

如果在罗马一直有一种文学审查，我们今天就既不会有贺拉斯（Horace）②和朱文纳尔（Juvenal）③的诗篇，也不会有西

---

① *infamous callotes*，指天主教神甫们。——译者注
② 贺拉斯（Horace，公元前65—前8，古罗马著名诗人。他年轻时曾就学于罗马和雅典，在雅典学习期间，他还指挥过共和派的军团。他一回到罗马，就享受到了麦凯纳斯的资助，从他那里得到了在萨宾山的一幢别墅，同时他也得到了奥古斯都皇帝的恩宠。他的主要著作有《讽刺诗集》两卷、《歌集》四卷、《书札》两卷）、《长短句集》一卷和文论《诗艺》一卷。——译者注
③ 朱文纳尔（Juvenal），古罗马诗人，他的生平我们所知甚少，他大约生于公元55—60年，死于公元127—130年。据说他生于有钱人家，并担任军官，因在战场上的失败得不到提升而沮丧。他的主要作品是16首讽刺诗。他的诗语言生动，表达睿智，句式精练，是公元5世纪几乎家喻户晓的名句。他的诗对后来许多文学家，如薄伽丘、布瓦洛和雪莱等产生了很大影响。——译者注

塞罗（Cicero）①的哲学著作。如果弥尔顿（Milton）②、德莱顿（Dryden）③、蒲柏（Pope）和洛克（Locke）④。没有自由，英国就既不会出现诗人，也不会有哲学家。在禁止出版方面，肯定有一种土耳其帝国的传统；对出版的禁止就是阻碍自由。对严控破坏名誉的诽谤罪感到满足，因为它们是罪过；但是只要那些无耻的教士帽在放任地出版，只要那些大量没有价值的、卑鄙的作品还存在，那么至少要允许贝尔的书籍在法国传播，而不要把这位给他的祖国带来巨大荣誉的人置于违禁者的名单之中。

你说掌控文学海关的地方法官们抱怨有太多的书籍，那同主管商人的官员们抱怨在巴黎有太多的供货一样，完全是一回事。人们购买的是他们选择的商品。像巴黎市的大图书馆，那里大约有80万人。你不接受整个的群体，你只选择一定的上层社会交往，并在这个范围内改变社交范围。正如你从许多人中选择一些朋友一样，对书籍的选择亦然。你没有读过的有争议的书将会有7000或8000部，没有读过的小说也将有15000或16000部；大量的政论小册子，你读过之后都会将它们付之一炬。情趣高雅的人将只读优秀的作品，但是要允许政治家们良莠兼收。

人的思想已经成为一种重要的商品。因为法国人拥有的智慧，使得荷兰的出版商们每年赚取了100万（法郎）。我知道，在书籍中，一本

---

① 西塞罗（Cicero，前106—前43），罗马演说家、政治家和哲学家。他阅历丰富，著述颇丰。作为政治家，他失败了，他被"后三头"杀害，并被悬首示众；但作为演说家，他的作品一直被人们传诵，他的《论老年》《论友谊》和《论责任》，是历代拉丁文的范文。——译者注

② 弥尔顿（Milton，1608—1674），英国诗人。当他在剑桥读书时，就能用拉丁语、意大利语和英语写诗。他最早的诗是一首《悼一位漂亮少年之死》，来哀悼他外甥的夭折。1638年，他以旅游结束了他的学业：在巴黎，他见到了国际法的奠基人格劳秀斯；在意大利，他会见了著名的科学家伽利略。他传世作品很多，其中最著名当属他的不朽的史诗《失乐园》。——译者注

③ 德莱顿（Dryden，1631—1700），英国诗人、剧作家，批评家。一生为贵族写作，被封为"桂冠诗人"。主要作品有《时笔的婚礼》《一切为爱情》《阿龙沙与族弗托》《论戏剧诗》《悲剧批评的基础》等。——译者注

④ 约翰·洛克（1632—1704）英国哲学家，英国驻勃兰登堡使团的秘书。他曾任辉格党袖沙夫茨伯里伯爵的家庭医生、机要秘书和顾问，国家贸易和殖民地委员会的秘书。他潜心研究认识论的经验理论达20年之久，著有《人类理智论》，阐述他三权分立和天赋人权理论的《政府论两篇》《论宽容信札》《关于教育的断想》和《基督教的合理性》。——译者注

消遣的小说就像在这个世界上一直在追求智慧的傻瓜。我们嘲笑这位傻瓜，容忍这位傻瓜。如此的小说给它的作者、它的销售出版商、它的制版人、印刷商、造纸商、装订工和运输工带来了谋生的手段——最后是低价的酒馆，那里是他们消费其金钱的地方之一。此外，书籍会为喜欢新奇如同喜欢一切的一些妇女们每天提供一两个小时的消遣。因此，尽管那或许是可鄙，但是它将产生两个重要的成果——盈利并快乐。

剧院同样值得注意。我认为它不是一个吸引人放荡的场所，只有典型的无知神甫（curé）才持有此种观念。在一场演出的前后，有相当充分的几分钟时间给予观众那些转瞬即逝接着很快就厌腻了的快乐。除此以外，人们并不是每天都去剧院，在我们大量的人口数量中，习惯于保持稳定去剧院的人数不超过4000人。

我把悲剧和喜剧看作是美德、优秀的样板和高尚行为的典范。高乃依——法国人中的古罗马人——已经建立了斯巴达美德学派，莫里哀（Molière）①奠定了表现普通人日常生活的流派。这些伟大的民族天才吸引了来自欧洲各地的外国人，他们来到我们中间学习，他们就这样对巴黎的富裕做出了贡献。我们的贫穷靠如此作品的演出来维持下去，这使得正是那些憎恨我们的国家来服从我们的支配。事实上，诅咒剧院的人就是他祖国的敌人。一位地方法官，因为他成功地买到了某一法官职位，认为去看《西拿》（Cinna）有失尊严，表现的是极大的虚夸言辞和没有品位的粗俗。

甚或在我们有素养的人们之间，也还有哥特人（Goths）和汪达尔人（Vandals）。我认为唯一称得起法国人的就是那些热爱艺术并赞助

---

① 莫里哀（Molière，1622—1673），法国伟大的喜剧戏剧家、演员和导演。他建立了自己的剧团，最初得到过奥尔良公爵的资助，之后路易十五也批给了他一些津贴。——译者注

艺术的人。事实是对艺术的鉴赏力正在日趋衰弱，我们是锡巴里斯人（sybarites）①，我们厌倦了我们女主人的宠爱。我们享受到为我们的娱乐、为我们未来的时代而劳作的伟人劳动之成果。正如我们接受大自然的果实一样，好像它们是我们应得的……任何东西都不会将我们从这种对始终同对小事津津乐道并行而对伟大事物的冷漠中唤醒。

每一年，我们在鼻烟盒和装饰用的小玩意儿上所下的功夫比英国人为使自己控制海洋所做出的努力还要大……古代罗马人创造了他们建筑的奇迹——他们的圆形竞技场——用于斗兽；可是整个一个世纪，我们也未曾为人类智慧经典的代表作建立起一个合格的场所。浪费在赌博上所用赌金的百分之一就足以建立起比斗兽场更好的剧场，可是在巴黎有谁将公共福利放在他的心上了呢？我们玩乐游戏，吃吃喝喝，传播流言蜚语，编写拙劣的诗句，然后睡觉休息，像傻瓜一样，第二天早晨，又开始同样的一轮饱食终日、无所用心的无聊活动。

先生，不管怎样，您有某种难得的机会献出好的建议，尝试将我们从这种愚蠢的冷漠中唤醒。如果您能为文学做些什么，那么你对法国就已经做得够多的了。

此致

阿鲁埃

1733年6月20日

---

① 锡巴里斯人是古代住在意大利南部锡巴斯城市的希腊人，该地以富裕和奢华的风气而闻名，因此后来此地人就成为骄奢淫逸之徒的代名词。——译者注

## XIII
## 关于乔迁之喜

致德尚博南夫人

【1734年,伏尔泰为了躲避在其《英国通信》出版后随之而来对他的拘捕,他去了迪夏特莱侯爵夫妇(Marquis & Marquise du Châtelet)的乡村别墅——位于香槟区(Champagne)布莱斯河岸的西雷(Cirey-sur-Blaise)城堡,女伯爵是她那一代——或许是任何一代——人中最具才华的杰出女性之一,她同伏尔泰的情人关系长达15年,在这15年期间,西雷就是他的家。

德尚博南夫人(*Mme.de Champbonin*)是一位身材矮胖、性情温和的别墅邻居,也是伏尔泰的一位远房亲戚。

讷维尔女伯爵(*Comtesse de la Neuville*),也是

别墅的一位邻居,伏尔泰的下一封信就是写给她的。】

夫人:

近安!我要告诉你的是,迪夏特莱夫人已经到了我这里,她昨天傍晚才从巴黎来到了这里,正好在那一刻,我的手里拿着那封她告诉我她不可能很快来这里的信函。200个大包裹堆放在她的周围,那些包裹正好和她一起同一天运达此地。我们有床却没有床幔,房间没有窗子,没有瓷器陈列柜,也没有椅子;虽有诱人的四轮马车却没有架辕的马。

在这些混乱之中,迪夏特莱夫人格外活跃和迷人。她是乘坐一种农用车到达的,颠簸并有擦伤,一直无法入睡,但是精神状态极好。她命令我代她对你致以最友好的问候。我们一起将旧的挂毯打洞,然后用它做门帘挂起来暂时代替门来用——全都为了期盼你的光临。我向你保证,言归正题,你在这里会感到极为舒适的。再会。

此致

永远对你充满关爱和尊重的<br>你的阿鲁埃<br>1734年于迪夏特莱别墅

迪夏特莱夫人与阿尔加罗蒂交谈

## XIV
### 论同样的主题

致讷维尔女伯爵

夫人：

自从我上次见到你，好像是挨过了一个时代。迪夏特莱夫人在到达西雷后，她确实打算直接来拜访你。但是她已经成了园丁和建筑师。在我装门的地方她安上了窗子；她把楼梯间改成了壁炉，而将壁炉改成了楼梯间；她将我选定栽植榆树的地方移植上了酸橙树；她已经将我整理出来的一块菜地改变成了一个花园。在室内，她也做了大量的工作。碎布条被她魔术般地变成了挂毯，她解决了在一无所有的条件下布置西雷的诀窍。她将要专心致志地把布置工作继续干上几天。我希望我能有幸作为她的信使去讷维尔，我在这里一直是她的园丁。她吩咐我让你和德尚博南夫人确信,她是多么急迫地要见到你。你也可以确信,我亦是同样急切地想要见到你。

　　此致

阿鲁埃
1734年于西雷

西雷城堡空中俯瞰景色

## XV

## 关于《少女》和《路易十四时代》

致多利维神甫

【这封信是写给多利维神甫（*The Abbé d'Olivet*）的，他曾经是伏尔泰在路易-勒-格朗学校的老师，并一直是他50多年的朋友。

《少女》（*The Pucelle*）是伏尔泰的一部语言粗俗诙谐的长诗，用诗句表现了圣女贞德（*Joan of Arc*）的历史。"我的让娜"，正如他常常称呼的那样，成为他生活的灾难，同时又是他的快乐。"这首史诗很适合他来写，"爱德华·菲茨杰拉德说道，"我认为，它从创作上看是糟糕的，但是就轻松诙谐而言精彩极了。"自1730年开始，它很快地成为危险的根源：长篇的诗章，在西雷的浴室大声地给一些快乐的朋友朗诵，秘密地设法印刷。1755年，一部盗版的《少女》在巴黎印刷,并在那里被公开焚毁;在日内瓦,该书的印刷商被判处了9年的苦役。作者本人,尽管他被迫提及"那被诅咒的《少女》"——却从来没有遭受到比从此书受到的惊恐更坏的命运。1762年,该书的第一个授权版本问世。

《路易十四时代》(*The Century of Louis XIV*)一书也主要写于西雷,作者用了数年的时间为此书乐此不疲地搜集资料,但是直到1751年,它才得以出版。该书出版后很快地被禁止,"因为我讲了实话"他在给他的英国朋友福尔肯纳(Falkener)的信中写道。它所表现出的无与伦比的激情妙语(verve)和无所顾忌的勇气进一步地触怒了政府,因为这个政府不仅坚决认为政府永远不应该受到批评,而且信守历史著作应该永远是枯燥无味的标准。现在,它仍然如孔多塞(Condorcet)[①]所断言,是太阳王(*Roi Soleil*)时代唯一的一部可读性极强而令人感兴趣的史著。

悲剧《凯撒之死》是以莎士比亚的《朱里乌斯·凯撒》为蓝本创作的。即使没有别的人那么看,但伏尔泰自己认为,它是在原剧基础上的提高。因为此剧缺少爱的主题,因而没有得到男女观众的赞同,结果受到冷遇。

《温柔的扎伊尔》(*The Tender 'Zaïre'*)是伏尔泰最感人和最早的悲剧之一,在一定程度上,它仍然保持其备受推崇的地位。】

我亲爱的神甫:

你不知道我是多么难过,因为我一生中有很多时光都是在没有得益于你的谈话中度过的。你是我十分想要见的人,可是我却与你相见最

---

[①] 孔多塞(Condorcet, Antonne-Nicolas, Marquis de, 1742—1794),18世纪法国著名的数学家、哲学家和政治家。法国科学院的终身秘书,法兰西学院委员,著名的启蒙思想家达朗贝尔、杜尔哥和伏尔泰的朋友,编辑了帕斯卡的《思想录》。他最著名的代表作是《人类精神进步史表纲要》。1794年恐怖时期入狱,为避免上断头台,他服毒死于狱中。——译者注

少。如果我要从我当前幸福的隐退中复出的话，那么我能保证的就是我将更好地利用我的时间。我爱好古典学，在当代的好处是它能够超过社会提供给我们的一切。在我们再次见面之前，切记在你的回信中给我分享一点你高雅的兴趣所带来的快乐吧。你称我为"我的亚里士多德"，我实不敢当，我几乎无法与他相提并论。我会为致力于30个篇章却成为如此的废话而感到羞耻。在我的《少女》中只有10个篇章。因此，你看，我与亚里士多德相比，比他明智了三分之二。我将这些无足轻重的作品视为我工作中的小插曲而已。如果一个人喜欢去利用时间的话，那么做事就要有轻重缓急。

目前我主要的工作就是大部头的《路易十四时代》。在该书的规划中，战役和革命所占的比例是最少的：胜利或失败的骑兵中队和大部队，你占我夺的城镇，这些在所有的历史中都司空见惯。就战争和政治的发展而言，路易十四时代和任何其他的时代相比，并不具任何优势。事实上，它们比天主教联盟和查理五世（Charles V）①期间的历史相比更为乏味。如果将这个时代中的艺术和精神的进步避而不谈，你就会发现没有留下任何值得注意的东西来吸引我们后人的关注。因此，我亲爱的神甫，如果你知道任何我可以得到的我们的艺术和艺术家们的逸闻趣事来源的话，无论是任何类别的，都要让我知道。我将会在我这部书中的适当的地方予以表述。

对此书的宏伟构架，我已经积累了写作所需的材料。尼塞隆

---

① 查理五世（Charles V，1338—1380），法国国王，号称"智者查理"，约翰二世之子，1364—1380年在位。1356年，其父成为英国的囚徒，查理摄政。他开始筹集资金，签署了《布雷蒂尼和约》，他从英国人手里赎回了自己的父亲。1364年，父亲去世后，他继承了王位。在"百年战争"初期，他收回了赎取父亲时失去的领土。在其后的战争中，不断取得胜利。他资助艺术和文学，给卢浮宫增加了大量珍贵的图书。——译者注

（Nicéron）①和德莫莱（Desmolets）②神父的《回忆录》是我所选择的权威典籍中最简短的材料。工欲善其事，必先利其器。我喜欢使我的工具更锋利。搜集资料对我来说是一件令人愉悦的事情：我在每一本书中找到有利用价值的部分。你知道，一位画家看到的事物与其他人看到的事物是有差异的：画家会注意到光的效果和阴影，而在普通人的眼里则是被忽略的。那就是我的情况：我已经将自己指定为路易十四时代的画家，以此观点看待一切事物——像拉弗莱什（La Flèche）③一样，让一切都变成为己所用。

你知道不久前我在达尔古学院（Collège d'Harcourt）上演了一出《凯撒之死》吗？那是一部十分符合我内心的悲剧，剧里连一位女性都没有。它包括一些如60年前人们所写的诗句。我很希望像你这样的人去看看，那是一种古代罗马人的冷峻。所有年轻的女性认为它令人毛骨悚然，以至于她们无法从中辨认出该剧竟然是出自《温柔的"扎伊尔"》作者之手。

此致

你的 阿鲁埃

1735年8月24日于西雷

---

① 尼塞隆（Jean Pierre Nicéron，1685—1738），法国著名文人，也是几所大学里的修辞学和哲学教授。他编著了43卷的《名作家生平回忆录》。——译者注

② 德莫莱（Pierre Nicola，Desmolets 1678—1760），法国渊博的编纂家，亦是巴黎奥拉托利修会（Oratoire）的神甫。他编辑和编撰了许多实用的书籍，诸如新版的《圣经资料集》《文学史编年补编》11卷。——译者注

③ 拉弗莱什（La Flèche），为法国勒芒省西南卢瓦河畔上的一座军校，原是一所著名的耶稣会大学，著名哲学家笛卡尔的母校，亨利四世将其改建为军校。——译者注

# XVI
## 论君主的自由思想
### 致普鲁士国王弗里德里希

【1736年8月,伏尔泰开始了一段通信,这是历史上最著名和最反复无常的一段友谊,与之通信的就是当时尚很年轻的王子,后来成为普鲁士国王的弗里德里希大帝(Frederick the Great)。

伏尔泰早期写给他的王室门生的所有信都表现出了炫人的魔力,而令人着迷,尽管精明、冷静和愤世嫉俗的心态经常占据他的内心,但他确实对他才华横溢的年轻的法定王位继承人评价过高,正如他不断地高估(那是天才的一大弱点)很一般的人的才艺一样。至于恭维(convenances),那是时代所要求的大量礼节而已。伏尔泰的恭维至少处理得十分巧妙:正如他在这封信里全文所写的一样,如果腰膝都柔韧灵活，就没有这位男子汉的畏缩之心，他是那么看不起阿谀逢迎的人，为了告诉他的同胞这个难以接受的真相，他一生四分之三的时光都是在流放中度过的。

"凯泽林克（*Keyserlingk*）"或凯泽林（*Keyserling*）是弗里德里希国王的社交大使，一位活泼的普鲁士青年，同时又是一位抒写法语诗歌的帅气的天才。

《牛顿哲学》（*Newton's Philosophy*）即后来以《牛顿哲学原理》（*Elements of Newton's Philosophy*）为标题出版的名著，伏尔泰和迪夏特莱夫人为了法国人获益而将其翻译成法语并使牛顿的体系简明易懂。】

阁下：

我深感受宠若惊、好事连连——德凯泽林克先生的来访、陛下的肖像、沃尔夫（Wolff）①的《形而上学》（*Metaphysics*）的第二部、德·博索夫雷（de Beausobre）②的"论文（*Dissertation*）"……还有，最重要的是，您7月6日从鲁平（Ruppin）令我百读不厌的来信让我感受到了您的仁厚亲切。有如此的有利条件，我就能振奋精神忍受高烧和因之消耗我的体力所带来的倦怠：我发现病痛与快乐并存是可能的。

您的大使已经从痛风的病患中康复：我们差点失去了他并因他不在身边而倍加思念，因为当他回到他备受爱戴的国王那里时，我们永远记得他，他已经在这里所有人的心中将您无上的权威彻底地树立起来。他

---

① 沃尔夫（Wolf, 1679—1754），德国哲学家和数学家，哈雷、马尔堡大学的教授，后来又任哈雷大学校长；他也是俄国彼得大帝的科学顾问。他发展了莱布尼茨哲学，并使其普及化。他著有大量的著作，并涉及各个学科：哲学、神学、心理学、植物学和物理学。他一系列论文的总标题为《理性观念》。——译者注
② 德·博索夫雷（de Beausobre, 1659—1738），法国新教牧师，他以其《摩尼教徒与摩尼教的批评史》而闻名。——译者注

随身带着我敬献给您的小贡品——那是我的全部。据说有掠夺他们臣民的暴君，可是好的臣民自愿地将他们的一切献给好的君主。

因此，我寄给了您一个小邮包，里面有我还没有完成的《路易十四时代》的所有文稿，还有一些印刷好的史诗《亨利亚德》结尾部分的一些诗句，其中充满了错误和在哲学上的一些琐屑无意义之处……我应该很愿意附上《少女》，但是，您的大使将会告诉您，那是不可能的。因为一年来迪夏特莱夫人从未让它离开过她的视线之外。承蒙她的友谊，我无法冒可能与她永远分离之险。她已经放弃了一切，同我隐居在书斋中一起生活。她知道任何一件令我们之间不快的一点点的证据的存在，都肯定会引发一场风暴。她害怕任何此类意外的发生。当德凯泽林克先

夏特莱夫人画像

生来时,她知道他正在施特拉斯堡受到监视,当他回来的时候,他仍将继续被监视。他是位被监视的人,或许还是个被搜查的人。最重要的是,她十分确信您不会希望您在西雷的两位臣民因为在诗歌方面的快乐交流而冒毁灭的风险。陛下会发现那篇小诗与《路易十四时代》和《牛顿哲学》是多么迥然不同!但是在适当的时候放松一下乃惬意之事(*Sed dulce est desipere in loco*)。

不能对他们象征着学问的皱纹一笑置之的哲学家们就要遭殃!我一本正经看作是一种疾病:我宁愿1000次的像我现在这样虚弱和发烧,也不愿意过分悲伤地去思考。对我来说,道德、学习和快乐好像是永远不能分开的三姐妹:它们是你的仆人,我将它们看作我的情人。

您伟大的智慧对形而上学评价很高,我直言不讳地在您的面前表示我对这个问题的怀疑,并恳请陛下的手中之线引导我通过形而上学的迷宫。殿下,您几乎无法理解,发现您是一位名副其实的哲学家和多么优秀的反对迷信者,对于迪夏特莱夫人和我本人是多大的欣慰啊!如果大多数的国王在他们的统治权范围内都鼓励迷信,那是出于无知,那是因为他们还不知道牧师是他们最大的敌人。

在牧师的世界史上确实有一个他们曾经促进国王和臣民之间更好理解的例子吗?正好相反,我们没有见到这样的例子。而且不正是那些牧师们挑起了不和与反叛的旗帜吗?不是苏格兰的长老派开始了那场不幸的使查理一世——他是一个好人——丧命的内战吗?不是一个修士谋杀了法国的国王亨利四世的吗?不是欧洲仍然充满了教会野心的结局吗?它们的主教成为第一批君主,于是同你们的选帝侯并驾齐驱。罗马的一位主教迫使皇帝屈服,难道这些还不是足够有力的证据吗?

至于我，当我想到人类是多么软弱多么愚蠢时，我唯一的惊讶就是，在黑暗的时代，教皇们怎么没有建立起一个全球性的君主国。

我相信，现在能在他的王国里碾碎宗教仇恨的种子和教会争端的君主只有一位。可是，他一定是一位诚实的汉子，而不听任牧师摆布；虽然他们是一些蠢货，但是人们的内心很清楚地知道，比宗教礼拜更好的是善。在一位伪善的国王统治之下，他的臣民就得是虚伪的人；而一位诚实的国王就使他的人民同他自己一样真诚。

您高尚的品格鼓舞我这样边想边对陛下您讲了出来。我刚刚同凯泽林克先生交谈过，这进一步激发了我的热情和我对您的敬慕。我唯一的不幸是过于虚弱，以至于我很可能永远不能亲身见到您施与我的好处和您为我树立的伟大榜样。未来见到那些伟大时日的人是多么的幸福啊，那些将亲眼见到您统治的辉煌荣耀和繁荣昌盛的人是何等地幸运！但是我将至少已经享有您这位哲学家国王（philosopher-prince）的恩宠和您的精神的最初的硕果。

此致

仰慕您的

阿鲁埃

1737年7月于西雷

# XVII
## 论上帝、灵魂和固有的道德

### 致普鲁士国王弗里德里希

【在伏尔泰身上，在对待严肃的问题时，他有三个特征一直引人注目——极为简练和清晰的概念、迅捷的逻辑结果和必然不知不觉地出现在某处的轻浮感。茹贝尔（Joubert）①说过，伏尔泰从来没有严肃过。不过说他从来没有恭敬过会更恰当些。

内附《论自由》一文。】

阁下：

您吩咐我报告我形而上学的疑难，因此我冒昧地

---

① 约瑟夫·茹贝尔（Joseph Joubert, 1754—1824），法国道德学家。在图卢兹学院任教20余年，后参加法国革命。1809年，他被拿破仑任命为新建的大学理事会成员。他是夏多布里昂和博纳尔德等名人的朋友，他自己没有出版任何著作，但是他的言论后来由夏多布里昂收集编辑为《箴言集》，此书与拉罗什福柯的《道德箴言录》、帕斯卡的《思想录》、拉布吕耶尔的《品格论》和沃韦纳格的《箴言与思考》齐名。——译者注

寄给您一段我选自《论自由》（*On Liberty*）的文章。即便毫无学识，陛下也将发现文中的坦诚，全部的无学识都是对上帝真诚的坦言！

或许我一直追求的理念中既不存在罪恶也没有美德，既不存在惩罚也没有奖赏的理念是必要的。如果人类没有完全和纯粹的自由，那么社会就会（特别是在哲学家之间）变得邪恶和虚伪——也许，嘿，这种见解已经致使我在这个问题上过于极端。但是如果你在我的判断中发现错误的话，请出于赋予它们起始的原则而宽免它们。

尽我所能，我一直把形而上学归纳为道德体系。我已经真诚地追求过，我尽我所能，投之以全部的注意力去获得人类灵魂的某种确切的概念。我承认我全部研究的结果是无知的。我发现了一个原则——思考、自由、活动——几乎像上帝本身一样：我的理性告诉我，上帝是存在的。但是，我的理性同样告诉我，我无法知道上帝是什么。

如果我们不幸生来就是盲人，而没有形成任何光的概念时，那么我们会知道我们的灵魂是什么，那真的有可能吗？于是，我遗憾地看到，关于灵魂曾经撰写的一切对我们都没有丝毫教益。

为了发现其本质，在我徒劳地探索之后，我主要的目的已经至少是试图调整它：它是我们时钟的主发条。笛卡尔关于其弹性的所有美好理念没有告诉我任何有关弹簧性质的东西，我对那种弹性的原理一无所知。然而，我给我的时钟上弦，它走时还相当地好。

我考察人类。我们看到，不管人是什么材料构成的，在他们身上都存在着罪恶和美德。关于人，最重要的核心问题是——我不单单就生活在特定法律下的某一社会而言，而是就整个人类种族而言。阁下，对总有一天要登上王位的您、对您森林里的啄木鸟、对中国的医生、对美洲的野蛮人。洛克（Locke），我所知道的最有判断力的形而上学家，而他正是正确地攻击固有理念的理论，似乎认为没有普遍的道德原则。我敢大胆地怀疑，更确切地说，在这一点上大胆地解释伟人的理论。我同意他真的没有固有思想这样的东西，由此，明显且必然的结果是，我们的灵魂里没有固有的道德原则。但是因为我们不会生来就长着胡子，就说我们不是天生（我们，这个大陆上的居民），而是到了一定的年龄才有胡子的吗？

我们不是生来就能走路，但是每个人生来就有两只脚，总有一天要会走路。以此方式，没有人生来就具有他一定是公正的观念，但是上帝已经如此地让我们在一定的年龄时都赞同这一道理。

我似乎清楚的是，上帝安排我们生活在社会里——正如他赋予蜜蜂以酿蜜的本能和能力一样，因为如果没有正义和非正义感的话，我们的社会制度就不能存在，因此上帝已经赋予了我们获得辨明正义感与非正义感的能力。不容否认的事实是不同的习俗使我们将正义的观念与不同的事物相联系。在欧洲的一种犯罪在亚洲可能反而是一种美德，正如德国菜不适合法国人的胃口一样，但是上帝使德国人和法国人都喜欢过上好的生活。再者，所有社会的法律都不会相同，但是没有法律的社会是不存在的。因此，最令人羡慕的善就是法律的永恒的善，因为那是由从北京到爱尔兰的全世界人民建立起来的：对社会有益的一切将会对每一个国家都有益。这种观念调节了在道德中出现的矛盾。盗窃在古代斯巴达人那里是被法律允许的。为什么？因为所有的商品都是共有的，那位从为自己保有的贪婪者那里偷来然后法律又将它们给予公众的人是一个社会的恩人。

世界上存在食人的野蛮人，他们认为他们的习俗是好的。我说，那些野蛮人有和我们同样的是非观。正如我们一样，他们因为愤怒和强烈的情感而作战；同样的犯罪起因无处不在。吃掉你的敌人不过是一种附加的仪式。错误不在于非难，而在于杀害他们。我敢发誓，没有任何一个食人者，在他切断他敌人的喉咙时，他会认为他做的是正确的。1723年，我见到过4位从路易斯安那州被带到法国的野蛮人。在他们之中有一位性情温和的妇女。我通过一位翻译问她，是否她曾吃过她敌人的肉，她是否喜欢吃人肉。她回答道，是的。我问她是否为了吃人，她就会愿意去杀害或已经杀害过任何她的同胞。她回答时浑身颤抖，明显地对这样的罪行感到大为震惊。我蔑视在旅游者中最无药可救的说谎者。他竟敢对我说，有这样的一个群体或一个家族，在他们那里违背诺言是值得称赞的行为。我对这一信念是根深蒂固的：上帝创造了某种共同在一起食草的动物，其他的偶然也会有一对儿一对儿罕见地聚到一起结网的蜘蛛，每一物种都有它必须做工而需要的工具。

将两个人放到世界上，他们只能叫善良和公正，什么对他们两个人来说都是好的。如果有4个人，他们将只考虑适合他们全体的美德；如果其中一个人吃他邻居的晚餐，那么不是与之战斗就是杀了他，他将肯定会引起其他人的反对。对这4个人适用的实际情况同样适用于整个世界……

此致

您的忠实的

阿鲁埃

1737年10月于西雷

弗里德里希大帝

## XVIII
### 关于伏尔泰甥女的婚姻

致泰里奥先生

【她们是伏尔泰的姐姐凯瑟琳·米尼奥夫人的女儿，他一直深深地依恋。他的大外甥女露易丝，后来成为德尼夫人（Mme.Denis），在她舅舅的生活中是个大管家。在这封信中，他正（为他的甥女）向他西雷的邻居迪尚博南夫人的一位亲戚求婚。这位婚姻对象（*parti*）——在靠近西雷的"我们地上的小天堂"生活的合适的人选——露易丝谢绝了，她选择了德尼先生和大都市巴黎。她的小妹妹也宁愿自己挑选她的丈夫，并成功地成为德方丹夫人（Mme. de Fontaine）和德·弗洛里安侯爵夫人（Marquise de Florian）。】

我亲爱的朋友：

我匆忙地回复你18日关于我甥女的来信。你告诉迪夏特莱夫人，你认为我正在考虑我为她而关注那位绅士的利益，而不是我甥女本人的利益。

我认为我正在考虑他们两人的利益，就如同为我自己考虑一样。尝试使我身边与我有血缘关系和友谊纽带的人的利益，我发现他们既聪明又颇具造诣。同样我已经发现了一份还凑合的、适合一位绅士并有利可图的财产，我的外甥女能够买下来并归她个人所有。

我不十分了解这位家中的妹妹，但是当轮到安排她的婚事问题时，我将在我力所能及的前提下尽其所能地为她计划。如果我的大外甥女满意那位乡绅的话，她有一天就会要她的妹妹离她近些；如果这位妹妹更喜欢做一位城堡的女主人而不愿做巴黎的一个贫穷的女市民，我只想看到她也在我们人间的小天堂里结婚。当所说已经完成时，她们是我拥有的唯一家庭：我不能不记住，我将年纪越来越大，身体也越来越虚弱，那么，有亲属其乐融融地在我身边，那令人感到万分慰藉，对此我心存感激。

如果她们与巴黎的有钱人（*bourgeois*）结了婚，我就是她们极卑微的仆人，但是她们对我来说则难以理解。老处女的处境是一种惨状，公主的家世几乎无法忍受如此不自然的状态。我们生来注定要有儿女的。只有一些不谙世故的哲学家——我们就是他们中的一员——能使他们自己体面地成为此种规律的例外。

我能向你保证，除了米尼奥小姐的幸福外我别无所求，但是她必须对此与我持同样的观点：对于你，你被迫使其他人幸福——增添她的幸福是你的一部分职责……

此致

致以最热烈的问候!

阿鲁埃

1737年12月21日

# XIX

## 论平静的生活和一时的沮丧

致基诺小姐

【基诺小姐（Mdlle.Quinault）是一位迷人的女演员，她主要出演轻喜剧，是戏剧领域中一位风趣诙谐和温文尔雅的女性。她曾向伏尔泰建议要在他的《浪子》（Prodigal Son）剧目的戏剧中亲自扮演一个角色。1741年，当她在40岁时，她从表演的舞台上退出，并一直活到了1783年——她的一生都充满欢乐，与人融洽并讨人喜欢。

"那些意大利的江湖骗子。"伏尔泰的戏剧被富瓦雷（Foire）剧院的一个意大利公司模仿。

"被怀有偏见的人强烈反对并遭到宫廷的冷遇和蔑视。"伏尔泰自己将18世纪法国演员的地位很好地描述为"由国王付钱，被教会开除教籍……国王命令他们演这演那，教会又完全禁止他们那样演出。必须承认的是，我们是一个非常理性和团结一致的民族。1730年，伟大的悲剧演员阿德里安娜·勒库夫勒尔（Adrienne Le Couvreur）就造一例，教会拒绝为其举行基督教葬礼，她的尸体在深夜被弄到城外，"像一条死狗一样被抛入路旁的阴沟里"。她的命运激起了伏尔泰强烈的愤怒和同情，在他关于伶人之死的感人诗篇中，他心灵上留下了永远的怨愤。

"德方丹神甫（*The Abbé Desfontaines*）"，伏尔泰与他进行了激烈的引人瞩目的争吵（参看第21封信："论背信弃义"）。

"扎莫尔"（*Zamore*）和"阿尔齐尔"（*Alzire*）都是伏尔泰悲剧中的人物。】

我亲爱的塔里娅：

我完全确定我最后已经放弃了危险的公众判断的渴望。恬静的爱和宁静的生活大获成功，亲爱的塔利亚（Thalia），这样的时刻即将到来。一个人知道如何尽早地避免名声的诱惑，防止嫉妒的爆发以及不在乎人们轻率的判断，那是多么幸运啊！

除了和谐平静外，我有太多的理由为自己辛苦努力的一切而后悔。20年的工作我取得了什么成就呢？仅仅只是树敌！几乎唯一期待的是来自文学修养的回报——如果一个人没有成功，那就要遭到蔑视；如果他成功了，那就要招致敌对。当我们被迫去鼓励那些意大利江湖骗子将严肃的戏剧变得滑稽可笑，并通过粗俗的滑稽戏来糟蹋好的作品时，那成功就是卑微耻辱之事。

在形成对你所热爱职业的看法方面，没有人能比你做得更好。但是你高贵的艺术不是同被偏执者强烈反对一样！在宫廷中也同样被蔑视吗？在一种需要智慧、教育、天赋的行当上所遭受到的冷眼比那些仅仅在道德、体面和美德教育的研究艺术上受到的白眼更少吗？

我一直为你和我自己感到愤慨：我们的工作是多么有益却极为困难，但得到太多的是忘恩负义的"报答"，而且现在我的愤慨已经变得绝望。我永远改造不了这个世界上的陋习，我最好还是放弃尝试。公众是猛兽。一个人只好将自己束缚于公众或逃离公众。我没有束缚的锁链，但是我知道隐退的秘诀。我已经认识到宁静所赐予我的福祉——那是真正的幸福。难道我要任由德方丹神甫将我和我的幸福撕成碎片，然后再由意大利的小丑们以之为祭品献给那些恶毒的公众而作为下流贱民的笑料吗？我最好应该劝你离开这个吃力不讨好的职业，因此你或许不再激励我在舞台上呈现自己。我必须对所有的人补充一下：我刚刚说过，我在目前的沮丧状态中不可能工作好。我需要沉醉于自我认同和热衷的事物之中——我已经调制好一份葡萄酒，现在我将毫不犹豫地饮下去。

伏尔泰的面模
莫里斯·昆庭制作（1738年之前）

只有你有能力将我从醉酒状态中唤醒,但是尽管你有虔诚的热情使人改变信念,可是在巴黎你将会发现大量更适合的理由——更年轻,更勇猛,更聪慧。

诱人的塔里娅,让我一个人平静下来吧!我对你的爱,就好像每年几部戏剧的成功中我对你(舞台)活力的感激一样。不要诱惑我,不要煽起令我窒息的火焰,不要滥用你的魅力!你的信近乎让我想到了一场悲剧的一个情节;下一封信,我要用抒情的诗歌来表达。我恳求你,让我保持清醒的理智。唉!我几乎难以表达!仅此,一群小黑狗表达着它们的恭维。我们叫其中的一条为萨莫尔,另一条为阿尔齐尔。什么乱七八糟的名字啊!一切都使人联想到悲剧。

没有人比我对你的爱更慈善更温和。

此致

V.(伏尔泰)

代我向迪夏特莱夫人致以最友好的问候。

小姐,再一次只对你表达我最愉悦的致意。

1738年8月16于西雷

## XX
## 关于法国人与英国人

致勒勃朗神甫

【勒勃朗（Abbé Le Blanc）神甫出版了一部论英国的著作，对英国，伏尔泰再熟悉不过了。】

先生：

你有上千的理由赢得我的尊敬和友谊，因为你是一位英国人，你是《阿文的述说》（*Aben-said*）一书的作者，你是真理的追求者，你是敬业尽职的牧师，你还痛斥了德方丹神甫的无耻行径。我真诚地相信通过你对某些最高尚的人类思想中已经发现的表述语言的研究，增长了自己的才干。在伦敦，你一定会感到更自由，更轻松，因为正是在那里大自然生发出雄浑强劲的阳刚之美，其境界远非艺术可及。优雅、端庄、妩媚、敏感,这些都是法兰西的特征……

我相信,一位英国人是完全了解法国的,同样,一位法国人也对英国极为熟悉。对于此类的了解和认识对双方都好。先生,你特别将你已经到访过的国家的长处与你自己的祖国的优点联系到一起而做出了判断……

此致

*你真诚的 伏尔泰*
1738年11月11日于西雷

## XXI
## 论背信弃义

致泰里奥先生

【自从1735年以来,伏尔泰与德方丹就展开了一场激烈的文字之战。德方丹过去是神甫、记者,其人以粗俗滑稽而闻名。伏尔泰曾给予他很多实质性的帮助,但是他得到的却只是德方丹的恶语相伤。最后,德方丹出于恶意的预谋,他编辑出版了《巴黎人周报》,一些诗文由意大利学者阿尔加罗蒂(Algarotti)①撰写。阿尔加罗蒂是弗里德里希的朋友,西雷城堡的常客。在诗中,伏尔泰和迪夏特莱夫人的真正的关系被公开化了。伏尔泰,犀利地捍卫他女主人的荣誉,在一本剪辑的小册子《预防》

---

① 弗朗切斯科·阿尔加罗蒂(Algarotti,1712—1764)意大利哲学家、文学批评家。1733年到巴黎,深受巴黎文学圈的欢迎。主要著作有《适合女性阅读的牛顿学说》《论建筑》《论绘画》和《论歌剧》等。——译者注

（*Préservatif*）里，他抨击了德方丹。对此德方丹以他的《流浪汉伏尔泰——一条疯狗的狂吠》（*Voltairomanie*）报复他——邪恶狂暴地攻击伏尔泰的过去和现在。在文章中，德方丹引用了伏尔泰的老朋友和文学知音泰里奥的话作为攻击的口实，因为后者全然否定伏尔泰在《预防》中谈到的一件事大意是泰里奥见到过一篇德方丹撰写的诽谤他恩人（伏尔泰）的诽谤文章，这样，伏尔泰反倒被他宣布为是一个说谎之人。在接下来的信中，他恳请泰里奥——一位懒惰、卑鄙的家伙，伏尔泰总是犯他通常过高估价他人的错误——像一位真正的男人那样大胆地讲出来，以示昭雪。结果，他被迫做出某种公开的声明收回自己的毁谤。因为伏尔泰起诉了德方丹并打赢了这场官司：泰里奥被宽恕，恢复了他远远不配得到的他们的友谊和好感。

"陛下"自然指的是普鲁士的弗里德里希国王，伏尔泰向他为泰里奥要求了一份年金。

《同盟》（*The League*）即《亨利亚德》第一版时的书名。

"达尔让塔尔（*d'Argental*）先生"，即达尔让塔尔伯爵，他是伏尔泰中学时的同学和终生的朋友。他通常讲到达尔让塔尔和他的妻子时，都称他们为自己的"保护天使"。】

我亲爱的朋友：

20年前，通过我的书，我成为一位知名人士；以这种身份，回答公开的诽谤是我的职责。

20年来我一直是你的朋友，通过最密切的纽带与你联系到一起。你的声誉对我来说是很重要的，因此，我确信，我的声誉对你也是一样的。我写给陛下的信证明我已经忠诚地履行了友谊的神圣职责——为促进自己朋友的幸福。

现在，一位因为他的罪行被普遍憎恨的人，一位以他对我忘恩负义的态度理应受到斥责的人，当他被指控出版了对我诽谤的文章时，他竟敢将我作为一名无耻的说谎者来对待，这就是他作为我对他善良的回报。他引用了你的证词，断定在出版的书中，你与你的朋友断绝了关系，因为你为他感到耻辱。

正是单单从你这里我了解到，德方丹神甫——当他在比塞特（Bicêtre）①时，撰写了一篇对我的诽谤文章；从你这里，我知道了这篇诽谤文章出自一位可恶又恶毒的人物之手，标题为《伏尔泰先生的谢罪》（The Apology of Sieur Voltaire）。当你住在西雷时，你不但对我们讲到了它，也在迪夏特莱侯爵面前也讲到了它，而且还证实了我讲的话在仔细地查阅了你的信函后，这就是我在1726年8月16日的信中所看到的内容：

"那个无赖，德方丹神甫，总是千方百计地将我与你纠缠到一起：他说什么你只要对他讲到我的时候就用上令人无法容忍的伤人之语，以及诸如此类的话。

"他的收入只有400利弗尔（livres）②，可靠着他的谎言和背叛行为，他一年赚到了1000多埃居（écus）。当他在比塞特那段日子里，他撰写了一部反对你的讽刺作品，我迫使他将之付之一炬：正是他发表了《同盟》的一个版本，在书中，他插入了他自己恶毒的诗句。"

我还有你写来的其他的信，信中你言辞激烈地谈到了他。

那么，他怎么会厚颜无耻地说，你多次不承认你曾说到我和写到我

---

① 比塞特（Bicêtre）是路易十三国王建立的一所城堡，当时用作伤残士兵们的收容所。——译者注
② 利弗尔，法国当时通用的货币单位，相当于一磅白银。——译者注

呢？他对我坦言他不承认自己的背信弃义，为此他要求得到我的宽恕，然后，他又陷入重蹈覆辙的境地——从他的人品可预料到他的行为。可是，为了证明我是一位诽谤者，他应该将我的朋友反对我的证据带来，就靠你的一张嘴来恶语中伤——你能受得了这种诽谤吗？

事实是荣誉在此面临危机。作为一方，或说是我自己的一半，你作为一位证人介入了此案。公众就是法官，相关的文件一定要摆在证据的面前。你谅必不会说："这场争吵与我毫无关系。我是一个不爱交际的人，希望自己生活得安静和无拘无束。我不愿意公开自己的意见或让自己受到约束。"那些给你如此建议的人其实是希望你去做你的精力达不到的事情。确实，永远不能说你背叛了我，你否认自己的诺言，否认自己的签名，不承认众所周知的事实：你背弃了你20年来的朋友（是那么密切地一直与你站在一起的盟友）。因为什么呢？因为一个遭到了公众摒弃的无赖，因为一个你真正的敌人，因为一个曾经数百次侮辱你尊严的人，他对你令人感到备受耻辱的漫骂实际上印在了他的《新词词典》（*Dictionary of New Words*）中。

国王对我的仁慈和关怀是多么地引人注目，他自己已经屈尊到引起他恐惧的德方丹神甫作品中查找证据，他会怎样的吃惊和义愤呢？迪夏特莱夫人和我所有的朋友们——我可以大胆地说，甚至整个世界都会是怎样的情绪呢？请教达尔让塔尔先生：问一下你自己的时代，如果可能的话，调查一下别的人——依我说，留意并看看接下来你为了德方丹背弃了你的朋友和真理，那对你会更好吗？难道对来自那位卑鄙小人的无理侮辱比对友谊、对真理和对最神圣的社会义务进行公开且不忠实的耻辱更为可怕吗？不！你永远不必这样有辱自己的名誉。

即使你从未对公开地站在朋友的道义一边深思熟虑过，你也要证明我所希望你拥有的崇高精神力量。单单友谊就将激励你。我毫不怀疑，我的内心告诉我你的良知将做出回应。不考虑任何其他因素，仅仅友谊就将赢得胜利。友谊和真理定将战胜仇恨和背叛。

正是带着这样的感情，正是怀着这样确切的希望，我以最普通的温情向你告别。

此致

伏尔泰

1739年元月2日 于西雷

# XXII
## 论诗歌创作

致爱尔维修先生

【爱尔维修（Helvétius）①注定要成为18世纪最著名之书的作者，此书就是《论精神》（*De l'Esprit*），尽管它坦诚的唯物主义以最轻松和娱乐的风格加强了效果，甚至在那个唯物主义的时代它也遭到厌弃，特别是遭到伏尔泰的唾弃，可他仍旧是最著名的。在写这封信的时候，爱尔维修才24岁，他当时是一位游手好闲、潇洒风流、欢快迷人的年轻人。正值被任命为包税官之际，又通过书信体长诗《爱的

---

① 爱尔维修（Helvétius，克洛德-阿德里安，1715—1771），法国哲学家和《百科全书》的撰稿人。他出身于一个国王御医的家庭，本人是一位富有的包税官，后来放弃其任职，就任法国王后的膳食总监。其后他又回到他在佩尔什的沃尔庄园，潜心研究。1758年，他出版了《论精神》一书，在书中，他尽力证明感觉是所有智力活动的来源。因此他遭到了巴黎大学的谴责，巴黎议会宣判将他的书公开焚毁。但是此书几乎家喻户晓，人人都读，并被译成多种文字在国外出版。——译者注

研究》和《论幸福》试图求取功名。但即使是伏尔泰那种慷慨的鼓励和认真而有启示性的批评也无法创作那些夸张的诗体作品，爱尔维修明显地是等到他从伏尔泰的建议中获益后才喜欢上了散文，并开始尝试以简明易懂的论述而取代过分注意文字修饰的那种诗文体的努力。

就在收到这封信后不久，他就是西雷的一位客人了，而且他与他的劝诫者之间的友谊也巩固下来：虽然对被压迫者带有强烈和主动同情的伏尔泰而言，这位包税官——古老法国的那些凶煞强逼的收税人——是完全令人憎恶的一类。但是爱尔维修有一颗更为高尚的心，他的职业精神更胜于他书中所论述的精神，即他用他身居高位的职务为贫穷的人们申辩。1751年，他放弃了官位来证明"他不像他们其余的官员们那样贪得无厌"。

1759年，当《论精神》与伏尔泰的诗《论自然法则》一同被政府的刽子手焚毁时，虽然他彻底地憎恨（并直言不讳地恶语相加）爱尔维修的名著，但是他还是为它存在的权力挺身而出，拼命地全力作战。根据伏尔泰最基本的原则："我即使完全不赞同你所说的一切——可是我将至死捍卫你说话的权力。"】


我亲爱的朋友：

你是上帝和缪斯（Muses）之友——你的《信札》（*Epistle*）充满了超过你年龄的大胆推论，更超过那些为书商用韵诗叙述，并将他们自己限制在皇家检察官范围之内的那些怯懦的作家，那些检察官不是嫉妒他们，就是自身比那些作家更懦弱。

他们只不过是一群悲惨的鸟，因为他们被剪断的翅膀闭合着，他们渴望着翱翔，却永远跌回到地上并折断了他们的双腿！你是一名无畏

四个男人站在卡拉斯向家人告别的面前

的天才,你的作品闪耀着想象力的火花。我更喜欢你大量的缺点而不喜欢我们都已经厌倦了的你的那些平庸的优点。如果你允许我告诉你,在你的职业中我认为你能提高你自己的话,我应该说,当心,以免在试图向上流社会跨入时,你言过其实并陷入装腔作势;只用准确的比喻;确保始终用准确恰当的词。

要我给你一个绝对可靠且难得的作诗规则吗?现在这里讲到的就是。当一种想法是正义和高尚的时候,事情远还没有了结。考虑一下你用诗表达的方式是否用散文会更有效呢?是否你的诗文,没有韵律的节奏?好像对你来说,你有许多的词语无法表达——是否在此结构中没有任何缺陷——是否有漏掉的连词而欠通顺——简言之,是否有的词用得不恰当,或者用得不是地方。确定以后,你才能推断出你思想的宝石是否镶嵌得当。一定确保不含一点这些错误的诗句才能永远牢记在心,才会增加可读性：只有优秀的诗句才让人们千古传诵，让人们不由自主地铭记难忘。在你的《书信诗文》中不乏此类的诗句——在这一代人当中没有任何人在你的年纪能写出如此的诗句——正如50年前所写的诗句一样。

另外，不要担心将你的天才带给帕尔纳索斯（Parnassus）①，因为你没有为它们忽视你的职责，它们将无疑提高你的信誉，它们本身就是极令人愉悦的职责。谅必，你的地位要求的那些责任，你肯定很不适应像自己这样的天性。它们就像照料一所房子的日常事务一样多，或同一个管家的家庭账目差不多。为什么你会剥夺思想的自由，是因为你偶然成为一位包税官吗？阿提库斯（Atticus）②是一位包税官，古代的罗马人都是包税人，他们像罗马人一样思考。前进，阿提库斯。

此致

伏尔泰
1739年2月25日
于西雷

---

① 帕尔纳索斯（Parnassus）是希腊的山脉，通过多利斯和佛吉斯之间向东南延伸，在柯林斯湾终止。然而，它也专指山脉最高之处。在德尔菲神庙之北几英里远的地方，正好在德尔菲之上有两处凸出的悬崖，称为菲德利亚德，从悬崖上流出卡斯塔利亚泉。帕尔纳索斯山被奉为阿波罗和缪斯的圣山。——译者注

② 阿提库斯（Atticus 公元前109—32），古代作家，也是西塞罗的朋友，他最著名的著作是题献给西塞罗的一部《历史》，其内容是一些历史事件的实录，一直记录到公元前54年。可惜他的著作都已失传。他最大的贡献是将西塞罗与他的396封书信编辑成书，其范围从公元前68—44年。此处的阿提库斯，在广义上代指罗马人。——译者注

# XXIII
## 论同一主题兼论布瓦洛

致爱尔维修先生

【布瓦洛-德普雷奥（Boileau-Despréaux）[①]，17世纪的诗人和批评家，如伏尔泰所言，他在有限的领域中，创作了杰出的作品，因而是卓尔不群的。他的简练、匀称、雄劲有力的诗句让人想到了蒲柏的一首诗，他在《论批评》（*Essay on Criticism*）中模仿了布瓦洛的名篇《诗艺》（*L'Art Poétique*），并在《夺发记》（*Rape of the Lock*）中采用了布瓦洛在《唱经台》（*Lutrin*）中的表现风格。】

---

[①] 布瓦洛-德普雷奥（Boileau-Despréaux, Nicola, 1636—1771），通译为尼古拉·布瓦洛。法国文学批评家和诗人。主要著作有《讽刺诗》《书简诗》《诗艺》。他的古典诗文的理论原则备受后人推崇，不但在本国，在英国更是如此。——译者注

亲爱的朋友：

我因为自己的懒惰感到极大的丢脸，整整一个月，我一直碌碌无为地忙于我几乎不敢写给你的以韵文形式写作的散文。通过研究，我的想象力令我忧心忡忡，诗就像盖满了灰尘的漆黑的旧家具摆在鲜艳明亮的舞厅。我必须抹掉那尘封家具上的尘埃来答复你。

我从你给我写来的信中看出了你的天赋。你认为布瓦洛相当聪明，我同意你的看法，他既不崇高也不具有非凡的想象力，但是他已经将一切他所能做的和他计划做的都做到了极致。他将自己良好的感觉付之于节奏明快的诗歌；他的文章起承转合清晰，逻辑性很强，让人感到文笔流畅、亲切宜人；他张弛有度，把握适中。他的主题不适合被你高贵的文笔加工。你已经意识到你天赋的所在，正如他意识到自己的天赋一样。你是一位哲学家，你将一切都看作是同实物一样大小，你的笔法强劲而受欢迎。到目前为止，大自然已经将你造就为（我发自内心地讲）大大超越布瓦洛的人；尽管他的才华出众，但是你未来将完全高他一筹。因为你思考的广度不容忍周围的限制，因此你更需要他的中和。对你而言是思考问题容易而写起来则困难。因而我要不断地告诫你德普雷奥对写作艺术理解和讲解得都极好：尊重我们语言、观念的清晰连贯，使自己的读者和自己愉快相与，自然的表达寓于艺术的熏陶之中，轻松的外表包含着多么艰辛的劳动。一字之差会使最智慧的思想变得庸俗平常。布瓦洛的理念——我再次地承认——从来不是出色的，但是他阐明问题一直是条理分明。因此，为了比他更好，明晰准确的开篇是十分必要的。

在小步舞曲中，踏空几步不重要，但在你表述的韵律中不能允许有任何一步是败笔。你的身上光环四射，他的服饰却是质朴而得体。你的钻石必须排列有序以免你的王冠令你蒙羞。那么，亲爱的朋友，送给我同高尚的表达一样成功的作品，不要鄙视立即成为一位矿主或淘金者。你知道，通过我们这样的交流，在你的声誉和你作品的影响方面，我感到极大的兴趣。你最后的一次到访令我对你倍加尊敬。看起来真好像我应该停止写诗，而只是满足于对你的诗文的赞叹。

曾给你写过信的迪夏特莱夫人，向你致以最亲切的问候。

此致

你永远的朋友

伏尔泰

1741年6月20日于布鲁塞尔

# XXIV
## 论英国的宽容

致塞萨尔·德米斯先生

【德米斯先生（*M. de Missy*）是伦敦的法国圣詹姆斯教会牧师。

伏尔泰的悲剧《狂热，或先知穆罕默德》（*Fanaticism, or Mahomet the Prophet*）于1742年8月19日已经在巴黎上演，人们竞相观看，盛况空前。但是正如剧作者自己所说的那样，它确实抨击了宗教的偏执和不宽容，这对法国当局是太过直言，那些没有读过剧中一行台词的人就宣布它为"无耻的，邪恶的，漠视宗教的，亵渎上帝的"，在演出4场之后，当局就下令要求其停演。伏尔泰在这种情况下，极为愤慨地在8月29日与迪夏特莱夫人离开巴黎前往布鲁塞尔。像往常一样，他恰好病了，就在那里用了一些时间安置一番住了下来。在病中，他誊清了剧本，将准确无误的抄本寄给了弗里德里希（此时他已经是普鲁士的国王弗里德里希），并写下了这封致塞萨尔·德米斯先生（M. César de Missy）的信。】

阁下：

在我回到布鲁塞尔时，我发现了你写来的那封令我十分愉快的信。对此，为了你能尽快地收到我的回信，我只能以乏味的散文来回复你。我不知道是否你移居的国家已经成为我偶然出生的国家的敌人，但是我确实知道，像你一样同我们见解一致的人都是我的同胞和朋友。既然如此，阁下，为了证明你我的友谊，我恳求你寄给我到目前为止用英语出版的不同版本的《世界通史》（Universal History），多多益善……

不久前，在日内瓦版的标题下，我著作的小字版在巴黎出版，出版商为布斯凯（Bousquet），那是我所见到的最完整和错误最少的一个版本。我已经订购了一些，届时我将乐于送给你一本。

如果伦敦的任何出版商喜欢将它们重印的话，我将寄给他无误的校订稿，状况正常的话，我还将附上一些还没有出版的珍贵的不常见的个人文件。首要的是，附上我写的悲剧《穆罕默德》（Mahomet），或者叫它《宗教狂热》（Fanaticism），那是一个了不起的达尔杜夫（Tartufe）①，因此，宗教的狂热者们已经阻止了它在巴黎的上演，正如虔诚者试图将另一个《达尔杜夫》扼杀在摇篮里一样。我认为，我的这个悲剧剧本更适合英国人的头脑而不适合法国人的内心。巴黎认为它过于大胆，因为它富有感染力；认为它太危险，因为它过于真实。在剧

---

① 达尔杜夫，又名为伪君子。莫里哀著名的5幕诗体喜剧，因揭露教会势力的虚伪性和欺骗性，曾被以"否定宗教"的罪名被迫停演——译者注

中，我尽力表明狂热如何导致了恐惧的暴行，在江湖骗子的引导下，又是怎样侵入弱者的心灵。

在穆罕默德的掩饰下，我的作品代表着多明我会修道院院长，他将匕首刺向了雅克·克莱芒（Jacques Clément）[①]，他进一步通过他的女主人煽动起那场犯罪事件。在作品中，人们认出了《亨利亚德》的作者，判断他肯定会受到迫害：因为他热爱真理和人类。只有在伦敦，诗人才可能被允许成为一名哲学家。

阁下，请代我向南希先生（M. Nancy）致意，我是从他那里收到的信。

此致

请相信我对你由衷的感激和真情

伏尔泰

1742年9月1日

于布鲁塞尔

---

[①] 雅克·克莱芒（Jacques Clément, 1567—1589）法国狂热的修士、弑君者。他是天主教同盟多明我会会员，因刺杀亨利八世而被国王护卫当场杀死。——译者注

## XXV

## 论高乃依与莱辛

致德·沃韦纳格先生

【沃韦纳格（*Vauvenargues*），他以在法语中的一些最富智慧和最精美的箴言而成为著名的作家，他创作出了极为杰出的（*par excellence*）法语箴言。在写此信的时候，他还是一位英俊的28岁的年轻士兵。在上次的意大利战役中，他曾是维拉尔（Villars）[①]将军的属下；在波西米亚时，他在贝勒-伊斯莱（Belle-Isle）[②]的麾下；1742年，他和他的团队遭受到了从布拉格（Prague）到埃格拉（Egra）整

---

[①] 维拉尔（Villars, Claude-Louis-Hector de Duc.1653—1734）克洛德-路易·埃克托尔·德维拉尔公爵，法国将军。——译者注
[②] 贝勒-伊斯莱（Belle-Isle, 1684—1761）法国将军。他参加过西班牙王位继承战争、波兰王位继承战争，1741年升至将军，1742年他受封为公爵。在奥地利王位继承战争中任指挥官，曾成功地指挥法国军队撤离布拉格，抗击奥地利和撒丁人而保卫了普罗旺斯，在七年战争期间，担任法国军事大臣的他，进行了有益的军事管理方面的改革。——译者注

个仲冬大进军的恐怖。当回到巴黎时，他健康的身体已经彻底垮掉了。但是他还是执意重新参加了在德国的战斗兵团，并实现了自己的愿望：战斗在代廷根（Dettingen）①。正是在巴黎这段间歇期，他用书信向伏尔泰介绍了自己，并在信中表示他在拉辛和高乃依之间，他更偏爱前者。

在1742年的战役后，当沃韦纳格成为一位完全伤残者的时候，他们的友谊又重新恢复。正是在伏尔泰的建议下，沃韦纳格开始将文学作为他的职业，因此他将他那薄薄的只包括《箴言》（*Maxims*）和几篇《忠告与反思》（*Counsels and Reflections*）的书卷献给世界。在感染力的意义上，宁静、勇气、快乐依然是对一个尽其所能的人的最高尚的鼓舞。直到生命的最后，他都是一个最具忍耐力的病患者，他的生命在他刚过32岁的时候就结束了。伏尔泰终生都保持着对他的尊重和崇敬。

《波斯人信札》（*Les Lettres Persanes*）是孟德斯鸠第一部伟大的文学成名作，是这位著名的作家关于法律和政治问题的书信体小说。虽然极为生动和嘲讽，但是可以说《波斯人信札》与他主要为之振奋的后来的著作《论法的精神》（*L'Esprit des Lois*，参看第56封信，"信仰的表白"）的重要性相比所得到的评论不分轩轾。后人的评价已经证明了伏尔泰的结论是正确的：孟德斯鸠那部关于《罗马人的堕落》（*Decadence of the Romans*）的小册子是一部远比《波斯人信札》更实在、更显示其才华的著作。】

先生：

昨天，我荣幸地告诉德迪拉斯公爵（Duc de Duras），我刚刚收到

---

① 代廷根（Dettingen），德国巴伐利亚的一个村庄，奥地利王位战争时，英国乔治二世于1743年在此率领英国、汉诺威和黑森的军队战胜了法国。——译者注

了一封来自一位才子同时又是一位国王军团连长的哲学家的信。他马上猜到了那一定是德·沃韦纳格先生。确实，要再找到一位有水平写出这样信的人那是太难了，因为我已经知道他的风格，我从未见到过你写给我的那么绝妙、那么富有思想的隽永之语。

在上一个世纪里，敢于表明高乃依只不过是一位慷慨激昂的演讲者的人屈指可数。先生，你感觉到并表达了这个作为真理和启蒙作家的事实。一位像你这样有洞察力和批评眼光的人应该更喜欢拉辛（Racine）①的作品，在我看来是很自然的。拉辛雄辩的智慧（总是他调控好自己的情绪）使他能够做到他所讲的，即他理智上告诉他应该去讲的，但是与此同时，我信服同样良好的鉴赏力，已经使你感受到了拉辛作品的过人之处，也肯定使你羡慕高乃依的天赋，他在一个缺乏文化教养的时代创造出了悲剧的表现形式。极正确的表达应该是，开创者们在声誉上达到了巅峰。

……

《贺拉斯》（*Horace*）和《库里阿斯》（*Curiace*）中漂亮的场面，《熙德》（*Cid*）中两个吸引人的场面，《西纳》（*Cinna*）中大多数的场面，塞维鲁（Sévère）的角色，几乎所有的波利娜的角色、《罗

孟德斯鸠

---

① 拉辛（Racine），让·拉辛，1639—1699，法国古典时代伟大的悲剧剧作家。他是布瓦洛、莫里哀和拉封丹的好友，被称为当时著名的"文坛四友"。他的主要作品有《安德洛马克》《巴雅泽》《费德尔》和《阿达莉》。他的儿子宗教诗人路易·拉辛为他撰写了生平传记。——译者注

在领主夫人剧院演出的《费尔内的英雄》

多古娜》最后一幕的后半场,如果它们是现在创作的话,它们不会逊色于《阿达莉》(*Athalie*)。那么当我们考虑到高乃依所写作的时代,我们应该怎么看待那些作品呢?我一直这样说,在上帝的房子里有大量的房间(*In domo patris mei mansiones multae sunt*)。①莫里哀并不妨碍我欣赏德图什(Destouches)②《自命不凡的伯爵》(*Giorieux*),在《费德尔》(*Phèdre*)③之后,更感动我的则是《拉达密斯特》(*Rhadamiste*)④。先生,像你这样的人应有优先权而不会被排斥。

---

① 语出拉丁文版《圣经》约翰福音14章2节。——译者注
② 德图什(Destouches, 1680—1754),他以菲利普·内里克而知名。戏剧家,年轻时当过演员。他以宗教的信念寻求喜剧的道德,陶冶情操,是非常值得尊敬的。他曾作为摄政王在英国的代表,因此返国后被接纳进法兰西学院。他的主要作品有《无理的好奇者》《已婚的哲学家》和最有影响的表达贵族与中产阶级冲突的《自命不凡的伯爵》。——译者注
③ 《费德尔》(*Phèdre*),拉辛1677年创作的著名悲剧,取材于古希腊悲剧大师欧里庇得斯的悲剧《希波吕托斯》。——译者注
④ 《拉达密斯特》(*Rhadamiste*),法国18世纪著名的悲剧戏剧家克雷比永(1674—1762)的经典之作,发表于1711年,主题是亚美尼亚公主泽诺比的爱情悲剧。——译者注

我认为你是正确的，将瓦蒂尔（Voiture）①与贺拉斯相比，聪明的德普雷奥（Despréaux）②是应该受到谴责的。瓦蒂尔的声誉下降是理所当然的，因为他几乎失之自然，他不多的吸引力出自无聊琐屑的本性。在高乃依冷峻的理性中总显示出高尚的精神，有时那种高尚是那么感人，以至于尽管带有他全部的缺点，他还是肯定需要受到尊重的。列奥纳多·达·芬奇即使是与提香（Titian）③和保罗·韦洛内塞（Paul Veronese）④相比，也仍不失其可爱。

先生，我意识到，公众并没有充分地认识到高乃依的缺点，他们将他的一些缺点误解为他所少见的过于雕琢的美。

时代自身在调整着价值观：普通的读者起初总是惊叹不已而又莫衷一是。

我们开始对你所讲到的那些《波斯人信札》怀着狂热的激情，却忽略了同一作者那本字数不多的《罗马人的堕落》。然而当今所有最好的评论家都断言后者对历史做出的有鉴别力的判断是极为杰出的。从长远的观点看，大多数的批评家都同意，那是启蒙时代极少部分人的看法；先生，你就是那极少数人中的领军人物。令我痛心的是，你所选择的军旅生涯使你离开了城市，倘若你在这里，我就会有幸从你的知识中受益。但是相同的正义见解使你更喜欢拉辛的克制有度而不屑于高乃依过度的热情奔放和绚丽夸张的辞藻，偏爱洛克的智慧更胜于贝尔的冗词赘

---

① 瓦蒂尔（Voiture，樊尚·瓦蒂尔，1598—1648），法国诗人和书信体作家，法兰西学院院士。因受到奥尔良公爵的赞助，他成为朗布耶侯爵沙龙的领袖。他的著作就是《诗集》和《书信集》。塔勒芒·德斯·雷奥称他为"妙语戏言之父"，应该是他创作风格的写照。
② 德普雷奥（Despréaux，1636—1771），即布瓦洛，他的全称是尼古拉·布瓦洛-德普雷奥（Boileau-Despréaux），法国文学批评家和诗人。主要著作有《讽刺诗》《书简诗》《诗艺》。他的古典诗文的理论原则备受后人推崇，不但在本国，在英国更是如此。——译者注
③ 提香（Titian，1480—1567），意大利文艺复兴时期的艺术家。他的主要作品有《佩萨罗的圣母》《神圣和渎神之爱》《腓力浦二世》《戴荆冠的基督》《维纳斯》和《阿多尼斯》等。——译者注
④ 保罗·韦洛内塞（Paul Veronese，1528—1588），一般拼为Paolo Veronese，意大利文艺复兴时期的著名画家，威尼斯画派的主要代表人之一。其主要作品有：《在卡纳的婚礼》《大卫即位》《以马忤斯的朝圣》《东方三博士的敬拜》等。——译者注

句。无论在任何地方、任何事情上，以你自己的专长，你所具有的知识和判断力，它们都将令你受益无穷……

此致

伏尔泰

1743年4月15日于巴黎

## XXVI
## 对一位批评家的批评

致马丁·卡勒先生

先生：

我非常高兴地得知你写了一本反对我的小册子。你确实是太抬举我了。在第17页上，你最终以自己的原因拒绝接受上帝存在的证据。在罗马，如果你这样主张，可敬的神甫和圣地的总督就会迫使你接受宗教法庭的审判。如果你已经因而写了反对巴黎的一位神学家的文章，他就会通过圣职的全体人员对你的主张进行挞伐；如果你反对一位虔诚的人，他就会辱骂你。可是有幸的是我既不是一位耶稣会会士，也不是一位神学家，更谈不上是一位宗教信徒。我将听任你坚持你的意见，而我依然坚持我自己的信念。我将始终坚信，钟表证明了钟表匠的存在，天地万物证明了上帝的存在。我希望你自己将理解你所讲的有关空间和永恒是什么，不可或缺的物质和上帝创造的和谐为何物。我建议你再考虑一下我所说的话，最后，在新版中，我诚恳地努力让自己的见解完全表达清楚——在形而上学中，那是一桩困难的任务。

在适宜的空间和悠远无限的历史长河之中，你引用了塞涅卡①的《沉思录》（*Medea*）、西塞罗（Cicero）的《反菲利普演说》（*Philippics*）和奥维德（Ovid）②的《变形记》，还有白金汉（Buckingham）③、贡博（Gombaud）④、雷尼尔（Regnier）⑤和拉潘（Rapin）⑥的诗句。先生，我必须告诉你，我诗歌的知识和修养至少不会比你差：我十分喜欢诗歌，如果我们将看到某些涉及对诗非常令人愉快的娱乐的话，只有我认为它们不适合阐明形而上学的问题，它们应该是卢克莱修（Lucretius）⑦和德波利尼亚克主教（the Cardinal de Polignac）⑧的哲理诗文。

此外，如果你理解任何关于上帝创造和谐的事物的话——如果你发现了在不可或缺的法律之下人类是如何自由的话，那么是否你能为我传递信息来帮我一个忙。如何你能够证明，不管是用诗还是其他的形式，为什么在这个所有可能存在的最好的世界上，会有那么多的人自寻死路

---

① 塞涅卡（Seneca，大约公元前4—公元65），又译为"塞内加"，古罗马政治家、文学家和哲学家，一生著述颇丰，著名的洛布古典丛书出版的《塞涅卡文集》共10卷。——译者注
② 奥维德（Ovid），公元前43年—公元17年，罗马诗人。他学的是法律，但是他一直醉心于诗歌。主要作品有《爱的艺术》《变形记》等。——译者注
③ 乔治·白金汉，（Buckingham，1628—1687），维利耶第二代公爵，戏剧家。他著有喜剧《彩排》，在该剧中，他讽刺了德莱顿的英雄史诗的戏剧。德莱顿对他的评价是"药剂师、小提琴手、政治家和滑稽可笑的人"。——译者注
④ 让·奥吉耶·贡博，（Gombaud，1570—1666），法兰西学院院士、诗人、戏剧家。主要作品有：悲剧《苋莱》《班蝶》，乡村生活剧《恩底弥昂》和《基督徒的十四行诗》。——译者注
⑤ 马蒂兰·雷尼尔，（Regnier，1573—1613），法国讽刺作家。他是诗人德波特的侄子。他因其《讽刺诗》而闻名于世。——译者注
⑥ 勒内·拉潘，（Rapin，1621—1687），法国神学家和颇具才智的文学批评家。他亦是耶稣会教士和古典学教授。其主要著作有《冉森教史》《对亚里士多德的<诗学>的思考》和《论贺拉斯和维吉尔》等。——译者注
⑦ 卢克莱修（Lucretius，约公元前95—52年），罗马诗人，他在罗马文学史上的主要成就是他献给罗马执政官麦米乌斯·盖美鲁斯的哲理长诗《物性论》，书中宣扬伊壁鸠鲁的教义。他本人据说是因服用过量春药而死。——译者注
⑧ 德波利尼亚克主教（the Cardinal de Polignac，1661—1742），法国主教和外交官。他著有未完成的拉丁语长诗《驳卢克莱修》，旨在驳斥唯物主义观点。——译者注

的话，我将对你不胜感激。

　　我等待着你的论证、你的诗作和你的诋毁，从我的内心深处向你保证，关于真理，我们两位还都一无所知。我很荣幸地成为……

　　此致

伏尔泰
1744年

# XXVII
## 论盲人

致狄德罗先生

【狄德罗（Diderot）[①]在他那个时代的名人眼中是一位落拓不羁的人，因学识渊博，在知识界有"哲学家"之誉。他性情急躁，热情似火，对事业倾注自己的全部身心，他被公认为是当时"所有图书集成"的大《百科全书》的发起人和组织者。1749年，他撰写了著名的《为非盲人受益的论盲人书简》（*Letter on the Blind for the Use of Those Who See*），并将此书寄送给了当时的某哲学团体当领袖的伏尔泰。4年前，由于自己的《哲学思想录》出版，伏尔泰被宣布为该哲学团体的成员。正如在伏尔泰的复函中展示了狄德

---

[①] 狄德罗（Diderot，1713—1784），德尼·狄德罗，法国启蒙哲学家，《百科全书》的主编，他也是小说家、艺术批评家。——译者注

罗的无神论一样，其中也表明了伏尔泰自己的自然神论，并解释了诙谐的表述词"伪善者"（cagot）="偏执狂"（bigot）的含义。狄德罗常常将"偏执狂"一词幽默地用于伏尔泰。狄德罗在《论盲人书简》中不幸地采用了以高雅的女士——一位国家部长的"亲爱的女友"（chère amie）为笑柄的讥讽，因此，他很快地被关进了巴黎东郊的樊尚（Vincennes）监狱。从那时起，迪夏特莱夫人（她是樊尚城堡地方长官的一位近亲）在伏尔泰的反复要求下，加速了狄德罗的获释过程。狄德罗虽然与伏尔泰通信达29年之久，但是直到1778年才第一次见面。当伏尔泰最后一次载誉荣归巴黎时，狄德罗本人已经逐渐晚年了。

"我寄给你的书"指《牛顿哲学原理》。

"桑德森（Saunderson），他拒绝接受上帝，因为他生来就是盲人。"他是激发狄德罗创作的《论盲人书简》中的人物原型，是一次成功的白内障手术的患者。狄德罗本人对一位先天性盲人的看法就是，无神论是一种自然宗教。

"我离开吕内维尔（Lunéville）之前"，那里是伏尔泰所住的前波兰国王斯坦尼斯拉斯（Stanislas）的宫廷。】


先生：

我十分感谢你一直是那么的友善，以至于送给我你那见解深刻又充满智慧的著作。我寄给你的书既不是这一版也不是另一版，在书中，你会发现比较早的版本中更为详细的有关先天性盲人逸事的阐述。就你所说的关于通过一般健全感觉的普通人的情况下所形成的判断和哲学家所形成判断的结论，我完全同意你的意见。但我遗憾的是，在你所引用的例子中，你忘记了盲人这一特例，那些得到视力天赋的盲人看到的人就像是移动的树木一样。

我怀着极大的愉悦读了你的书。其内容丰富，表述简明易懂。我对你长期以来的敬重就如同我貌视愚蠢的文明破坏者一样，他们谴责他们所不懂的事物，恶人总是将他们同那些白痴联合起来去斥责那些正在努力教化他们的人。

可是我必须坦诚地承认，我一点也不同意桑德森（Saunderson）①的观点，因为他生而失明而拒绝上帝。或许我是不正确的，但是，假如我处于他的地位，我将会认识到，给予我那么多替代了视力的伟大智慧所带来的光明；我会感受到所有事物之间那种美妙关系思考所带来的快乐；我会推测有一位造物主，他具有无限的能力。如果假装推测上帝是什么，为什么他创造了存在的万物，那是何等的自不量力，因此对我而言，拒绝接受上帝，似乎是极为放肆的。

我极为焦虑地期盼见到你，并与你交谈，不管你认为你是上帝的作品之一，还是出于需要取自永恒和必然的物质上的一粒子。无论你是什么，你都是我所不可理解的伟大统一体中的一高尚分子。

在我离开吕内维尔之前，我非常希望你会赏光参加一次同其他一些智者一起在我这里举行的哲学家的盛宴。我身体有些不适，但是当他们都像你一样充满智慧时，我对他们就产生了强烈的爱。先生，你尽管放心，我欣赏你的成就，为了更彻底地执行正义，我渴望见到你，再向你

---

① 尼古拉斯·桑德森（Nicholas Saunderson，1682—1739），英国学者、数学家。他满周岁时失明，尽管遭遇这种不幸，他却在古典学和精确科学方面长足猛进，1711年，在获得硕士学位后，他接替剑桥大学卢卡斯数学教授的教席；1728年，他获得法学博士学位。他是牛顿和当时许多名人的朋友，著有《代数学原理》和《微分论》。——译者注

当面保证……

　　此致

伏尔泰
1749年6月

## XXVIII
## 关于迪夏特莱夫人之死
### 致迪博卡热夫人

【迪博卡热夫人(Mme.du Boccage),一位美丽迷人的女性,作为女诗人,她受到了包括伏尔泰在内的几乎所有她同时代人的极高评价。"你翻译的弥尔顿",是一部她模仿《失乐园》而称之为《人间天堂》(Le Paradis Terrestre)的诗集。她写于旅途上的书信是她最好的作品。1758年,她是伏尔泰在费尔内的客人。

1749年9月,与伏尔泰相爱达15年之久的迪夏特莱夫人在吕内维尔的斯坦尼斯拉斯国王宫廷因难产而突然去世。而伏尔泰、博卡热夫人和她现在的情人德圣朗贝尔侯爵(Marquis de Saint Lambert)当时都在那里。尽管她曾对伏尔泰不忠,伏尔泰仍然真诚和满腔深情地为她的离去，为失去这位聪明和令他兴奋的伴侣而悲痛不已，下面的两封信提供了证据。

"一个叫鲁瓦（Roi）的无赖。"鲁瓦或卢瓦（Roy），他是一位粗俗鄙陋的老诗人。在1754—1756年，他因嫉妒伏尔泰入选法兰西学院，就对之嘲笑和挖苦，对此伏尔泰未能足够明智地以轻蔑的沉默对待他。在迪夏特莱夫人去世之时，鲁瓦找到了再一次攻击伏尔泰的机会。】

夫人：

我刚刚到达巴黎。我极大的悲恸和极衰弱的健康状况并不会妨碍我要很快使你确信：我是多么深切地感受到你的同情和善良。一位像你这样高尚的人肯定为像迪夏特莱夫人这样的女性而痛惜。她是法国女性的光荣。她在哲学上的作为就如同你在文学上获得的成就一样。虽然她刚刚翻译了牛顿的作品并改为了简写本——那就是说，完成了在法国顶多有3~4个男人才会敢于尝试的工作——她也通过阅读较为轻松的著作，从而有规律地熏陶大自然赋予她的杰出智慧。唉，夫人！就仅仅在她去世的4天前，我还和她一起再次诵读了你写的悲剧。我们也共同参照原版阅读了你翻译的《弥尔顿》。如果你在我们阅读时在场的话，我想你也更会为她感到痛苦。她为你做出了公正的评判：你不会再有比她更真诚的钦慕者了。在她刚刚去世后，就出现了对她大加赞赏的尚不成熟的四行诗。既没有格调又缺乏情感的人将之归因于我。任何一位认为我能在深深的悲恸之中感到要去写关于她的诗文的人肯定她本人就不配享有友谊，或是极端的轻浮。但是更恐怖和更有罪的是一位叫鲁瓦的无赖竟然敢对她冷嘲热讽。

夫人，我知道，只有一件事违背你的个性——成为那位卑鄙小人谄媚逢迎的对象。社会应该联合一致去根除他。如果没有那加之于头顶的恐惧,我的不幸还不够悲惨吗?暂此,夫人……

　　此致

伏尔泰
1749年12月20日于巴黎

伏尔泰大理石胸像
让-巴普蒂斯特·勒莫尼作(1748)

## XXIX
### 同前一主题

致达诺先生

【巴屈拉尔·达诺（Baculard d'Arbaud）是一位极其平庸又自以为是的年轻诗人，伏尔泰曾对他以金钱相助并为他谋得弗里德里希大帝驻巴黎记者之职。在迪夏特莱夫人去世前几年，弗里德里希一直试图想要伏尔泰离开法国到波茨坦去。但是沙特莱夫人成功地反对这样的离弃，而信中所谈到的"我是非常反对去普鲁士的"这句话，它确切的意思是"我并不像以往那样反对此事"，缘由是弗里德里希通过表达对他的敬意并答应为他的被保护人（达诺）支付年金一直在努力着。在这种情况下，达诺尽力使伏尔泰为了他自己的利益接受此邀请。】

我亲爱的孩子：

一位在日常谈话和举止方面完美自然、落落大方的女性，她翻译过维吉尔（Virgil）①作品，她翻译并使牛顿的作品变为简易读物；她从不诽语他人，从未说过假话；她是一位忠实的、侠肝义胆的朋友——总之，她是一位伟大的女性，而其他的妇女让我们联想到的只是钻石和歌舞。因此，像这样一位女性，你无法阻止我终生的伤痛。我决不会去普鲁士：我几乎不能够离开这所房子。但是我还是被你的善意深深地感动，因为我需要这种友好，……我亲爱的阿诺德。

此致

伏尔泰

（没有日期）

---

① 维吉尔（Virgil，约公元前70—19年），古罗马伟大的诗人。他是诗人贺拉斯的朋友。主要作品有《牧歌》《农事诗》和最著名的罗马史诗《埃涅阿斯纪》。——译者注

## XXX
## 到达普鲁士

*致德尼夫人*

【德尼夫人（Mme. Denis）是伏尔泰的外甥女——此时寡居。在迪夏特莱夫人去世后，她来到了巴黎为伏尔泰料理家务。她为人俗气，泼辣，不拘小节——是平庸至极、俗不可耐的标准典型——她的舅舅之所以容忍她只能说明这样的事实：即天才或极为伟大的天才几乎总是不与庸人斤斤计较，他们好像用自己的一些智慧去让世人知晓，那些平庸之人通常都是一无所长。你会注意到在此信中，伏尔泰极力地劝说他的外甥女同他去普鲁士。无论他出于何种目的最终还是去了普鲁士，最后的原因是巴屈拉尔·达诺受到弗里德里希大帝至深宠爱这一事实以至于——精明地预测到那样赞美的后果——弗里德里希给年轻的绅士写了一首诗，在诗中伏尔泰被暗指为落山的夕阳，而将达诺暗喻为徐徐而升的朝阳。"如果聪明人犯了傻，那就傻得令人惊讶。"在某种程度上可以说，伏尔泰所有早期从普鲁士发出的信函中，他都试图为自己去那里的蠢行而辩护，极力地证明其明智。此信大约写于他到达普鲁士后两周之时。

"他对教皇比对漂亮的女人更好。"弗里德里希大帝蔑视女性广为人所诟。

"我的国王主人应该同意，那才是最最重要的。"这里的国王是指法国的国王。伏尔泰仍然是王室的侍从。据说当伏尔泰要求允准他去访问弗里德里希大帝时，路易掉过身去，冷漠地说道："当你认为合适的时候，你尽管走！"】

我亲爱的孩子：

这是事情的真相：普鲁士国王正安排我做他的内侍，然后他给我一张汇票，每年两万法郎的年金。如果你来为我做柏林的管家，如你在法国一样，我将给你一份4000法郎的终身年金。在朗多（Landau），你与你的丈夫会过着非常愉快的生活。我向你保证，柏林比朗多好得多，而且还有更好的歌剧。考虑一下此事，问问你自己的感觉。你可能答复，普鲁士国王一定非常喜欢诗。事实是国王（就像）是偶然出生在柏林的一位纯粹的法国作家。一考虑到这一点，他得出了结论：与达诺相比，我将对他更为有益。我已经不计较普王陛下写给他学生的那首快乐的小诗，其中把达诺比朝阳，才华横溢；而把我比夕阳，极为衰弱。他有时用一只手伤人而用另一只手又轻轻地抚摸。我就在他的近旁，但是我不怕。如果你同意我的看法，那么在他一边，他将既是在上升又是在

弗里德里希大帝的仪仗队

下沉，在他升至正午时，他将尽情地写作诗文，目前他不再有缠身的战役。我在这个世界上的日子不多了。或许我以他的贵客的身份死在波茨坦这里，要比在巴黎作为一位普通人死掉更让我感到愉悦。其后你可以带着你的4000法郎年金回到那里。如果这些建议与你的想法一致的话，你一定要在春天收拾好你的行李，因为秋末的时候，我将去意大利朝圣，去亲自体验罗马圣彼得大教堂的观感，拜见教皇，欣赏美第奇的维纳斯之美，参观曾被埋在地下的古城。如果没有见到意大利就离开这个世界，那在我的内心深处总是有一种沉重的压力。我们将会在5月重聚。我为教皇带去四首普鲁士国王的诗。将四首由一位日耳曼异教徒并恢复波茨坦宗教信仰自由的国王所写的法语诗带给教皇，那将是令人极为愉快的。你将会看到，他对教皇比对漂亮的女人更好，因此你永远不要指望他会为你写下表达爱的十四行诗。但是你在这里会有一个杰出的伙伴和一个好住所。最重要的是,我的国王主人的赞同是至关重要的。我认为他将会全然无动于衷。对法国的国王来说它一点也不重要,因为有2200-2300万最无用的臣民在他的身边生活,但是如果没有你,那生活将是多么地糟糕。

            你的舅舅

             V.

        1750年8月14日于夏洛滕堡

## XXXI
## 在波茨坦的快乐生活

致德·方丹夫人

【德·方丹夫人（Mme.de Fontaine）是伏尔泰的小外甥女，她于1738年与德·方丹先生完婚。

"我对你的哥哥会更有帮助。"这是米尼奥神甫（Abbé Mignot）——他体型胖，为人敦厚，平易近人。

"《穆罕默德》（Mahomet）已经使我和教皇的关系那么好。"在一封用心良苦的信中，伏尔泰已经要求并得到教皇的允准，在真理主宰的脚下，放上"一部反对伪宗教创建者的著作"：瞧瞧我，带着十分愤世嫉俗的快乐，一位受到罗马保护的人。

"我将在柏林上演《罗马的得救》（Rome Savée）。"为了超过令人郁闷的老对手剧作家克雷比永（Crébillon）①的《卡迪利娜》（Catilina），我在吕维内尔（Lunéville）两周内的时间写成了《罗马的得救》。正好在他动身前往普鲁士之前，该剧在巴黎伏尔泰的寓所的贵宾前第一次出演。在第二场演出时，他非常成功地担任了西塞罗这一角色的主演。】

我亲爱的甥女：

在你开始着手此事的时候，你写出了极好的信函，证明了你自己是这个世界上最和蔼可亲的女性之一。你增添了我的遗憾之感，使我感觉到我损失的分量。当我在你那里时，我从不缺少令人快乐的朋友。不管怎样，我希望即使不幸也可以利用。我在这里比在巴黎对你的哥哥更有帮助。或许一位异教徒的国王将保护一位天主教传教士。条条道路通罗马，既然悲剧《穆罕默德》已经使我与教皇建立了良好的关系，那么我就不要使一位雨格诺教徒（Huguenot）②丧失信心而做些对一位天主教加尔默罗会修士（Carmelite）③有益的事。

亲爱的甥女，当我说条条大路通罗马的时候，我指的不是它们会引领我到那里。我迫不及待地要看到罗马和我们现在的好教皇，但是你和你的姐姐却将我吸引回巴黎。我为你们舍弃了见到教皇（the Holy Father）的机会。我希望我也能舍弃掉普鲁士国王，但那是不可能的。他像你一样和蔼可亲；他是一位国王，可是他对我的爱已有16年之久了。我大胆地认为我是为他而来到这世界上的，我发现我们的情趣是那

---

① 克雷比永（Crebillon，1674—1762），全名普洛斯珀·若里奥·希厄尔·德克雷比永先生，法国著名的戏剧家。他创作的悲剧剧情多暴力情节和复杂的浪漫关系而脱离生活的真实感，正如他自己所言，他想通过恐怖唤起同情。其主要代表作有《阿特柔斯和蒂耶斯特》《拉达密斯特和泽诺比》和《皮洛斯》等。——译者注
② Huguenot，通常按英语发音而音译为胡格诺教徒，但法语发音则应为雨格诺教徒。——译者注
③ 加尔默罗会修士，罗马天主教会托钵修会主要四修会之一的信徒，因12世纪中叶创建于巴勒斯坦的加尔默罗山而得名。——译者注

么惊人的一致，以至于我忘记了他是半个德国的主人，而另一半也是以他的名义在颤抖。他已经打赢了5场战役，在欧洲他是一位最优秀的将军。在他的周围有6英尺高的英雄们组成的庞大军队。确实所有那一切都会使我从他身旁逃出千里①之外；但是哲学家的使命是使君主变得仁慈博爱，我认识的他只是一位善良友好的伟人。每一个人都因为他为达诺所写过的诗而嘲笑我——当然那肯定不是他最好的诗，但是你一定要记住，远离巴黎400英里之外推荐给你的一个人是优秀或是不优秀，那是很难判断的。不管怎么样，不管是用于毁誉还是用于歌颂的诗，都证明这位奥地利的征服者热爱文学，我真心诚意地爱戴他。再者，达诺也是一个好人，他时常写一些漂亮的诗歌。他有鉴赏力，他正在提高，即使他没有进步——那也不是多么重要的大事。总之，普鲁士国王对我那点微不足道的伤害并不妨碍他是绝对令人愉快和卓越的人。

这里的气候并不像人们想得那样酷寒。你们巴黎人讲得好像我是在北欧的拉普兰（Lapland）一样。让我告诉你，我们已经度过了一个同你们一样酷热的夏天，我们已经享受到上等的桃子和葡萄，因此仅凭借高于正常2～3摄氏度的灿烂阳光，你确实没有权力就让自己摆出如此优越的派头吧。

在巴黎，你将会在我的家里看到《穆罕默德》的上演；可是我将在柏林上演《罗马的得救》——你甚至听到年迈的西塞罗最沙哑的演讲声。此外，我亲爱的孩子，我们必须注意我们的消化能力，那是最重要的问题。实际上，当我患急腹痛时，我的健康在巴黎时就很严重了。我将会在地狱见到世界上所有的国王。我已经放弃了丰盛的晚餐，感到腹痛好一些了。我受到普鲁士国王很大的恩惠，他给我树立了凡事节制有

---

① 原文为"a thousand miles"，即1000英里，为遵从汉语习惯，译为"千里"。——译者注

度的一个楷模。什么！我自言自语地叫起来，一位生来就是美食家的国王就在这里，他坐在餐桌旁却什么也不吃，可是他是一位极好的伙伴，而我自己却像一个傻瓜一样消化不良！我是多么同情你啊，将你固定日常饮食中的牛奶改为福尔日（Forges）①矿泉水，并像麻雀一样一小口一小口地喝，不做到所有这些，永远都不会健康！要补偿自己：自有其的快乐。

带我问候每一个人。我希望在11月能与你有个见面的拥抱。我也正要给你的姐姐写信，可还是请你转告她：我将永远爱她，甚至那已是一种比我对自己的新主人更深的爱。

你的舅舅<br>V.<br>1750年9月23日于柏林

---

① 福尔日，即"福尔日莱索"，法国北部下塞纳区一城镇，以其矿泉水而闻名。——译者注

# XXXXII
## 同前一主题

致德尼夫人

亲爱的孩子：

瞧瞧我们在波茨坦的撤退！节日的兴奋结束了，我的心灵得以宽慰。我不为与一位既没有宫廷也没有内阁的国王在这里而失望。确实，波茨坦到处都是留着小胡子带着头盔的近卫兵，感谢上帝，我没有见到他们。我安静地在我的房间里工作得井然有序。我已经放弃了王室的宴会，因为那里有太多的将军和王子。我不能习惯于在正式的仪式中总是在一位国王的对面，在公开的场合交谈。我与他和很少的几个人共进晚餐。用餐时间较短，较轻松，较有益于健康。如果我必须每天在这种状态中与国王进餐，我肯定会因枯燥无聊和消化不良活不到3个月。

亲爱的孩子，以所有正式的礼节，我被移交给了普鲁士国王。婚姻已经完成：它会幸福吗？我根本不知道。可是我不能不说，答案是肯定的。那么多年地顾盼生情后，婚姻是必要的结局。在婚礼的圣坛上，我的心跳加快。我今年冬天坚决打算回来，然后向你讲述我自己，或许带你回到我身边。我去意大利的旅行是不再可能的了，我高兴为你放弃了与教皇的约见和罗马地下古城的观瞻。或许我也应该放弃波茨坦。谁能想到，七八个月之前，当我做出详尽的安排与你住在巴黎时，我会在300英里之外其他人的房子里安顿下来吗？那是另外的一位主人。他曾经严肃地发过誓，我不会对此改变主意：我亲爱的孩子，他已经将你列入在一种他签署的协议之中，我将会随身带上它。可是你打算去挣你4000法郎的嫁妆吗？

我更担心你会喜欢德罗滕贝格太太（Mme. de Rottemberg），她总是喜欢巴黎的歌剧而不喜欢柏林的演出。啊，命运！命运！你如何统治万物和安排可怜的众生。

令人感到十分可笑的是，那些渴望毁灭我的巴黎文学界的同人，现在正大声疾呼抗议我作为逃亡的远离。他们为失去了他们的受害人而遗憾。离开你们我确实是错了；你所想不到的是，我的内心每天都告诉我，为了避开那些人士，我已做得很好。

暂此，向你致以歉意。

*关爱你的舅舅*

*V.*

*1750年10月13日于波茨坦*

纳瓦拉公主表现的王太子婚礼

## XXXIII
## 长笛①内的小裂缝

致德尼夫人

【"亨利亲王是一位非常平易近人的人。"亨利是普鲁士的亲王,弗里德里希国王的弟弟。

"蒂尔康奈尔太太(Mme. Tyrconnel)"是法国驻柏林大使蒂尔康奈尔(Tyrconnel)勋爵——一位爱尔兰人——的妻子,她以其丰盛的晚宴而知名。

"伊萨克·达尔让斯(Issac d'Argens),一位风趣、放荡不羁的法国侯爵,是从前弗里德里希国王晚宴上的一位常客。

"莫佩尔蒂",柏林科学院院长,他是一位有名的几何学家,但他喜欢装腔作势,自吹自擂。不久由

---

① 弗里德里希大帝是一位长笛音乐爱好者,他自己会演奏长笛,并曾创作过100多首长笛乐曲。—译者注

于与伏尔泰之间发生的著名争吵而更为有名，伏尔泰在尖刻讽刺性的小册子《阿卡基亚》（*Akakia*）中赋予了他永久滑稽可笑的形象。他曾经教过迪夏特莱夫人数学课，曾是西雷的一位宾客。1750年10月，他曾与伏尔泰就柏林科学院的空缺席位问题发生争执——伏尔泰为他的门生赢得了这一席位，莫佩尔蒂无奈地很是"有点"嫉妒。

"一位非常活跃的人：拉梅特里（La Mettrie）[①]"——一位狂热的自由思想家和法国医学博士。他的代表作是《人是机器》（*The Man-Machine*），该书完全是按照他自己的意愿去证明人的物质性。】

我亲爱的孩子：

就是说，巴黎已经知道了我们正在波茨坦上演的《凯撒之死》，亨利亲王是一位平易近人的人，一位良医，讲法语时不带有任何土音，令人感到非常愉快，这里的一切都极为舒适宜人。相当可靠……可是……国王的晚宴美味可口，宴会上的交谈充满智慧，妙趣横生并广识博闻，到处是理想的自由氛围，他是一切的核心：好心情、开朗或者至少是温和。我的生活繁忙而从容，……只是……只是……歌剧、喜剧、节日、无忧无虑（*Sans Souci*）的晚宴，军事演习、音乐会、书房、阅读，仅仅……仅仅是……柏林市，多么大啊，比巴黎更为开放，宫殿、剧院、和蔼可亲的皇后、迷人的王子、漂亮的宫廷女侍，蒂尔康奈尔太太的屋子里总是高朋满座，有时真可谓"人满为患"了。可是……可是，我亲爱的孩子，天气开始冷起来，而且有霜了。

我处在"可是"的心境中，因此我要加上一句：可是在12月15日

---

[①] 拉梅特里（La Mettrie，1709—1751），法国唯物主义哲学家。他曾是军队里的外科医生。其主要著作有《心灵的自然史》和《人是机器》。——译者注

之前，我不可能走开。你可以确信，我真想见到你、拥抱你、和你促膝而谈。我想回到你那里的愿望已经强烈得超过了我对意大利旅行的渴望；可是，亲爱的孩子，再给我一个月的时间，要达尔让塔尔先生（M. d'Argental）赐予我这个恩惠。因为我总是告诉普鲁士的国王，虽然我是他的内侍，但我依然属于你和达尔让塔尔先生。伊萨克·达尔让斯（Issac d'Argens）已经和他的那位艺术家的妻子去摩纳哥隐居了吗？那看起来有点儿蠢——或是极端地达观了。他最好是来这里加入我们这个群体。

莫佩尔蒂的精力不那么很令人高兴：他以他的数学器具极刻板地衡量我的为人。人们说，有点嫉妒的心理渐渐地进入了他的几何题。可是就像要对我补偿一样，这里有一个非常活跃的人——拉梅特里。

他的思想是完美燃放的烟火——事实上，那是冲天的火箭。在最初的一刻钟，他激动的高音非常令人忍俊不禁，遽然发笑，到后来又会令人极度地生厌。他刚刚写完了一本（不曾知晓书名）邪恶的书并在波茨坦印刷，书中谴责美德和忏悔，赞扬罪恶，诱使读者对各种邪恶生发兴趣——且不带任何有害的企图。此书没有半页是有意义的，却如同一道道划破天地的雷鸣闪电——黑暗中的闪电。理智的人们指出他堕落得无可救药。他万分惊讶：他一点也不知道他所写的东西具有什么性质，因为如果他们喜欢的话，第二天他总会随时来个自相矛盾的结论。上帝保护我不使他成为我的医生！他会给我侵蚀性的升华而不是用大黄根药，还有他很天真无邪地放怀大笑。这位杰出的医生也是给国王朗读的人，更为有趣的是，眼下他正在给国王读的竟然是《教会史》。他一下子就跳过了几百页，有的地方让君主和朗读的人都笑得前仰后合，上气不接下气。

我亲爱的孩子，就到这里吧。听说他们要在巴黎上演《罗马的得救》，是真的吗？可是……可是……

献上我最温暖的爱

你的舅舅

1750年11月6日于波茨坦

# XXXIV
## 国王的宠爱

致德尼夫人

【巴屈拉尔·达诺由于受到了弗里德里希国王的恩宠,他便趾高气扬起来。1750年他与巴黎的记者、伏尔泰的死对头弗雷龙(Fréron)①结盟,一起写文章攻击伏尔泰。伏尔泰的反击得到了弗里德里希的支持,后者让达诺从波茨坦离开。但是这次胜利是反省的起因而不是心满意足的理由。

"自从《贝利撒留》(*Belisaire*)②以来从未有过如此可怕的落差。"此书曾经流行一时,现在已经

---

① 弗雷龙(Fréron, Élie Catherine, 1719—1776),法国著名的文艺批评家、文学家和记者。他曾发行期刊《论当代著作书简》,编有《文学年鉴》;但他是以靠攻击伏尔泰和百科全书派而知名,对此伏尔泰曾予以严厉的回击。——译者注
② 《贝利撒留》(*Belisaire*),马蒙泰尔的历史小说,1766年出版,在一个老人和盲人贝利撒留之间关于社会制度的谈话中进行,提倡舆论自由和宗教宽容。——译者注

是被人忘记的政治小说。马蒙泰尔（Marmontel）①的政治小说包括关于宽容的极为勇敢无畏的篇章，并因此惹怒了巴黎大学（Sorbonne）的爆怒和谴责（参看第65封信："耶稣会会士和凯瑟琳大帝"）。马蒙泰尔在人生和文学界的起步上都归功于伏尔泰：他一直是他的朋友和极豪爽的钦佩者。】

我亲爱的孩子：

升起的太阳已经坠下了。可怜的达诺在这里无聊得要死，因为他既见不到国王也看不到女演员——除了他屋前端着刺刀的卫兵外见不到任何人。他滥用了他的喜剧《为富不仁》（*Mauvais Riche*）在夏洛滕堡（Charlottenburg）②演出所获取的声誉，但是取材于《旧约》的这部作品在这里没有成功，反响极差……再加上见到我这个"西下的夕阳"尚受到很好的对待之后感到的一些烦恼，所有这些决定了他遗憾地请求离开。国王严厉地命令他在24小时内离去，因为国王总是那么繁忙，所以忘记了给他带上旅费。我亲爱的，这是令我悲伤的成功——这使我深刻地反思潜在的巨大危险。在国王的领地内，这位达诺有一个最舒适的闲职。他是国王喜欢的诗人，他的普鲁士陛下曾写下非常赞美的小诗相赠。自从贝利萨留以来，就一直没有如此可怕的失落。我们的君主要给他的两个太阳中的一个什么样的对待啊……他比以往更对我夸夸其谈，

---

① 让-弗朗索瓦·马蒙泰尔，（Marmontel，1723—1799），伏尔泰的朋友和追随者，《百科全书》文学条目的撰稿人，《法兰西信使》杂志的编辑，法兰西学院院士，一位平庸的作家，他的著作已无人问津。其主要著作有：悲剧《暴虐的丢尼修》、喜剧《阿尔卑斯山的牧羊女》，他最好的唯一流传至今的著作是《一位父亲的回忆》。——译者注

② 夏洛滕堡（Charlottenburg，德国的古镇，1920年后成为西柏林的住宅区；17世纪时是普鲁士国王弗里德希一世王后索菲亚·夏洛特的宫殿。在二战时被毁，现已修复。——译者注

恭维备至,可是……下次再谈。

> 渴望见到你的
> 舅舅
> 1750年11月24日

# XXXV
## 论灵感

致弗里德里希国王

【1750年年底,与一位柏林的犹太高利贷主希尔施(Hirsch)①的争吵,使伏尔泰失去了国王的好感。但一场和解随之而来:伏尔泰再一次恢复了他国王文学顾问的职位。当他们住在波茨坦时,相隔不过几个房间却用文字进行交流,下面这封短信就是他们所写的数百便笺中的一张。】

阁下:

我送还陛下第一卷:我不是那种在您的全部作品上随意篡改的人。只是在关于人的智力的软弱方面加了几个词。我今天以五种不同的形式重写了《亨利

---

① 希尔施(Hirsch),德国极为富有的犹太家族。——译者注

弗里德里希大帝

亚德》中的一小段,没有能够改到像我一个月前所改的那样。那证明了什么呢?那就是任何人的能力从来都是不一样的,在一个人的一生中从不会有两次完全相同的理念,一个人必须永远准备好随时抓住正确的时机。这到底是一种何等的职业啊!可是它有自身的魅力:我认为,一位忙碌的孤独者是这个世界上最幸福的人。我贫乏枯竭的灵感卑微地亲吻您的足下和双手。

(没有日期)

## XXXVI
## 分歧加深

致德尼夫人

【"他正在恳求我为他从黎塞留元帅（M. Richelieu）①那里弄到一张许可证。"拉梅特里因为他的文章被法国流放，使他能够回到法国的唯一途径就是一张许可证。

"你将把我当作茹尔丹先生（M. Jourdain），"茹尔丹是莫里哀（Molière）的喜剧《贵人迷》（*Bourgeois Gentilhomme*）②中公认的不朽角色。】

---

① 黎塞留（M. Richelieu, 1696—1788），法国元帅。法国历史上著名的枢机主教黎塞留之孙。曾任驻维也纳大使，曾参加过多次法国历史上著名的战役。法兰西学院院士，伏尔泰的赞助人，两人有书信来往。他的《回忆录》由神甫让-路易·苏拉维根据他的笔记整理，描述了摄政王和路易十五宫廷的堕落。——译者注

② 《贵人迷》（*Bourgeois Gentilhomme*），法语原意为"中产阶级绅士"，是莫里哀晚期创作的一出芭蕾舞喜剧，在1670年10月上演后，大获成功，并因此极大地改变了他自己和他的剧团的经济状况。遗憾的是，就在此剧演出的3年之后，1673年2月17日晚，莫里哀逝世于为路易十四演出的凡尔赛宫的舞台上。——译者注

我亲爱的孩子：

我刚刚有时间寄给你一包新的信函。其中你会发现一封拉梅特里写给黎塞留元帅（Maréchal de Richelieu）的信，要求为他（回到巴黎的愿望）斡旋。尽管他在这里是普鲁士国王的朗诵人，但他还是渴望回到法国去。这位令人感到欢快的人，不得不待在这里，他除了像孩子一样欢笑、哭闹外就无事可做了。他正恳求我为他从黎塞留元帅那里弄到一张许可证。从他的身上，我见到了无可置疑的事实：任何人一定永远都不能以貌取人。

在他的著作里，拉梅特里以在伟大的国王近前而快乐和自豪，国王有时读他的诗时，私下里，他会和我一起哭泣。他已经准备好徒步返回巴黎。可是我呢！……我在这里算怎么回事？我打算让你大吃一惊。

这位拉梅特里先生不是一位要人，在他们阅读后，他与国王亲切地聊天。他告诉我不少私密，并发誓说，前几天他和国王谈到了所谓惠及我的恩宠，那引起了点小小的嫉妒，国王回答他："我要他再住一年

黎塞留公爵元帅

多，充其量不过是一个挤出了汁液的橘子，然后扔掉橘子皮。"

我自己重复着这些耐人寻味的话，我的问题难上加难。拉梅特里的断言进一步加强，你会相信它吗？我应该相信它吗？那可能吗？在16年的友好、承诺、声明之后，在他期望你应该恪守承诺不可违背他的诺言的信函之后！竟有这种事！同时，你看怪不怪，每次，当我将牺牲一切为他服务的时候，当我不仅修改他的作品，而且及时地（à propos）在书页的空白处写上我所发现的任何小毛病时，当我对我们的诗句和修辞学的技艺经验的语言进行思考时，作为我唯一的目标，我必须辅助他的才智，使他获得教益并使他达到没有我的帮助也能够做到（标准的程度）！

我当然将培养他的创造力视为既骄傲又快乐的事业：一切都促进了我的幻想。一位开疆拓土战绩赫赫的国王，一位可以用我们的语言写诗著文的北方国王——一位我没有寻求他偏爱的国王，可他却说他深爱我，为什么他会做出那么多友好的表示呢？这非我所能理解，我搞不明白这种变化。我尽力让自己相信拉梅特里说的不是真的。

尽管如此，我还是无法确定。在重读了他的诗文后，我碰到了一封写给一位名字叫佩恩（Pesne）的画家的信，信里他提到了"亲爱的佩恩"，他的"画笔将他置于众神之中"，这位佩恩是他从未见过的一个人。可是，这位亲爱的佩恩是一尊神。他完全有可能对我说同样的话：不是说差不多。或许他所写的一切是他头脑产生的灵感，但他的心却与此大相径庭。或许所有那些以热情和最动人的友好保证而征服我的信函真的分文不值。

我正在给你提供用来反对我的可怕武器。你将因为我屈服于他的甜言蜜语而理直气壮地责备我。你会把我看作是茹尔丹先生，他说过，

"难道我能够对称我为他亲爱的朋友的一位宫廷绅士有任何拒绝吗？"尽管如此，我将始终答复你，"他是一位非常和蔼的君主"。

你能轻易地想象到，既然我必须承认拉梅特里的话，这导致了我怎样的悲伤、怎样的深思、怎样的懊悔、怎样的困窘啊！你要说，离开吧！但是我不能够离开。我必须善始善终——我手头还有两份文稿，那是几个月前预先约定的。我身陷重围。怎么办？将拉梅特里告诉我的一切置若罔闻，只对你一个人倾吐，忘掉关于此事的一切，然后静等事态的变化吗？非常肯定的是，你是我的安慰。我永远不必对你说，"她发誓说她爱我，可是她欺骗了我"。如果你是一位女王，你仍会是真诚的。

我恳求你，告诉我你的想法，详尽的想法，盼望在第一班邮件中送到蒂尔康奈尔勋爵这里。

爱你的

舅舅

1751年9月1日于柏林

## XXXVII
## 一块橘子皮

致德尼夫人

【"他的秘书,达尔热(Darget)"——矜持、谨慎、可靠。1750年11月,伏尔泰已经给德尼夫人写信告诉她达尔热失去了他的爱妻,弗里德里希国王给他写了一封感人的同情信;而同一天,他却作了一首不道德的诙谐短诗嘲讽其妻。在与犹太高利贷主希尔施(Hirsch)的事务中,达尔热在愤怒的弗里德里希面前为伏尔泰的实情辩护。他是国王与他的客人之间书信和消息的传递者。

"我已经促成了他(达尔让斯)和阿尔加罗蒂(Algarotti)①的和解。"达尔让斯侯爵,参看第33

---

① 弗朗切斯科·阿尔加罗蒂,(Algarotti,1712—1764),意大利学者和作家。因对所有的文化领域感兴趣,他于1733年到法国,之后又去了伦敦和普鲁士,得到了弗里德里希大帝的大力资助。他与当时包括伏尔泰在内的许多名人大量的通信对18世纪思想的发展至为重要。除了这里提到的《女士牛顿学》外,他还著有《论建筑》和《论绘画》。——译者注

封信,"鲁特琴内的小裂缝"。

阿尔加罗蒂是一位平易近人的意大利人,他曾是西雷的一位宾客。他著有一部名为《女士牛顿学》(Newtonianism for Ladies)的书,该书因伏尔泰和迪夏特莱夫人的《牛顿哲学原理》而失去其存在的价值。】

我亲爱的全权代表:

我很担心我的信要经过蒂尔康奈尔之手而耽搁更久的时间。他已经突然感到他胸中的热血在沸腾,那是可以想象到的最宽广、最结实的胸膛,可是敌人有稳固的根基,最糟糕的情况还是令人担忧的。

我总是梦到一块橘子皮。我尽量相信那不是真的,但是我还是担心像受骗的丈夫一样,他们总是强迫自己去相信他们的妻子是忠贞的。可怜不幸的人们在他们的内心深处感到有某种征象在警告他们她们的背叛。

我非常确定的是,我仁慈宽厚的主人在他完成了他1740年统治以来的《回忆录》中,他咬牙切齿地"兑现"了他的承诺。在他的诗文里有几段诙谐隽语讥讽了皇帝和波兰的国王。也是,一位撰写反对其他国王讽刺短诗的国王将自然也撰写它们来讥讽他的大臣们,他一个人都不会放过。

你肯定知晓陛下在晚餐后的故事,对于他的秘书达尔热,他会暗示大量的小事,秘书对此感到诚惶诚恐。他让他扮演他的诗《帕拉斯护城女神》(Palladium)中一位奇怪的角色,该诗集已经出版。的确,能见到的只有很少的几本。

要我怎么讲呢?尽管他们嘲笑它们,可是如果一个伟人谁也不爱的话,有必要为此感到沮丧吗?可是假设他们嘲笑它们而不爱它们——又怎么样呢?接着我们必须暗自窃笑,依然任其嘲笑去吧。我肯定有一点时间将我在这里基金投资的钱取出来。我要在此刻投入工作并坚韧耐心，我的余生将与你一起度过。

对伊萨克·达尔让斯兄弟的归来我感到很高兴。他起初有点儿引人发笑，但是现在他已经使自己同乐队其余的人协调一致了。我已经使他与阿尔加罗蒂和解了。我们像兄弟一样生活，他们来到我几乎不曾离开过的我的房间，从那里我们去同国王晚餐，有时候我们相当快乐。有一位从一个尖顶教堂上掉下来的人，发现他通过坡度徐缓的空中通道，他说道，好！如果它持续下去的话，他同我的感觉相同。

下次再谈，我亲爱的全权大使：我多么希望能够落到我在巴黎的屋顶啊！

舅舅

1751年10月29日于波茨坦

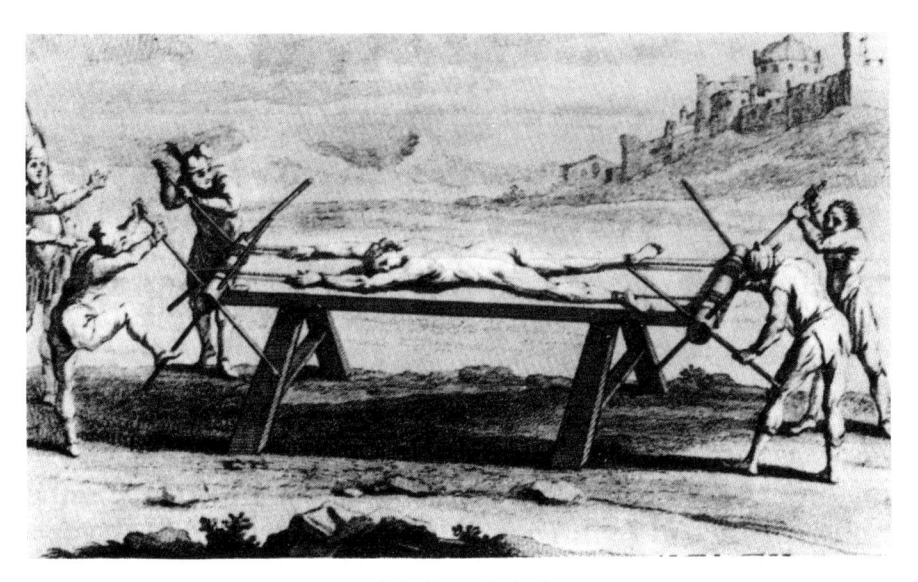

希伯来人的酷刑

## XXXVIII
## 紧张关系加剧

致德尼夫人

【"现在，我可能永远不能给你写信了，除了通过特殊的信使"，因为国王和伏尔泰之间的事态变得特别紧张，以至于国王截取并阅读他客人的信件。

"拉梅特里，当他面临死亡的威胁时。"——1751年11月11日，拉·梅特里在一次蒂尔康奈尔勋爵家过丰盛的晚宴上，他狼吞虎咽地吃了一整张（鹰肉、猪肉、野鸡肉和姜馅！）馅饼后而死于极度的消化不良——"病人"，正如伏尔泰所说的，"杀害了医生"。

"他从未答应给沙佐（Chazot））任何职位"，沙佐是一位少校、一位法国人、一位长笛手。事实是，在莫尔维茨（Mollwitz）[①]战役中他曾救过弗里德里希

---

[①] 莫尔维茨（Mollwitz），波兰西南弗洛次瓦夫省东南的一个村庄。1741年4月10日，在奥地利王位继承战争的第一阶段的西里西亚战争期间，普鲁士军队在此地击败了奥地利。——译者注

的命,这并没有使他避免经历反复无常的帝王的恩宠。

"这把内侍的钥匙只不过是一个礼物……我的十字架是一个玩具。"弗里德里希为了让伏尔泰来普鲁士生活,允诺了他内侍的职位并送上了普鲁士的功绩勋章十字架和绶带。】

我亲爱的孩子:

现在,我可能永远不能给你写信了,除了通过特殊的信使,或有一个充分的理由。他将给你6份我亲自修订的《路易十四时代》的完整校样。即使你认为合适,还是没有得到出版的许可!每一个人都会嘲笑我。一份许可证只是一份以黄蜡封口的谄媚的命令。贬损我的作品需要的只是一张许可证和官方的批准。

我所追求的只是真理,我的书只献给真理女神。我要的批准就是正直的人们和公正读者的认同。

当他就要死亡之时,我想要问问拉梅特里更多关于一块橘皮的真相。那善良的人即将出现在上帝面前,他将永远不会说谎。有一种了不起的现象,即他讲述真实。他是最疯狂的人,但是他也是最坦诚的人。国王准确地了解拉梅特里死亡的方式——即使他摒弃了所有的宗教形式和宗教思考,但他最后还是完全令人信服这位贪吃美食者(*gourmand*)是作为一位杰出的哲学家去世的。"为了他灵魂的安息," 国王对我们说道,"我对此感到高兴",我们,连同国王本人,全都笑了。

昨天,他在达尔让斯面前告诉我,为了使我留在他身边,他会给我一个职位以表示他的真诚:看起来(我)不像一块橘皮。显然,他从未答应给沙佐任何职位。我完全确信,他再也回不来了。他是位很难满足的人,此外,他手头还有更舒适的差事。让我来安排自己的事。巴黎可能对我表示强烈不满吗？可能把我看成是去为普鲁士服务的叛离者吗？我再重复一遍，这把内侍的钥匙，我从来没有带在身上，它只是一个礼物，我不曾发誓，我的十字架就是个玩具。我更喜欢我的写字台，简言之，我不是归化了的汪达尔人（*Vandal*）①，我大胆地相信，那些读了《路易十四时代》的人会理解我是真正的法国人。真正奇怪的是，一个人不能做普鲁士国王那无价值徽章的接受者，他爱好文学，却不曾在自己的国人中引起轰动！我比那些迫使我离开想要我返回的人要更想回去，但你清楚，我不会因为他们回去。

一个人从远处是看不清楚的。我收到了想要离开他们修道院的修士们的信，因为他们写了四首法国诗而想要住到普鲁士国王的近旁来。一位我从未谋面的人在写给我的信中说，"既然你是普鲁士国王的朋友，请帮我发财"。另一个人寄来了一捆他的《沉思录》，告诉我他已经发现了点金术（*philosopher'stone*），但他只想向陛下吐露其秘诀。我退回了他的包裹，告诉他国王本人就是点金术的教授。其余的人，当我和他们在一起的时候，他们对我完全冷漠无情，敏感地指责我已经抛弃了我的朋友们。

亲爱的孩子，在这个世界上除了你那使我高兴和令我安慰的来信外，我一无所有。

此致

你舅舅

1751年12月24日 于波茨坦

---

① *Vandal*，即野蛮人之意。——译者注

# XXXIX
## 论健康

致巴吉厄先生

【巴吉厄先生（M. Bagieu）是法国国王贴身护卫的首席医师，并著有几部关于外科医学的著作。

当伏尔泰在他人生最剧变的阶段拒绝谈自己的健康时——不管怎么说——听从医师的意见还是有价值的。像他那样体质虚弱又不断患病的人，却在精神上战胜了有病的身体，因此在任何时候，他从未如大多数人身上会发生的那样，让身体的疾患"妨碍了伟大的事业"。

《讼棍》—*Lei Plaideurs*，拉辛抨击当时律师界的一部讽刺喜剧。】

亲爱的先生：

没有任何东西像你写给我信函那样深深地打动我，那封信是那么友好而表达得又十分自然优美。在还没有详细情况提供给你的情况下你表明了你的关注，你提供给我那么多善意的帮助。希望在巴黎找到像你那样充满同情心并因此在他们的职业上同样名副其实又优秀的人们，这加速了我启程到那里，使我的人生更具价值的渴望。

我很感激德尼夫人，是她代表我表达了我需要你的关心。当然，如此体贴周到的人只有在法国才能够找到，正如你的医术只有在法国才达到炉火纯青一样。我的写作只是小事一桩。我想要做的就是始终给人们提供消遣的乐趣而已。某些人是绝不感谢我的。你忙于在他们需要的时候给他们以帮助。我一直将你的职业看作是那些为路易十四时代增添荣耀的职业之一，我已经在我的那个世纪的历史大致地讲到了它，但我从未像现在这样高度地评价它。在《讼棍》喜剧中的德潘贝舍夫人（Mme. Pimbesche）作为出庭律师——通过辩护学习如何辩护，在这个意义上，我已经竭尽全力地学习了医学。我阅读了西德纳姆（Sydenham）[①]、弗赖恩德（Freind）[②]和博尔哈弗（Boerhaave）[③]这些医生的著作。我知道医术在很大程度上必须是推测的问题，几乎没有相同的气质性情，希波克拉底（Hippocrates）[④]的第一句医学箴言"经验是骗人的，判断是困难的"，（*Experientia fallax, judicium difficile*）是最到位最正确的表达。

---

[①] 托马斯·西德纳姆，（Sydenham, 1624—1689），英国医生。有"英国的希波克拉底"之称。他研制出了阿片酊，人们称为西德纳姆阿片酊。他著有关于痛风的医著，书名为《舞蹈症》。——译者注

[②] 约翰·弗赖恩德，（Freind, 1675—1728），英国医生，同时也是一位杰出的古典学者。1712年，他被推选为英国皇家协会会员；1722年，当选为议会议员。1727年，他被任命为乔治二世王后的首席御医。他最重要的医学代表作是《自盖伦时代到16世纪初的医学史》（*History of Physic from the Time of Galen to the Beginning of the 16th Century*）。——译者注

[③] 赫尔曼·博尔哈弗，（Boerhaave, 1668—1738），荷兰医生和化学家。其主要医学著作是《医学原理》《疾病的诊断和治疗箴言集》和《化学基础》。——译者注

[④] 希波克拉底（Hippocrates，约公元前460—377年），古希腊医学家，被称为西方"医学之父"。留下来的著作经整理后定名为《希波克拉底医学文集》。——译者注

我已经得出结论，每一个人必须是他自己的医生：他必须过有规律的生活，时常顺应并有助于自然而不是违背自然且强行对之掠取。最重要的是，他必须懂得如何去经受人世的磨难，如何渐渐地变老，如何去面对死亡。

普鲁士国王在夺得5次胜利之后已经言和，现在正在修订法律并美化他的国家（它的历史编撰工作已经完成），有时带着优越感来创作极为优美的诗篇，在我们必须全都屈服于这种严酷的需要时，他曾给我写了一首颂诗。这部作品和你的信对我的疗效超过了世界上所有的医生。我没有理由抱怨我的命运。以我这样极为虚弱的身体，已经活到了58岁，并曾经见过在花样年华时最强健者的死亡。如果你曾见过蒂尔康奈尔勋爵和拉梅特里的话，你就会异常惊讶我会比他们活得长，保健救了我。确实，我出生后由于疾病的缘故，我的全部牙齿都脱落了。从出生的那一刻起，每一个人的内心都应知道有生必有死的规律。我们必同健康的劲敌共生存，直到这敌手致我们于死地。德穆特（Demouret）的治疗法不适合我，它只适用于断言的临时坏血病（scurvy）情况，那根本就不是血液感染，而是机体已经失去了它们的活力和韧性。布雷日（Brèges）、帕多瓦（Padua）或伊斯基亚（Ischia）的矿泉目前对我大有益处。可是我完全不能确定是否在自家的壁炉旁平静地独自用餐，比去远处寻求既没有把握又短暂的治疗会更糟呢？

我和普鲁士国王生活的方式恰恰适合于一个病弱的人——完全自由，没有一点儿约束，轻松欢快的晚餐……。"上帝赋予了我们这种恬静。"（*Deus nobis haec otia fecit*）他使我这个病弱的人能够尽可能地快乐，你对我健康的关注极大地缓解了我的遭际。

先生，将我看作一位你结交的朋友，跨越400英里的空间祈祷吧。

我相信我会平安地享受到这个夏天的到来……

此致

衷心地问候你

你永远的朋友

V.

1752年4月10日于波茨坦

## XL
### 同莫佩尔蒂的争吵

*致德尼夫人*

【同莫佩尔蒂争吵的原因,伏尔泰在信中已经充分地解释过了(参看第33封信,"鲁特琴内的小裂缝")。需要补充的只是科尼希(Koenig)——一位乏味但才华横溢的数学家——曾是迪夏特莱夫人的数学指导教师和西雷的客人。

(拉博梅勒……对我的《路易十四时代》已经准备好了一些令人气愤的"注释"(参看第51封信,"论文明和文学的益处")。】

亲爱的孩子:

你和你的朋友们力劝我回去是极为正确的,但是通过特殊的信使,你们没有一直坚持这样的书信交往，通过邮政发生的事情很快会真相大白。假如这是离开的唯一障碍的话，那么阻止一个人离开自己的家人和朋友就会是堂而皇之的了，可还有其他很多的障碍呢！书信交流的邮政系统全都很好——但那不是心的交流，当我们被强行分开的时候，我们就不敢再清除那些障碍了。

我们之间的最大安慰就这样被阻隔了，今后我只能通过可靠的渠道给你写信了，我的孩子，只是这样的渠道很少。下面就是我的现状：莫佩尔蒂已经小心地传播说，我认为国王作品很糟；他指责我密谋反对一种非常危险的机能——自恋自爱。他温和地暗示，当国王将他的诗交给我修改时，我说道，"他将永不停止地把他那见不得台面的东西都要我来清理吗？"他已经将这个非同寻常的故事悄悄地讲给十几个人，并向他们中的每个人都信誓旦旦地讲到保密。终于我渐渐地开始认为国王是莫佩尔蒂的一位密友。我怀疑，但是我无法证明它。这不是个令人高兴得起来的境遇：这还不是全部。

在去年的年末，一位叫作拉博梅勒（La Beaumelle）①的年轻人到了这里。我认为他是一位日内瓦人，是从哥本哈根来到这里的。他在那里时是介于才子和传教士之间的那类人。他写过一本标题为《我的思想》的书，书中他自由地对欧洲所有的大国发表见解。莫佩尔蒂以他通常的好性情，当然，没有一点恶意，让这位年轻人相信：对他的陛下，我曾经诟病他和他的书，从而将他拦在了为王室服务的行列之外。因此，为了补救我对他的前途所造成的莫须有的伤害，拉博梅勒已经对我的《路易十四时代》写好了一些诽谤性的"注释"，并正要付印——我不知道在哪里出版。那些见到过这些高明注释的人说道，这书通篇都是满嘴胡言。

---

① 拉博梅勒（La Beaumelle，1726—1773），法国文学家，伏尔泰的死敌。——译者注

至于莫佩尔蒂与科尼希之间的争吵，事实如下：

科尼希与几何问题就如同热恋上了一位门当户对的淑女一样，结下了不解之缘。去年，他从海牙游历到柏林，专程与莫佩尔蒂探讨一个代数公式和一项自然定律，我想，你对此不会有一点兴趣。他让他看了19世纪一位叫莱布尼茨（Leibnitz）[①]的老哲学家的两封信，你对他也不会有什么兴趣的。更清楚地讲，莱布尼茨正在探讨着同样的定律，完全不同意莫佩尔蒂的结论。莫佩尔蒂，他更多地是从事宫廷阴谋——或他所承担的是诸如此类的——而不是几何学的法则，他甚至连莱布尼茨的信函看都没看。

海牙的教授要求允许在莱比锡的报纸上发表他的理论，他的要求被接受了，在发表的文章中，他以极度文雅的姿态，驳斥了莫佩尔蒂的观点，引用了莱布尼茨作为理论的根据，并从他那引起争论的著作中刊登了部分段落。

现在出现了荒谬反常的部分。

莫佩尔蒂查阅并误解了莱比锡报上的论文和出自莱布尼茨的引文，他的理解是：莱布尼茨理论出自他的观点，而科尼希伪造了信件来剥夺他（莫佩尔蒂）初始创意的荣誉桂冠——多么荒唐可笑的错误！

基于这种天方夜谭般的理由，他召集了在任的科学院院士们，他们的工资都经由他来支付：正式地谴责科尼希为伪造者，尽管只有一位在场的几何学家反对，但还是未经投票就将此判决传达给了他。

---

[①] 戈特弗里德·威廉·冯·莱布尼茨（Leibnitz，1646—1716年），德国哲学家、数学家、发明家、法学家、历史学家、外交官和政治顾问。他20岁获法学博士学位。曾任布伦瑞克公爵的图书馆馆长和顾问。尤为重要的是他在柏林帮助建立了德国科学院，并任第一任院长。在哲学上，他提出了著名的"单子论"。在宗教上，他提出了"神正论"。神是至善至美的，上帝的善与现存世界上的恶是并存的，因此现实世界可能是最好的。在数学方面，他与牛顿分别独立地研究出微积分学，并研究出今天的计算机所赖以发展的逻辑语言二进位制。他对光学和机械学也做出了重大的贡献。因此，他作为西方文明中最伟大的博学者是受之无愧的。——译者注

他还是做得比较好：他没有将自己与判决联系在一起，但是给科学院写了一封信，要求为事故的根源致歉。因为他在海牙，因此不能在柏林被处以绞刑，作为一名几何学界的害群之马和伪造者，尽可能温和地处罚，仅仅受到谴责。

这项判决予以公布。更糟糕的是，我们的司法总长写给奥兰治的王妃——科尼希是她的图书管理员——两封信，恳求她一定要敌人沉默，因此剥夺了他——尽管他已经被判决和打上耻辱的烙印——捍卫他名誉的权利。

这些详情昨天才到达我的独居之所。

每一天到处都有新鲜事儿发生。想必以前在科学院从未发生过如此的刑事案这等事！现在从如此的一个国家逃离，已经证明是一件必要的事。

我正悄悄地有条不紊地打理我的事。

此致

我最热诚的向你致意<br>
你的舅舅<br>
1752年6月24日

# XLI
## 同前一主题

致德尼夫人

【自伏尔泰于6月24日写给他甥女的信后,已经过去了3个月的时间,他与莫佩尔蒂的争吵迅速地升级。9月18日,伏尔泰匿名出版了一本为科尼希辩护的小册子;几天之后,科尼希代表自己撰写了一份令人信服的《上诉书》。弗里德里希国王存心支持莫佩尔蒂,不问正确与否,连读都没有读它,可自己却发表了那本在这封信中提到的"反对科尼希,反对我"的小册子,他反对每一位试图努力证明科尼希无辜的人,此信标题为"致公众的一封信"。

"我没有君主的权杖,但是我有一支表达正义之笔:我已经用他将柏拉图愚弄",表达此战斗意志的那本著名的《对阿卡基亚医生的嘲讽》此刻就摆在作

者的书桌上。】

亲爱的孩子：

这里有些事是史无前例、绝无仅有、举世无双的。普鲁士国王，科尼希的答复他只字未读，任何人的意见他都没有听取和咨询，就出版了一本《反对科尼希，反对我》的小册子，来反对每一位试图努力证明受到不公正判决的教授是无辜的人。他把所有科尼希的朋友视为妒忌、不诚实的傻瓜。确实是一本独一无二的小册子，一位国王撰写的小册子！

德国的记者们，他们不怀疑一位骁勇善战的君主会是如此一部作品的作者，坦率地谈论到它，认为那是一个对他的题材全然无知的中学生努力的成果。

可是，小册子在柏林重印，扉页上印有普鲁士的鹰徽、皇冠和权杖。鹰、皇冠和权杖发现自己在那里该是何等地惊讶啊！每一个人都无奈地耸耸肩，垂下他们的眼睛，什么都不敢讲。真理永远不存在于君王近前，当国王成为作家时，真理也同样无法靠近君王。喜欢卖弄风骚之人、国王和诗人，他们都习惯于被人阿谀赞美。弗里德里希则集这三种人于一体。真理如何能穿透那自负虚荣的三重围墙呢？莫佩尔蒂并没有成功地成为柏拉图，可他却要他的国王主子成为叙拉古（Syracuse）①的迪奥尼索斯（Dionysius）②。

最非同寻常的是，在这场残酷又荒唐可笑的事件中，国王并不喜欢这位莫佩尔蒂，利用他的权杖和他的笔，只是为了他自己的利益。"柏拉图"差点死于没有收到一次小小晚宴邀请的难堪，我出席了那次晚

---

① 叙拉古（Syracuse），又译为锡拉库撒，意大利一地区。——译者注
② 迪奥尼索斯（Dionysius，约公元前430—367），叙拉古的专制君主。——译者注

地狱中的伏尔泰

宴，国王在宴会上对我们说了上百次，这位柏拉图失去理智的虚荣让他无法容忍。

他现在为他撰文，是因为他曾经为达诺写诗——（一个动机）是他撰文的快乐；另一个动机更配不上一位哲学家——令我恼怒。你瞧，这就是真正的作家！

但是这一切仅仅是发生的事情中最不重要的一部分。不幸的是我也是一位作家，一位在对立阵营中的作家。我没有君主的权杖，但是我有一支伸张正义之笔：我已经利用了这支笔——我确实不知道如何——将"柏拉图"连同那些领他薪俸的人、他的预言、他的剖析和他与科尼希的蛮横的争吵化为笑柄。我善意的嘲笑全然无冒犯之意，但是当我为此执笔之时，我不知道我正是在嘲笑国王的消遣。这件事实属不幸。我不得不同自负和专制的权力相抗衡——这是两种极为危险的势力。我同样有理由认为，我与符腾堡公爵（Duke of Würtemberg）①的私人事务已经有所冒犯。它被发觉了，我已经完全感到它被发觉了……

我目前身体很虚弱并且病得很厉害。更糟糕的是，我必须与国王共进晚餐。的确，一次达摩克勒斯（Damocles）②的盛宴！在迪奥尼索斯王室内需要像真正的柏拉图一样处之泰然。

你的舅舅<br>1752年10月15日于波茨坦

---

① 符腾堡公爵（Duke of Würtemberg，1728—1793），即卡尔·欧根二世，从1737年成为全符凡索堡公爵。

② 达摩克勒斯（Damocles），叙拉古的廷臣。在叙拉古邀请他的宴会上，他在为国王赞美幸福的时候，发现他的座位上方有一柄出鞘之剑只有一根马尾拴在他的头上。此典故出自贺拉斯的《颂歌》。——译者注

## XLII
### 风暴突降

弗里德里希致伏尔泰

【此信和下一封信的原件来自伏尔泰,现保存在国家图书馆(Bibliotheque Nationale)。伏尔泰的信则写在他的国王东道主之信的下面。弗里德里希的信明显地是在愤怒之中匆匆草就而成的,其法语拼读错误非常糟糕。

"在你的所作所为之后",即指伏尔泰匿名发表的《对阿卡基亚医生的嘲讽》反对莫佩尔蒂一事。因为在这篇嘲讽中,伏尔泰抨击了莫佩尔蒂,这是所有伏尔泰著作中最具伏尔泰文笔风格的一篇,是世界上最著名的讽刺作品之一。作品措辞辛辣而不失风趣,严密且不懂感情的逻辑呈现出表面上不谙世故的欢快,结果令他略施小计才获得国王允准出版。他给弗里德里希读了《为博林布罗克勋爵辩护》，即为博林布罗克《论历史书简》的辩护。那时他刚刚写完，获得了国王对该书出版的批准，接下来，伏尔泰在它的前面神不知鬼不觉地插入了《阿卡基亚》。这样，由他自己的出版商，在波茨坦他自己的私人印刷所印刷和出版，这种对弗里德里希国王的朋友和院长的无情攻击，令国王没有料到，他自然极为恼怒。无论从哪方面考虑，国王的信都是令人能够理解的。尽管印刷商承认了一切，但是伏尔泰仍继续否认这一切。他的东道主国王以重罚威胁他的客人，以地道的普鲁士的方式，将一名哨兵安置在了伏尔泰的门外长达一周之久。】

在你显而易见的所作所为之后，你的傲慢无礼的行为令我瞠目。你固执己见而不承认你自己的罪过：不要妄想你能够颠倒黑白地愚弄人们；当一个人对问题置之不理时，那是因为一个人更偏好视而不见；但是如果你继续一意孤行的话，我就要将一切公之于众，世界将会看到是否你的著作值得展现，你的行为应受约束。

出版商已经被正式讯问，并且他已经坦白了一切。

1752年

弗里德里希二世

伏尔泰致弗里德里希大帝

阁下：

上帝呀，我陷入了多么尴尬的境地！我以我的生命向您发誓——我将非常情愿放弃——整个事情就是一场糟糕透顶的诽谤。我恳求您盘问我近旁所有的人。想必,如果您没有听到我的解释,您是不会判决我的。

我要求正义然后死亡。

伏尔泰

1752年

## XLIII
### 国王的词典

致德尼夫人

【1752年，就在这年的11月，弗里德里希已经可以向莫佩尔蒂保证，《阿卡基亚》已经在国王的面前被焚毁。但是在12月，柏林有了其他的版本，憎恨莫佩尔蒂的人们正在阅读着这些版本，并且以前所未有的欢乐享受其乐趣。伏尔泰此时正住在柏林的一位朋友家——心情郁闷地考虑着如何"拯救这块橘皮"。

"不可能再谈什么，12月'我打算在去普隆比埃（Plombières）'"——普隆比埃是个夏季度假村，冬天没有人去那里进行水疗。】

亲爱的孩子：

我在信中附上两份符腾堡公爵的合同：他们给你一笔终生保证金。我也附上了我的遗嘱。并不是说你的普鲁士国王会折磨死我的预言将要实现。我一点也不想达到如此愚蠢的结局：大自然使我遭受到超过它所能施加的痛苦，唯一的慎重是我应该永远打好我的旅行包，我的脚在马镫上，准备朝那个世界出发，不管发生什么，国王们将无关紧要。

因为我在这里没有15万以下的士兵，所以我就不能佯装作战。为了照顾自己的健康，为了再一次见到你，为了忘记这3年的梦魇，我唯一的计划是体面地逃脱。我很清楚地意识到，我这个橘子已经被挤干，现在，我必须考虑如何去拯救我这块橘皮。因为我的教训，我正在编写一部小《国王用语词典》。

"我的朋友"意思是"我的奴隶"。

"我亲爱的朋友"意思是"对我而言你完全微不足道"。

用"我将使你幸福"理解为"只要我需要你，我就将忍受你"。

"今晚与我共进晚餐"意思是"今天晚上，我要嘲弄你"。

这本词典可能会长：大量的条目用在了《百科全书》。

说实在的，所有这些都沉甸甸地压在我心上。我所见到的一切都是真的吗？在那些与他生活在一起的人之间挑拨离间而从中取乐！当着一个人的面讲出最动听的承诺——然后又写小册子攻击他——怎样的小册子！靠着最神圣的承诺，说服一个人离开他自己的祖国，然后又以他最昧着良心的恶毒来折磨他！何等的自相矛盾！这就是如此充满哲理写作的他：我过去认为他会成为一名哲学家！我曾称他为北方的所罗门

（Solomon）①！

你记得那封过分夸饰从未让你真正放心的信吗？"你是一位哲学家，"他说道，"我也是。"我敢断定，国王陛下，我们俩都不是哲学家！

我亲爱的孩子，在你和我的家族神像之前，我肯定认为自己永远不会成为一名哲学家。要从这里逃脱是困难的。你要记得我在11月1日的信里告诉你的话。我要求离开的唯一理由只能是我的健康。要说在12月"我要去普隆比埃"是不可能的了。

这里有一位叫佩拉尔（Pérrard）的人，他是福音牧师一类的人，像我一样，出生在法国。他要求允许他因宗教事务去巴黎，国王回答道，他比他本人更知道他的事务，他丝毫没有必要去巴黎。

我亲爱的孩子，当我再三思考这里正在继续发生的所有一切详情时，我得出了结论，那难以置信，那是不可能的，我肯定被误会了——这样的事肯定发生在3000年前的叙拉古。事实是，我真诚地爱你，你是我唯一的安慰。

舅舅

1752年12月18日

于柏林

---

① 所罗门（Solomon，约公元前1015—977），以色列国王。以其智慧著称，在他统治时期，商业繁荣，国运兴盛，宫殿和公共建筑拔地而起。《圣经》中有"诗篇""箴言""传送书""雅歌"。——译者注

## XLIV
### 告别

致弗里德里希大帝

【1752年圣诞节的前夜,在柏林的居所,伏尔泰凝望着窗外,看到一群人正在注视着篝火。"我敢保证那是我的医生。"他说道。事实上,那是《阿卡基亚》。那场大火(它使《对阿卡基亚医生的嘲讽》一书引起了欧洲各地的注意)决定了他的作者尽可能快地"体面地逃离"。1753年元旦下午3点,他将普鲁士国王赐予他的普鲁士十字勋章和勋章的绶带连同内侍的钥匙一并退还给国王,并同时附上下面这封信函。】

陛下:

由于我家人的祷告和泪水的催促,我被迫把我的命运,连同您赐予我的厚爱和给予我的盛名,一并交由您支配。现在唯有我巨大的悲伤堪与我正在放弃的巨大价值可以相提并论。陛下可以保证放心的是，我唯独记得的就是您赐给我的那些恩典。依恋您16年的诸多仁慈之举。在我晚年之时应您之召来到了您的身边。我担心如此的移居，会让我付出高昂的代价，是您严肃而高贵的诺言，使我这颗悸动不安的心得到了宁静。有幸在您的身边生活了两年半，您否认对我情感的占有那将不符合常情：在我的内心，我对您的感情超过了我的国家、我的国王（他马上就将是我的君主和我事业的赞助人）、我的家人、我的朋友甚至我的工作对我应有的需求。

我已经失去了上面所说的一切。对我而言，除了曾经在您的波茨坦幽居之处那快乐岁月的回忆外，一切都将荡然无存。此后的我，所有其余的孤独似乎将无疑地充满忧郁。再者，在一年的这个季节离开则更为艰难，特别是一个像我这样多种疾病缠身之人，离开您将会更为艰难。请相信我说的话，此时此刻我能够感受到的只是痛苦。当我写这封信的时候，法国的使节已经来到，他将见证我的悲伤，他也将保证，我将永远保持我对陛下的感情。您是我心中的偶像：一位诚实的人不会改变他的信仰，16年来无限的忠诚决不会在这不幸的一刻被摧毁。

我自信，出于无限的仁慈，您至少将对我保持某种博爱之情；如果我可能有安慰的话，那将是我唯一的安慰。

此致

即将与您分离的

伏尔泰

1753年元旦

## XLV

## 免职

弗里德里希大帝致伏尔泰复函

【日耳曼人特有的对道德的麻木肯定要归因于这样的事实，即在伏尔泰1753年元旦的"告别信"以后，作为东道主的国王没有利用他国王的势力倨傲地将他不情愿的客人束缚在自己的身边。3月1日，伏尔泰正式地恳求允准他离开，前往法国的普隆比埃享用那里的矿泉。在两周的沉默后，弗里德里希回复道，摩拉维亚（Moravia）的矿泉相当地好，不会比普隆比埃的质量差。接下来，在3月16日，挥笔纸上的就是下面这份有名的免职令，在表达上带有略微的差别，以他敕令的形式发布在荷兰和乌得勒支（Utrecht）的报纸上，此件至今尚保存在柏林档案馆中。

"我交给他的那卷诗集"——普鲁士国王的自由思想经常以不合帝王礼节亦不合雅意的诗的特点去表露,伏尔泰一直在为他修改,这样他不久就成为非常声名狼藉的国王身旁的作家和校改员。】

他要是想的话,他可以离开在我这里的供职:他不必费尽周折地找什么普隆比埃矿泉的借口。但是在他走之前,他一定请退还我他的受聘的合约、我的钥匙、十字勋章和我交给他的那部诗集。我能希望的是他和科尼希只是攻击我的作品,我愿意对想要贬低其他人声誉的那些人做出牺牲;我没有什么虚荣和自负,也不是什么愚蠢的作者,文人们的阴谋对我好像就是卑鄙的深渊。

弗里德里希二世<br>1753年3月16日

## XLVI

## 逃离普鲁士

通过国防大臣达尔让松伯爵
向法国国王递交的请愿书

【达尔让松伯爵（Comte d'Argenson）①和他的哥哥——达尔让松侯爵（Marquis D'Argenson）②，兄弟俩都曾是伏尔泰中学时的同学，自那以后，一直他是他有影响的朋友。正是达尔让松伯爵为他争得了授权报道国王战役的写作荣誉，结果就成为《路易十五史》一书。可是，这份请愿书并没有答应伏尔泰"将获准他死在自己的国家"的要求。只是在一个月之后，达尔让松，他以重组法国军队而知名，在他的日

---

① 达尔让松伯爵（Comte d'Argenson, 1696—1764），《百科全书》就是敬献给他的。他任过的重要官职是路易十五时期的军务大臣和国家出版总署署长。——译者注

② 达尔让松侯爵（Marquis D'Argenson, 1694—1757），路易十四国王属下的著名警务总监，曾任外交部大臣，他对启蒙运动有所贡献。他是当时最有影响的"半楼俱乐部"的重要成员。他的著作《法国古今政府制度论》受到了伏尔泰的首肯和卢梭的引用。——译者注

记中写道,"为了讨好普鲁士国王,德·伏尔泰先生重新进入法国的许可被拒绝了"。到1753年3月26日,不管怎样,伏尔泰还是成功地逃离了弗里德里希和波茨坦。4月11日,弗里德里希实际上已经命令他在法兰克福的下属福莱塔格(Freytag),当伏尔泰路过那个城市的时候,让那位离开的客人遭遇到一些烦恼和折磨。福莱塔格,一位普通的德国官员,简直被这份公文(red tape)压抑得透不过气来,下一封信中将描述到,在某种意义上,他超越了国王的命令。尽管那样,直到6月上旬,伏尔泰和他的外甥女还是成功地离开了法兰克福。】

陛下:

德·伏尔泰先生冒昧地告知陛下,他为了使普鲁士国王的法语知识熟练精通,已经工作了两年半的时间。德·伏尔泰先生充满尊重地归还了国王的钥匙、绶带和他的年金,他已经取消了普鲁士国王与他缔结的书面协议。当他一拿到他的身份证件,他就答应将年金归还给国王,而不想继续利用它,他所向往的回报就是获准他死在自己的国家。他将在获得陛下许可的情况下去普隆比埃。德尼夫人带着护照先于他到达法兰克福。

一位叫多恩(Dorn)的人,是福莱塔格先生的职员。后者称自己为普鲁士国王在法兰克福的特使,他在6月20日逮捕了德尼夫人,陛下军队里一位军官的孀妇,她持有提供的护照。接着,他拖着她在一队士兵的押解下穿过大街,没有任何的说明和正式的程序,没有任何之类的借口,就将她投入监狱,她被迫无奈地在囚室里住了一夜。36小时的监禁,她已经面临死亡的边缘,现在,6月28日——还没有完全康复。

在此期间,一位叫施密特(Schmith)的商人,声称是普鲁士国王的一位代表,被派处理如德·伏尔泰先生和他的秘书的事宜,但是没有没收他们所有财产之类的笔录（*Procèsverbal*）。第二天，福莱塔格和施密特通知他们的囚犯，他们必须支付他们在拘留期间每天128埃居（écu）金币的费用。

这种侵犯和掠夺的借口是福莱塔格和施密特两位先生在5月接到的来自柏林的一份命令，命令他们从德·伏尔泰先生那里要普鲁士国王陛下曾交给德·伏尔泰先生，由国王陛下创作的那本印刷的法文诗集。

此书一直留在汉堡（Hamburg），德·伏尔泰先生于6月1日已经承诺，不交回此书，他是不会离开汉堡的。福莱塔格先生以他的主人国王的名义，在两封信上签了名，相互完全一致地草草行文如下：

"先生，如果你所声称的包裹在汉堡或莱比锡的话，如果包裹中包括那本《诗集》（*oeuvre de poëshie*），那么包裹到达我这里时，将书留在我这里，你想走就可以走了。"

接着，作为承诺，德·伏尔泰先生交给他两个装有文件的包裹——一个是书籍，另一个是相关的家庭事务文件。福莱塔格先生签署了如下的说明：

"我保证只要有国王要的诗集的包裹一到手，就归还德·伏尔泰先生这两个包裹，包裹上带有他的密封。"

诗集于6月18日已经送达，写明是寄给福莱塔格先生的，并有来自汉堡的一个盒子。这样，德伏尔泰先生显然有权于6月20日离开。正是在6月20日这一天，在此作为囚徒被对待的他、他的外甥女、他的秘书和他的仆人，都开始上路了。

此致

您的臣子

1735年6月28日

伏尔泰与修士
罗卡特拉斯作

## XLVII
## 论接种疫苗

致达尔让塔尔伯爵

【达尔让塔尔伯爵,参看第21封信,"论背信弃义"。此信写于他到达科尔马(Colmar)附近的路上,当他在瑞士安顿下来之前,他在科尔马那里住了差不多一年的时间,在那里从事艰苦的文学创作。

"蒙塔古夫人(*Mme.de Montaigu*)①,玛丽·沃特利·蒙塔古女勋爵,是著名的书信体作家,她于1717年将东方的疫苗接种引入了英国(参看第60封信,"关于玛丽·沃特利·蒙塔古女勋爵")。

"已故王后"指的是英国的卡罗琳王后(Queen

---

① 蒙塔古夫人(Mme.de Montaigu,1689—1762),英国作家,是18世纪最具引人注目的英国女性。她的丰富大胆、突破世俗的《书信集》,使她列入了英国伟大女作家的行列。她自己的一生也充满传奇:她曾是约翰·盖伊、亚历山大·蒲柏、艾迪生和斯威夫特的朋友,后来又因文学观点的分歧而相互反目。她亦是一位诗人、随笔作家、女权主义者和向传统挑战的勇士。——译者注

Caroline）①，乔治二世的王妃。

"那位丰特内勒（Fontenelle）②会比多蒙夫人活得长。"丰特内勒是伟大的剧作家高乃依的侄子，伏尔泰称他为"诗人、哲学家和学者"。他以《论世界多样性之对话录》（Entretiens sur la pluralité des Mondes）与他非同寻常的长寿而闻名于世。伏尔泰说他"是一位诺曼人（Norman），他甚至挫败了上帝"。因为他于1757年逝世时，整整活了100岁。】

我亲爱的天使：

如果看起来非常执拗的德迪拉斯元帅夫人（Maréchale de Duras）像德蒙塔古夫人和去世的王后那样执拗的话，再如果她有足够的勇气给她的孩子们种植天花的话，你今天就不会为多蒙公爵夫人（Duchess d'Aumont）而哀痛。30年前，我断言，我们如此就可能挽救全国十分之一的人口。令人悲伤的是，正值其风华正茂之时，就被天花夺去了宝贵的生命。一些人说，"确实，应该尝试疫苗的接种"。到两周结束时，他们已经同样地忘掉了那些因疾病之患而受难的人们和那些仍将遭受此劫难的人们。

去年，伦敦伍斯特（Worcester）的主教在议会的下院布道支持疫苗接种，并证明单单在伦敦，每年就挽救了2000人的生命。那是一场比我们的说教者们那废话连篇的宣传确实更有益的布道……。

要求你们对多蒙公爵表示尊重和同情，我没有这种权力而不敢恣

---

① 卡罗琳王后（Queen Caroline，1683—1737），她身旁聚集着当时著名文学界人士，支持罗伯特·沃尔波担任首相执政，详见格林伍德著的《汉诺威王后》。——译者注
② Fontenelle，通译"丰特奈尔"，全名为贝尔纳·布耶·德丰特内勒，1657—1757年，法国著名作家。在文学史上著名的"古今之争"中，他站在当代派一边，抨击了古希腊人和他们的法国模仿者，为此他受到了布瓦洛、拉辛、J.B.鲁索和拉布吕耶尔等人的尖刻嘲讽。他曾任法兰西学院的秘书，后来任院长。他著有多部戏剧，但他至今仍为人们所阅读的主要作品有《论世界多样性之对话录》和《神谕史》。——译者注

肆妄为。他会想到丰特内勒会比多蒙夫人活得长！但是在死神之剑的面前，100年和30年没有什么区别。我们的生命就是时空中的一个点——一场梦。我人生的梦一直是一个连续不断的梦魇，如果到了梦魇终结的时候，我的梦将会变得极为平静，我会看到你：那是我睁开眼睛后见到的一道极为悦目的光……

此致

你忠实的朋友<br>伏尔泰<br>1753年10月3日于科尔马附近

# XLVIII
## 关于一位朋友的失明

致迪德方夫人

【迪德方女侯爵（Marquise du Deffand）①，她风趣，以其书信与沙龙主办人（*salonnière*）而闻名，是在旧制度下"违背所有当时人生的日常本分，举办非常令人愉悦的小晚宴的那些杰出女性中的一位"。1726年，她到巴士底狱去看望伏尔泰，当时的伏尔泰年仅27岁；当伏尔泰于1778年回到巴黎时，他拜访了她，此时他已经83岁了。在她1753年失明之后，他一直怀着理解和同情与她保持着通信来往。对她的关爱超过伏尔泰的只有作为她朋友的霍勒斯·沃

---

① 迪德方女侯爵（Marquise du Deffand，1697—1780），法国18世纪最著名的女性之一。她的沙龙不仅聚集了巴黎社会的精英，而且聚集着埃诺、达朗贝尔等哲学家。她晚年失明，失明后她聘用了德莱斯皮纳斯小姐为她阅读。她68岁时认识了霍勒斯·沃波尔后，便与他保持着终生的友谊。为此她将自己同那个时代名人的通信全部留给了他，结果就有了沃波尔19卷的《书信集》。——译者注

波尔。

"德斯塔尔夫人（Mme.de Staal）①"，曾经以德洛奈小姐而知名，她还是迪迈内公爵夫人（Duchesse du Maine）②的好友，伏尔泰与她第一次住在索镇（Sceaux）时，也还是一位才华横溢的21岁的青年（见第69封信，"论《博林布罗克勋爵回忆录》"）。

德斯塔尔夫人以其犀利的笔触对迪德方夫人详细地叙述了在巴黎的曼恩（Maine）宫中的流言蜚语，并已留在了她那部杰出的充满辛辣讥讽的《回忆录》中。

"我收到了来自两位王公的年金。"这两位王公是符腾堡公爵和帕拉迪纳（Palatine）选帝侯。

"叙拉古的迪奥尼索斯的行为"，这里的迪奥尼索斯指的是弗里德里希大帝。

"圣-马洛（Saint-Malo）的柏拉图"，指的是莫佩尔蒂，他是在那个地方长大的……"他的好医生阿卡基亚"当然是伏尔泰本人撰写的《对阿卡基亚医生的嘲讽》（见第33封信，"长笛内的小裂缝"；第40、41封信，"与莫佩尔蒂的争吵"；第42封信，"风暴突降"，和第44封信，"告别"）。】

尊敬的夫人：

您的信比你所想象的更要深深地感动着我，我向你保证，当我在信中读到发生在您身上的不幸时，我的眼睛湿润了。我从德福尔蒙（M.de

---

① 德斯塔尔夫人（Mme.de Staal，1684—1750），法国作家。她是一位知识渊博、聪慧的女性，丰特内勒、肖利厄和迪德方夫人的朋友。因贫困她成为迈内公爵夫人的侍女，因卷入了女主人反对摄政王的阴谋而在巴士底狱被囚禁的两年。她一生最为重要的作品就是她的《回忆录》。——译者注
② 迪迈纳公爵夫人（Duchesse du Maine，1676—1753），她是一位野心勃勃的人，曾因谋划推翻摄政王而被短期监禁。她在索镇的文学和政治沙龙在那个时代广为人知。在她的宫廷成员的协助下，她留下了一部《索镇颂》的诗集。——译者注

Formont）先生的来信中得出印象，可以这么说，您的视觉处于幽暗而不是完全的黑暗之中。在某种程度上，我想您与德斯塔尔夫人的情况是同样的，她有无比优越的条件；但是她缺少自由、缺少你能想到或说起的如他们一样的朋友；缺少如您那样生活在自己的家里，而不是生活在一个贵妇人家里，不得不看人脸色行事所受到的那种虚伪氛围的限制。

因此，亲爱的夫人，我只是惋惜您的眼睛失去了它们的美；我确信您有哲学家的思考对此安慰自己。可是，如果您已失明的话，我将为您深深地感到可惜。我不建议您作为盲人的榜样，德S先生（M. de S）在20岁时就双目失明，但是他一直充满活力——即使不是太活跃。我同意你的看法，生命不是很值得：我们只能忍受大自然植根于我们的几乎无法征服的本能；对于这种本能，大自然赋予了它潘多拉盒子（*Pandora's box*）①的底——希望。

修道院院长卡尔梅《圣经词典》的插图

---

① 潘多拉的盒子：在希腊神话中，潘多拉是赫菲斯托斯奉宙斯之命创造出来的第一位女人，她以其美貌和被众神赋予的许多迷人的天赋而著称（"潘多拉"的意思在希腊语中就是"具备全部的天赋"）。赫尔梅斯将她带到人世间时，她身上带着一个除了希望外还装有世间所有恶魔的盒子。她的使命就是惩罚因普罗米修斯盗窃天火而惩罚人类。当盒子被打开时，所有人类的灾难就逃离了盒子，只在盒子的底部留下了"希望"，此后，该词就被指代"罪恶的渊薮"或"招致不幸的礼物"。——译者注

仅仅当希望完全没有，当难以忍受的抑郁降临到我们头上时，我们就会用战胜本能的冲动而去拥抱束缚我们生命的锁链：鼓足勇气离开我们永不希望修复的行将倒塌的房屋。在我现在生活的这个国家里有两个人已经选择了这样去做。

这两位哲学家中的其中一位是18岁的姑娘，她的头脑已经被天主教耶稣会会士们转变了，她为了摆脱他们，开始向下一个世界进发。我不会去做那样的事，无论如何还没有做，因为我收到了来自两位王公的年金，如果因为我的死去，我能使两位君王富有，我会感到极度沮丧。

夫人，如果你是一位有一份来自国王年金的人，你就要格外小心地照顾好自己，少吃、早睡，活上100岁。

叙拉古的迪奥尼索斯的行为如他本人一样费解：他是一个奇怪的家伙。我为我在叙拉古而高兴，因为我向你保证，在地球的表面上没有任何地方同它一样。有着扁平的鼻子和滑稽可笑眼神儿的圣-马洛的柏拉图是非凡之人：他肯定是天生的地道才子和天才，但过度的自负和虚荣使他既恶毒又怪诞。阿卡基亚医生试图用缓和剂治疗他的疯狂，他就该迫害他善良的医生，这不是一件可怕的事情吗？

夫人，到底是谁会告诉你我要结婚的呢？我是一位要结婚的好人！我几乎半年没有走出我的房间，因为我每12小时就有10小时在疼痛。如果任何一位医生认识一位漂亮的姑娘，她对药物的应用恰当迅捷，精于养鸡以保证我病弱身体的营养，悦耳地诵读以保证我阅读的乐趣，那我坦诚地表示，我肯定会受到诱惑。可是我最热望和最真诚的欲望是在称之为人生的暴风雨的傍晚与您共度。我曾经在你人生辉煌的花季见过你，如果我能给您带来安慰，如果我能在依然是属于我们的短暂的时刻与您自由地交流,那对我会是莫大的安慰……

　　此致

　　　　　　　　　　　　　　　您的忠实的朋友
　　　　　　　　　　　　　　　伏尔泰
　　　　　　　　　　　　　1754年3月3日于科尔马

## XLIX

## 论《博林布罗克勋爵回忆录》

### 致迪德方夫人

【博林布罗克勋爵,全名为亨利·圣约翰,博林布罗克子爵,他是英国著名的政治家,年轻时的伏尔泰,曾经和他住在博林布罗克伦敦和法国的家——奥尔良(Orléans)附近的拉苏尔斯(La Source)。在《亨利亚德》出版之前,伏尔泰对之大声朗诵此书的人正是博林布罗克;他还将他的戏剧布鲁图斯(Brutus)题献给了博林布罗克;他为博林布罗克勋爵的《论历史书简》(Letters on History)的"辩护"已经意味着《对阿卡基亚的嘲讽》已经得到了弗里德里希国王的印刷许可(见第42封信,"风暴突降")。

"《博林布罗克勋爵回忆录》……他留给我们的

这本不详尽的令人困惑的小册子。"1753年出版的法文版书名翻译为《博林布罗克勋爵秘录》（Les Memoires Secretes de Lord Bolingbroke），其中包括他与温德姆的通信（Letters to Windham）。

"一幅牛津勋爵可怕的肖像"，指的是罗伯特·哈里（Robert Harley），[①]牛津的伯爵，安妮女王的财政大臣，他是博林布罗克的第一位朋友，其后也是他的死敌，并成功地接任他的首相之职。

"这些可恶的《帝国编年史》（Annals of the Empire）"，指的是查理曼时代日耳曼通俗史，正如伏尔泰自己认为的那样，他最失败的著作之一就是《萨克森公主》（The Princess of Saxony），此书乃是他奉命之作，那是迷人的萨克森—哥达（Saxe-Gotha）女公爵，在西雷时他就与她一直保持书信往来，就在最近他还拜访了她的哥达"宫苑"。

"迪迈内公爵夫人……索镇"，请参看第48封信，"关于一位朋友的失明"。迪迈内公爵夫人，"那个大时代现存的残片"，一位杰出而又自恃的旧时的女性（在18世纪的英国社会，唯一的一位与她不相上下的同侪是荷兰女王）。她不仅在索镇那兼具宫廷性质的宫闱之中招待伏尔泰，而且在他于1747年受到路易十五的冷遇时给他以庇护。在索镇，他已经撰写了（并在他的公爵夫人在凌晨两点无意入眠时，将悄悄地读给她听）那些短小的故事范文，如《扎第格》《斯卡门塔托》《渺小的巨人》和《巴布科》。

"埃诺局长"是高等法院预审部（Chamber des Enquêtes）的部长，曾经是伏尔泰35年的朋友，也是迪德方夫人沙龙的常客（Habitué），他看起来对她用情至深，直到他因为德莱斯皮纳斯小姐

---

[①] 罗伯特·哈里（Robert Harley，1661—1724），英国政治家，托利党议会议员，1704年任国务大臣，1710年任财政大臣。1711年被封为伯爵。1715年，安妮女王死后，他被囚禁于伦敦塔，1717年获释。——译者注

（Mdlle. de Lespinasse）①的缘故而舍弃了她的社交界为止。最初，莱斯皮纳斯小姐是迪德方夫人的女伴（*dame de compagnie*），其后成为她的情敌。】

亲爱的夫人：

没有回复你上一封信，我感到甚为内疚。我不想以我身体不好作为我失礼的借口：因为虽然我不能亲手自己来写，但是我至少能够口授那些最令人忧郁的事情，对于那些喜欢你、了解你生活中所有不幸的人，对于那些靠幻想欺骗生活的人，那些郁闷伤感的事不是不可接受的现实。

我记得，我建议你不要继续孤单地生活而使那些正在付给你年金的人大为愤怒。就我而言，那却是我生活中存在的唯一乐趣。当我感觉到消化不良带给我的痛苦时，我就想象两三位君主会因为我的死而成为获利者，出于恶意，我鼓起勇气以不停呐喊和自我克制并用与他们斗争。

尽管如此，纵使我活下去的愿望是增添他们的不快并对他们产生压力，可我却一直在承受严重疾病的缠绕。进一步讲，这些可恶的《帝国编年史》，将所有的想象力全都置于压抑之中，使你无法燃起生命的热情之火，它们占据了我所有的时间，因此你理解我无所事事的理由。我一直在为萨克森女公爵做这些愚蠢的事情，她是值得我为此付出劳作的。她是一位很和气的王室成员，所行所为比迪迈内公爵还要精明强干，而她的宫廷比索镇给予我更多的自由。但是，不幸的是，这里的气候很恐怖：就是现在，我非常喜欢的只是太阳。夫人，就你目前的状态看来，你是无法理解的。可是，无论如何感受温暖是惬意之事。我们经

---

① 德莱斯皮纳斯小姐（Mdlle. de Lespinasse，1732—1776），达尔邦伯爵夫人的私生女。伯爵夫人是达朗贝尔的挚友，从1754—1764年，她一直作为迪德方夫人的女伴。她的沙龙吸引了她女主人的常客，亦是百科全书派人士，成为他们聚会的地方。她与她的情人吉贝尔伯爵的情书后来被编辑出版。——译者注

历的严冬会使一个人感到沮丧，传到我们这里的消息没有改进事态。

我希望我能寄给你一些令你娱乐的小文章，可是我现在正进行的著作远远引不起什么乐趣。

在伦敦，我就是英国人；在波茨坦，我就是德国人，和你在一起，我变色龙的外衣就会很快呈现更靓丽的颜色，你活跃的想象力会激发我萎靡不振的精神状态。

我一直在阅读《博林布罗克勋爵回忆录》。好像在我看来，他写的不如他讲得好。我断言，我发现他的文字风格就像他的举止一样难以理解。没有引证任何证据，他描绘了一幅牛津勋爵可怖的肖像。这就是蒲柏称之为"牛津"的那个人：

"至高无上的灵魂，将体现在每次艰苦的考验之中：

超越所有的痛苦，克制所有的傲慢、所有的激情，

不惧愤怒的力量，顶住百姓舆论的批评，

战胜追求财富的贪欲，消除对死亡充满恐惧的惊恐。"

如果博林布罗克写出了关于王位继承战争、乌得勒支（Utrecht）和平、安妮女王（Queen Anne）的人品、马尔博乐（Marlborough）公爵夫妇的生活、路易十四（Louis XIV）的生平、奥尔良公爵（Duke of Orléans）及法国和英国部长们的一些回忆录的话，他将会更好地利用他的休闲时光。如果他还能有足够的技巧将这些伟大的主题与他的自我辩护（*Apologia*）交融在一起，他将会使他的回忆录永垂后世，而不是将其往事淹没在他留给我们的那本不详尽的令人困惑的小册子之中。

我无法理解，一位似乎具有广阔视野的人，如何会堕落到对一些琐

碎的逸闻津津乐道呢？他著作的（法语）译者在讲到我试图谴责的研究数据时也是谬误百出。我认为博林布罗克很不光彩的是，他留给我们的太少，而在这不多的令人窒息的记载中他又拘泥于毫无意义的琐事。不管怎样，我想，当你阅读它们时，他的回忆录还是会给你带来某种特殊的快乐，那是因为你肯定会经常发现你自己置身于熟悉的场景。

夫人，不多写了，让我们尝试去耐心地承受世情对我们的折磨。勇气是很值得称道的：它使自恋的心理得到满足，它会减轻不幸感；但是它恢复不了一个人的视力。我始终极为真诚地同情你；你的命运深深地触动着我。

向德福尔蒙先生致以深深的敬意，如果你见到埃诺院长的话，同样代我向他问候。

　　此致

我最热忱的问候<br>伏尔泰<br>1754年4月23日于科尔马

L

## 论蒲柏和维吉尔

致迪德方夫人

【"《编年史》，虽然篇幅是那么少。"这里指的是伏尔泰的《帝国编年史》（参看上一封信"论《博林布罗克勋爵回忆录》"）。

"我宁愿你有了《少女》"（参看第15封信"论《少女》和《路易十四时代》"）。《少女》持续地给伏尔泰带来许多焦虑。他轻率地将一些诗章提供给了普鲁士的亨利王子，而王子的秘书秘密地抄了下来。为了避免在法兰克福被弗赖塔格（Freytag）发现，伏尔泰的秘书科里尼（Collini）被迫将危险的原稿藏在他的马裤中。此时，1754年，伏尔泰正担心整篇的文稿会被偷偷地印刷。

"吉尼翁（Guignon）——他是小提琴之王。"

在法国的宫廷里有一个享有此头衔的职位，吉尼翁占据"小提琴之王"之职直到该职位和称号于1773年被废止时为止。

"达朗贝尔先生……可以确信我将他看作是我们哲学家当中颇富智慧头脑的一流哲学家，并不是出于感激之情"（参看第55封信"论《大百科全书》"）。达朗贝尔曾要求伏尔泰为大百科全书撰写"灵魂"（*Esprit*）的词条。】

夫人：

您懂拉丁文吗？不懂；那你为什么问我是否喜欢蒲柏超过维吉尔。与那些我们一流的希腊和罗马的大师相比，所有当代的语言都显得枯燥，贫乏，生硬。我们只是山村乐队的小提琴手，此外，我怎么能把使徒书信与史诗相比呢，怎么能和迪多（Dido）①的爱媲美，怎么能表现出特洛伊大火的震撼，怎么会将埃涅阿斯（Aeneas）②的高贵降至到哈得斯（Hades）③冥王的身份呢？

我认为蒲柏的《人论》（*Essay on Man*）是道德教益和哲学寓意最好的诗，但是维吉尔的诗无与伦比。您通过翻译知道他，但是诗翻译得传神是不可能的。您想您能翻译音乐吗？夫人，我遗憾您带着18世纪的品味和情感，是无法读懂维吉尔的。如果您正在读《编年史》，尽管那书不怎么长，那我就更为您感到遗憾。德国，即使降至为一个缩影，也不可能令像您这样一位法国人的想象力得到满意。

---

① 迪多（Dido），传说中迦太基的奠基者、推罗国王的女儿，维吉尔将她的自杀归因于对埃涅阿斯的单相思。——译者注
② 埃涅阿斯（Aeneas），维吉尔在《埃涅阿斯纪》中描述的特洛伊战争中的英雄，后来成为拉丁人的国王。——译者注
③ 哈得斯（Hades），希腊神话中宙斯和波塞冬的兄弟，主管冥界，详见《伊里亚特》第15章。——译者注

因为您喜欢史诗,所以我宁愿您喜欢《少女》。这是一部比《亨利亚德》稍长一点的作品,主题也更鲜明。想象力有更大的作用——法国严肃的作品普遍而言都受到极大的限制。我对历史真实和宗教偏见的关注将我限制到《亨利亚德》这部作品上。在《少女》中这种关注再次得到发展。她的编年史比帝国的那些编年史更有趣。

如果德福尔蒙先生还和您在一起的话,请记得代我向他问候;如果他已经离开,在您给他写信的时候记得代我问候他。我正要去普隆比埃,不是希望恢复我的健康——那种希望我已经放弃了——只是因为我的朋友们也计划去那里。在科尔马,我已经有半年的时间没有走出我的房间了。我想,如果你不在那里,我在巴黎也完全不会有任何的不同。

我感觉,从长远的观点看,确实没有什么值得烦劳离开屋子出去的必要。患病的极大好处是:它让一个人免去社交的麻烦。夫人,这对您是不同的:社交对您的必要性就如同小提琴对吉尼翁一样,你知道,他是小提琴之王。

达朗贝尔先生是值得您尊敬的人,他给他的同代人带来了很大的好处。他不断地对我表示敬意使我愧不敢当,而他可以确信,如果我把他看作是我们哲学家当中颇富智慧头脑的一流哲学家,并不是出于感激之情。

我不常给您写信,夫人,尽管我最大的快乐就是收到您的来信,仅次于这种快乐的事就是给您回信,但是我已经被艰难的工作压垮,我的时间一直在工作和腹绞痛之间交替。我没有任何休闲时间——我一直不是生病就是工作,这构成了我生活的全部内容,尽管这不是一种十分幸福的生活,可是去哪里能找到幸福呢?我完全没有答案,这是一个多么难以解答的问题。

此致

> 你忠实的朋友
> 伏尔泰
> 1754年5月19日于科尔马

## LI

## 论文明与文学的进步

致J.J.卢梭

【1745年,当伏尔泰沉浸在路易十五宠爱的短暂幸福之中时,他第一次与让·雅克·卢梭打交道;卢梭是地道的日内瓦人,其后做过乐谱抄写员和宫廷嬉游曲(*divertissements*)的作曲者,这位极为雄辩和容易激动的感伤主义者,成为《社会契约论》《新埃洛伊丝》和著名的,也为人诟病的《忏悔录》的作者。

1755年,他在第戎科学院的征文中撰写了一篇获奖论文,由他本人撰写的《论人类不平等的起源》和他朋友的《反文明论》,文章详尽地阐明了他尤为珍爱的理论——原始时代的生活优于文明的生活,他也将此文寄给了伏尔泰。以下这封信就是伏尔泰给他的答复。对此卢梭以热情友好的措辞立即回函表示收悉。两个月之后，伏尔泰的内心为里斯本恐怖的地震所惊骇，让·雅克认为他的理论被证明了，他提出如果不曾建造房屋，就不会有房屋的塌陷；如果人们像野兽一样在野外生活的话，地震就会丧失它几乎全部的恐惧：对这种荒谬性——如同蒲柏在《人论》中睿智的乐观主义一样——伏尔泰以他那过人的才华和尖刻嘲讽的笔触撰写了《老实人》（*Candide*）予以回复。

"欢乐园"是至今仍然坐落在靠近日内瓦的一幢房屋，从屋内可以看到朱拉山（Jura）和阿尔卑斯山（Alps）瑰丽的景色。伏尔泰作为日内瓦共和国法律下的公民选择了它，这里只有半小时的车程就可以到达法国。之所以称之为"欢乐园"，他解释道，"是因为没有比自由和独立更让人快乐的了"。当他撰写此信时，他已经在那里定居5个月了；在他开始居住在费尔内（Ferney）之前，他在那里住了大约3年的时间。

卢梭半身像

"欧洲最伟大的医生",指的是泰奥多尔·特龙金(Theodore Tronchin)①,他从1754年以来直到伏尔泰逝世时一直是伏尔泰的医生,出生于日内瓦的名门望族,是新鲜空气、饮酒适度、节欲和性忠贞等价值最早的发现者之一。从一位妇女那里,他宽宏地接受了防治天花疫苗接种的发现,并在日内瓦不顾普遍的偏见,以他时髦的"治疗"将之用于临床实践;在日内瓦,他宣传许多其他旧时的学说——特别是对妇女。他是一位坚定不移的虔诚的基督徒,他大胆地告诉伏尔泰令人讨厌的真相而不对他的病人有什么掩饰。伏尔泰在写到他或讲到他时,总是用爱、尊重和钦佩之词。

"在你自己国家的附近,那里才是你应在的地方"。——即日内瓦:因为当时卢梭在巴黎。

"一位我从他完全失去地位时救助的前耶稣会神甫",指的是德方丹神甫(参看第21封信,"论背信弃义")。

"而这个人更卑鄙的是印刷了我的《路易十四时代》注释本",这个人就是拉博梅勒——伏尔泰普鲁士敌人莫佩尔蒂的宠儿(*Protégé*),他已经出版了盗版的《路易十四时代》。实际上,它以与作者亲自授权的版本同等发行。拉博梅勒的注释包含对伏尔泰和法国王室的私人侮辱(参看第40封信,"与莫佩尔蒂的争吵")。

"关于一本假定为我编著的《世界史》",这是一部盗版的伏尔泰最伟大和最率真的著作之一:《论各民族的精神与风俗》。该书由海牙的一位出版商出版——不巧在一个不合时宜的时刻出版,即其时正值伏

---

① 泰奥多尔·特龙金(Theodore Tronchin,1709—1781),瑞士日内瓦的著名医师,留学于英国的剑桥大学,后受教于莱顿大学名医布尔哈弗(Boerhaave)名下。在阿姆斯特丹从业近20年,是日内瓦医学院的名誉教授。在促进实施接种疫苗方面享有很高的声誉。伏尔泰的医生,以治疗神经紊乱而知名,他也是卢梭的好友。1765年他被任命为奥尔良亲王的医生。他特别强调新鲜空气和锻炼对神经系统的好处。——译者注

尔泰离开普鲁士之际。其鲁莽使他回到法国就更为危险，因此，促使他决定在瑞士定居。

"一部快乐的小作品是我30年前写成的（关于一位愚蠢得可以的沙普兰（Chapelain）①竟然严肃对待的同样主题）——《少女》——圣女贞德（Joan of Arc）传。沙普兰是17世纪一位愚钝而勤奋的作家，他极为详尽地描写了圣女贞德的故事。他的著作是一些受到普遍嘲笑的话题，受到了布瓦洛的讥讽。】

先生：

我已经收到了你反对人类的新书，对此我表示感谢。通过告诉他们关于他们自身事实的方式，你将使人民满意。那种人类社会的恐怖——在我们的软弱无力和无知之中，我们从中期盼那么多的安慰——从未被涂上更鲜明的色彩，没有任何一个人聪明到同你一样试图将我们变回到野兽：阅读你的书使人渴望要四足爬行。无论如何，既然我弃绝那种习俗到现在大约60年了，因此我感到不幸的是，让我重新恢复爬行是不可能的，我还是将这种自然的习惯留给那些比你和我都更适合于爬行的那些人吧。我既不能扬帆远航去发现加拿大的土著居民，首先，因为我病弱的身体我不能离开欧洲最伟大医生的近旁，在密苏里人之间我寻求不到同样职业上的帮助；其次，因为战争在那个国家继续着，文明国家的实例已经使野蛮人几乎同我们自身一样邪恶。在我选定的隐退处，我必须将自己局限在一位和平的野蛮人之中——在你自己国家的附近，那里才是你应在的地方。

---

① 让·沙普兰（Chapelain，，1595—1674），法国文学家，文学批评家。他是法兰西学院院士，是文学古典形式颇具影响的一位主将。他的作品不如他的谈话那样受欢迎，其主要作品有《马里诺<阿多尼斯>诗序》《颂歌》和花费了20年而创作的不成功的史诗《圣女贞德》。——译者注

我同意你的观点，科学和文学有时造成了大量的危害。塔索（Tasso）①的敌人使他的人生遭受到了接二连三的不幸；伽利略（Galileo）②的敌人在他70岁高龄，还将他囚禁在狱中备受煎熬，而他的"罪行"仅仅是因为他懂得地球公转。更为耻辱的是，他被迫放弃他的科学发现。因为你的朋友们开始了《百科全书》的工作，所以他们的对手们就攻击他们为自然神论者（deists）、无神论者（atheist），甚至是詹森派（Jansenists）③。

我是否可以冒昧地将自己包括在那些人之中，作为他们唯一的酬报，他们的著作带给他们的就是迫害。我能告诉你的就是从我出版我的悲剧《俄狄浦斯》（Oedipe）的那一天起，人们就开始着手毁灭我的作品，一套荒谬诽谤反对我的完整丛书被编写出来。它出自一位我从完全失势的耻辱中解救出来，而他却以毁坏我名誉的诽谤来回报我的前耶稣会神甫。而这个人更卑鄙的是印刷了我的《路易十四时代》注释本，在书中，十足的无知产生了最可恶的谎言。而另外一位是将假定是我撰写的《世界史》的某些章节卖给了一位出版商，结果十分贪婪的出版商将这样一部不成样子、漏洞百出、年代不准、数据和名字残缺不全的文本付诸印刷出版。最后，那些十分下贱的懦夫把这样离谱的作品归到了我的名下。我能向你表明，全社会都被这类人毒害了——一类非古人所理解的人——不管是体力劳动还是供职于某处。不幸的是，他们不会读和

---

① 塔索（Tasso，1544—1595），意大利诗人。主要作品：田园诗剧《阿明达》、悲剧《托里斯蒙多王》和《被征服的耶路撒冷》。——译者注

② 伽利略（Galileo，1564—1642），意大利的数学家、天文学家和物理学家。他1586年创造的比重天平使他声名远扬。他发现了重力加速度的定律，第一个用望远镜观察天体，支持哥白尼的天体运行理论。1632年，他发表了《关于两种主要世界体系的对话》，触怒了教会，因此受到了宗教法庭的审判，迫使他放弃自己的理论。遭到软禁致死。——译者注

③ 詹森派（Jansenists），亦称"荷兰詹森派教会"，是罗马天主教的一个派别，在17、18世纪的欧洲有不小的影响，因其创始人——荷兰的主教詹森而得名。其教义出自詹森留下的3卷本《奥古斯丁书》（Augustinus），主要认为原罪和欲望给人带来极大危害，基督的恩典才是万能的，强调极端严格的道德、信仰、习俗和纪律。——译者注

写，因而成为文学的掮客，靠着我们的著作生活，剽窃我们的书稿，伪造它们，然后加以销售。我能确定我30年前所写的一些欢快而没有价值的读物（就同样的主题一位愚蠢得可以的沙普兰竟然严肃地对待它），现在仍在通过背弃信仰和在我的诙谐之作（*badinage*）上添加他们粗鄙之言的那些贪心人传播，用只是同他们的恶意彰显同等的单调乏味来填补空白。最后，在20年之后，他们到处销售着一份地地道道的、仅仅与他们相称的一部手稿。

最后，我或许要多说几句，某人窃取了当我是法国历史撰写人时用于我《1741年战争史》所搜集的政府档案的部分材料；他将我劳动的成果卖给了巴黎的一位书商；好像我死了一样，他一心想要得到我的财产，他能把它通过拍卖变成金钱。我会向你证明，40年来，忘恩负义、冒名行骗和劫掠强夺一直追到阿尔卑斯山下，并一直会追到我坟墓的边缘。但是从所有这些不幸中我应该得出什么结论呢？这个结论只能是：我没有任何权力去抱怨蒲柏、笛卡尔（Descartes）①、培尔、卡蒙伊斯（Camões）②——其他许多人——已经遭遇相同的或更大的不公正对待；我的命运是几乎每一位爱好文学的人都同样遭遇到的那样。

先生，坦诚地讲，所有这些事情毕竟只是个人的小烦恼，社会几乎不会注意到。一些雄蜂盗窃了一些蜜蜂的蜜，对人类有什么关系吗？文学家对他们的小争吵大惊小怪，世界上其余的人们却忽视或嘲笑他们。

或许，在伴随着人类生活所有的不幸之中，它们是最不重要的。同世界上一直充斥着的其他邪恶相比，同文学和适度的声誉不可分离的荆

---

① 笛卡尔（Descartes，1596—1650），法国数学家、科学家和哲学家。他被誉为"近代哲学之父"。他的主要著作有《方法论》《第一哲学沉思录》《哲学原理》和《心灵的激情》等。他留下的著名的哲学语录："我思，故我在"就出自他的《方法论》第4部分。——译者注
② 卡蒙伊斯（Camões，1524—1580），葡萄牙历史上最著名的诗人。他最有名的著作是史诗《葡萄牙人之歌》，因此他被尊称为"葡萄牙民族诗人"。此外他还著有三部喜剧：《菲洛德莫》《安菲特里翁》和《塞留古国王》。——译者注

棘就是鲜花。不管是西塞罗、瓦隆（Varron）①、卢克莱修、维吉尔还是贺拉斯，他们对马略（Marius）②、西拉（Scylla）③、放荡的安东尼（Antony）④或那位愚蠢的雷比达（Lepidus）⑤，都没有任何排斥；而就那位懦弱的专制君主，屋大维·凯撒（Octavius Caesar）⑥——被谄媚地尊称为奥古斯都（Augustus）——当被剥夺了文学家的身份时，他仅仅成为一位暗杀者。

坦诚地讲，意大利不能将它的不幸归于彼特拉克（Petrarch）⑦或薄伽丘（Boccaccio）⑧；同样，马洛（Marot）⑨的俏皮话也不应该为圣巴托洛缪（St.Bartholomew）的大屠杀负责，《熙德》（Cid）的悲剧也不应为弗龙德（the Fronde）⑩战争负责。犯大罪的总是那些极端愚蠢无知的家伙。从不识字的托马斯·库里肯（Thomas Koulikan）到

---

① 瓦隆（Varron，公元前116—27年），拉丁语的全名为Mracus Terentius Varro，拉丁学者，被称为"最有学问的罗马人"。在罗马内战时，他是庞培的部下，反击凯撒，后来与凯撒妥协。他得到后三头的许可，大约在公元前42年退隐。他著述颇丰，涉及语言、宗教、法律、哲学、农业和习俗等各个学科，现存的仅有《论拉丁语》《论农业》以及在其他同时代作家的著作引用中保存下来的一小部分。——译者注
② 盖约·马略（Marius，公元前157—86年），罗马将军和政治家。——译者注
③ 西拉（Scylla），希腊神话中的海怪，据荷马在《奥德赛》第12章中记载，她有6个长颈头，12条腿，叫起来像狗吠。当航海人经过她的洞口就遭到她的捕捉。——译者注
④ 马可·安东尼（Antony，约公元前83—30年），罗马执政官，著名的后三头之一。指挥过罗马东方扩张的多次战役，辅助过凯撒征战高卢，在埃及爱上了女王克奥帕特拉。最后因与屋大维的争夺失败而自尽。——译者注
⑤ 马尔库斯·雷比达（Lepidus，?—）公元前13年古罗马统帅，政治家，后三头之一。后因与屋大维冲突，他的部下叛乱而隐退。——译者注
⑥ 屋大维·凯撒（Octavius Caesar，公元前63年—公元14年），罗马帝国的第一位皇帝。凯撒的外甥，后收为他的养子。罗马历史上著名的后三头之一，雷比达自杀后，他登上了权力的顶峰。公元前27年，元老院授予他"奥古斯都"的称号，实际上是"皇帝"的代称。历尽几乎半个世纪的征战，他有效的军事和行政管理，建立了史称"奥古斯都时代"的安全而繁荣的罗马帝国。——译者注
⑦ 弗朗切斯科·彼特拉克（Petrarch，1304—1374），意大利文艺复兴时期的学者、杰出的诗人和人文主义者，享有意大利"文艺复兴之父"的声誉。其代表作有史诗《非洲》、历史《古代名人列传》《论孤独》《我的秘密》《书简诗》以及他最著名的抒情诗《诗歌集》。
⑧ 薄伽丘（Boccaccio，1313—1375），意大利作家，彼特拉克的朋友。著述颇丰，但以其《十日谈》而闻名于世。——译者注
⑨ 克莱芒·马洛（Marot，1496—1544），法国诗人。他曾被指控为异教徒而受到监禁，释放后逃亡国外，在加尔文的保护下到了瑞士，后又逃到了意大利，最后在都灵去世。他主要的作品有《克莱芒蒂娜的妙龄时代》《书简诗》《丘比特神殿》和讽刺俏皮话韵诗《东拉西扯》他还翻译了古罗马诗人奥维德的《变形记》以及《圣经》里的赞美诗等。他的诗歌对法国文学产生了不小的影响，16世纪的英国诗人也从他的诗歌中吸取了他的风格。
⑩ 弗龙德（Fronde），原是儿童玩的一种投石器的名称，这是路易十四时代一系列不大的内战，1648年，由弗龙德议会反对专制限制王权的要求导致的战争，其斗争目标是王后——奥地利的安妮摄政和她任命的首相马扎然，其军事领导人是孔岱亲王，因此战争又称为"亲王弗龙德"之战。战争于1653年以王后的胜利而告结束。——译者注

只会算账的海关官员，造就这个世界，或将始终造就这个尘世世界的是人类无法满足的贪婪和无法克制的傲慢。文学激励、净化和安慰人的心灵。先生，就在你诋毁文学的时候，它却正在为你所用：你像阿基里斯（Achilles）[①]一样宣称反对声誉，你也像马勒博朗士（Malebranche）[②]神甫一样，利用他那过人的想象力来贬低想象力。

如果任何人有权抱怨文学，那么那个人正是我：在任何世道和任何地方，文学都导致我遭受迫害——尽管它被毁谤的方式有不同，但我依然肯定需要爱它。尽管邪恶的人践踏社会的快乐，我们还是忠于社会；尽管社会不公正地对待我们，我们还是坚定地热爱我们的国家；尽管盲目地崇拜和狂热经常让上帝的事业蒙受损失，但我们必须敬仰上帝并为上帝奉献我们的才智。

夏普斯（Chappus）先生告诉我，你的健康不尽如人意，那么你一定要来你的故土这儿恢复一下，同我一起喝喝自产的牛奶，看着奶牛在草地上吃草，享受一番家乡的自由。

谨此对你致以真诚的敬意

你最达观的朋友

伏尔泰

1755年8月30日于欢乐园[③]

---

[①] 阿基里斯（Achilles），又译为"阿喀琉斯"，希腊神话中参加特洛伊战争的英雄。据说他的母亲是海神的女儿，她提着他的踵将他浸在冥河里使其浑身刀剑不入，但她手握的部分还是会受到伤害，因此后人用"阿基里斯之踵"比喻致命的要害。——译者注

[②] 尼古拉·马勒伯朗士，（Malebranche，1638—1715），法国神学家、科学家和笛卡尔主义哲学家。他的主要著作有两卷本的《论真理的探索》和《关于形而上学和宗教的对话》。——译者注

[③] 欢乐园（Les Délices），是伏尔泰在1755年1月在日内瓦购买的终生权益的地产，建有漂亮的别墅。现为伏尔泰研究院和博物馆。——译者注

赣第德（老实人）以最快的速度逃到另一个村庄

## LII
## 关于里斯本地震

### 致里昂的特龙钦

【"里昂（Lyons）的特龙钦先生"是名门望族的一员，即该家族中最著名的成员泰奥多尔·特龙钦医生（Dr. Theodore Tronchin）。

"里斯本地震"发生在1755年的万圣节，此次地震在6分钟之内就有3万人遇难，伏尔泰因此不仅写出了《老实人》来嘲讽那些认为社会文明有违人类本性和社会上"一切都是美好的"两种谬论，而且他创作了最优美和最严肃的一篇诗作：《叹里斯本的灾难》。这场灾难深深地触动了他的内心，是他这一时期许多信函的主要话题。

"在一切潜在的世界中最好的世界"——是对蒲柏的诗《人论》中"凡是世界上的一切都是正确的"

的讥讽说法。】

先生：

这在自然哲学中是何等残酷的一页！"在一切潜在的世界中最好的世界"上，在如此恐怖的灾难中，我们将很难发现运动规律是如何作用的——成千上万的人像蚂蚁一样，我们的邻居在一秒钟之后就被压碎在我们的蚁冢上，有一半无疑死在了无法表达的极度痛苦之中。他们被埋在了无法将他们解救出来的废墟之下，全欧洲的家庭沦为乞丐，许多商人的财富——如像你一样的瑞士人——被吞没在里斯本的废墟之中。人的生命是怎样的一场风险啊！牧师们将如何解释——特别是，是否宗教审判所就更好呢？我自以为，那些神甫、宗教法庭的审判官将完全像其他人一样被埋在下面。那应该教育我们，人与人之间不要相互迫害，因为，当一些伪君子正在对一些狂热的人施以火刑时，大地裂开并毫无区别地将他们一起吞掉。我认为，从地震中拯救我们的正是我们的山脉。

此致

你忠实的 伏尔泰
1755年11月24日于欢乐园

## LIII
### 论良好的文学鉴赏力

致×××小姐

【"德苏耶尔夫人(Mme. Deshoulières)①"是17世纪一位优雅的诗人。她的许多诗句已经成为了箴言。】

小姐：

我现在只是一个糟老头，我先前没有给你回信，现在也只能用散文来回答你那迷人的诗句，这足以证明我的身体状况是多么糟糕。

你要我给你一些建议，现简复如下：

你自己良好的鉴赏力将使你能够达到所有你所需

---

① 德祖利埃夫人(Mme. Deshoulières, 1638—1694)，法国女诗人。她的沙龙经常光顾的有高乃依、梅纳热、孔拉尔、邦色拉德、弗莱希耶和基诺。他们形成了抨击拉辛的《费德尔》的中心。她长期遭受癌症之苦。她的创作多样化，包括喜剧、悲剧和歌剧；但她最有影响的是两卷本的描述牧歌般田园生活的《诗集》。——译者注

要的目标。你对意大利语的研究将进一步提高你天赋的文学资质，那是任何人都不能够给予你的能力。塔索和阿廖斯托（Ariosto）[①]将比我对你有更多的帮助，阅读我们最优秀的诗人作品胜过所有的功课，但是既然你在那么远的地方满怀好意地咨询我，那么我给你的建议是：只阅读长期以来公众所普遍认同和推崇的那些作品，它们的声誉已经得到确立。这样的作品不多，但是从阅读这不多的作品中所获得的益处，将比你从那些充斥于我们之中没有说服力的、微不足道的所有著作中得到的多得多。优秀的作家只在正确的地方巧妙地予以表达，他们从不刻意追求华丽的辞藻和卖弄聪明。他们理智地进行思考，清晰易懂地表达自己的观点。现在人们似乎专门写得模棱两可。一切都显得做作——没有简单明了的作品：本质的东西被忽略，每个人都尝试要改进我们语言的经典。

*伏尔泰在欢乐园的居所*

---

[①] 阿廖斯托（Ariosto，1474—1533），卢多维科·阿廖斯托，意大利诗人、剧作家。他的主要作品：史诗《愤怒的奥兰多》，该作品被认为是意大利文艺复兴时期最完美的诗作；喜剧《首饰匣》《误会》和《媒婆》。——译者注

小姐，要牢牢地捕捉住一切令你愉悦的事物。微乎其微的装腔作势也是一种罪过。在塔索和阿里奥斯托之后，意大利的作家开始堕落了，因为他们一味追求言辞风趣迷人，法国人也同样地强求机智幽默。要注意德塞维涅夫人（Mme. de Sévigné）①和其他女作家是如何自然地写作，将她们的表现风格与我们那些二流小说的混乱表达相比较——我引用你们同性作家，因为我确信你能与她们，并将会与她们不分轩轾。你知道，德苏耶尔夫人的诗篇至今仍无出其右。如果你欲以男性作家为典范——看拉辛表达自己的观点时是多么简洁和明快。他的每一位读者都确切地感觉到，他自己用白话来表达的东西，拉辛都可以用铿锵悦耳的韵文来完成。我坦诚地保证，所有那些达不到明白易懂、简洁朴实和淳朴无华文风的作品都分文不值。

小姐，你自己的思考要数倍地超过我所能讲给你的这些道理。你将会注意到我们那些优秀的作家——费奈隆（Fénelon）②、波舒哀（Bossuet）③、拉辛、德普雷奥（Despréaux）④——总是措辞精当。一个人如若使自己习惯于完善的表达，他只能通过不断地阅读那些名人佳作才会运用自如。如果坚信并坚持做到这一点，那就会轻松地养成一种简明扼要又不失高贵地表达我们思想的习惯。它并不属于什么写作的典范之类，因为只要轻松地阅读优秀的作品，阅读佳作只是证明：我们自己的快乐和情趣才是我们唯一的主体选择。

---

① 玛丽·德塞维涅夫人（Mme.de Sevigne，1626—1696），法国作家，巴黎上流社会的贵妇。她以其《德塞维涅夫人书简》而闻名。她的1500多封书信大部分是写给她的女儿弗朗索瓦——玛格丽特的。——译者注

② 费奈隆（Fénelon，1651—1715），法国神学家、作家。作为主教，他被任命为巴黎某修道院院长，1693年，他成为法兰西学院院士。他主要的著作有《关于雄辩的对话》《关于死亡的对话》《论女子的教育》和《论神的存在》等。——译者注

③ 波舒哀（Bossuet，1627—1704），法国神学家、道德学家和演说家。他的声誉来自他的布道。曾任主教和王太子的老师。他支持专制，留下了大量的布道演讲词，其著作：《论教会的统一》、为王太子编写了《论世史》《〈圣经〉中的政治》。——译者注

④ 德普雷奥（Despréaux），布瓦洛全称为尼古拉·布瓦洛-德普雷奥。见第23封信的注释。——译者注

请原谅我这封冗长的专题"演讲",请你把这些赘语归之于我对你命令的服从。

与你交流我深感荣幸!

此致

伏尔泰敬上

1756年6月20日于欢乐园

# LIV
## 关于宾元帅案

【1756年,法国人在德·黎塞留公爵(Duc de Richelieu)领导之下从英国人手里夺下了梅诺卡(Minorca)——在宾将军(Admiral Byng)①领导下的英国舰队在法国人的面前撤退了。巴黎为此沸腾了。英国忘记了她对公平竞争的传统之爱,而愤愤地迁怒于她本土范围内的失败者,不是怪罪于指挥有误考虑欠周的作战内阁,而是将失败的责任推到了根本无法取胜的宾元帅本人。1756年12月苏格兰的马歇尔伯爵(Earl Marischal)——乔治·基思(George Keith)(伏尔泰在普鲁士时见过他)到达

---

① 宾将军(Admiral Byng,1704—1757),约翰·宾,英国元帅。乔治·宾之子。他在七年战争期间解救梅诺卡时败于黎塞留公爵,因此军事法庭判决他玩忽职守罪,并处以死刑。——译者注

了欢乐园,他恳求很快成为欧洲最知名的人道主义者的伏尔泰为宾元帅辩护——因为宾元帅现在正以叛国罪和作战怯懦被起诉和传讯。伏尔泰给他的朋友黎塞留写信,下面的第一封信就是后者的答复,他为他敌人的名声和行为辩护。伏尔泰将此信的抄写稿连同他自己的信寄给了宾元帅。他多年前在英国已经见过元帅,但是最好不要提他们的相识。第三封信——伏尔泰致黎塞留——说明了他们的努力是徒劳无益的。尽管提请了宽大处理,宾元帅还是于1757年3月14日被击毙,他的辩护人——《老实人》的作者于是又说了一句不朽的警句,"在这个国家(英国),为了激励其他的人,也不时地处死一位元帅"。】

### 黎塞留公爵致伏尔泰

先生:

我极为关注宾将军的案子。我能向你保证,我所见到的和听到的关于他的一切完全都是对他的敬佩。既然他做了理性所寄予他的一切,那么他就不应因为遭受失败而受到问责。

当两位将军对峙疆场时,他们就是平等高尚的人,而其中必有一人被击败。鉴于此理,对宾先生而言,他就丝毫谈不上什么丧失名誉。他的行为是地道的一位机智聪明的海上战士的表现,是值得所有人敬佩的。两支舰队的力量几乎是势均力敌:英国13艘,我们12艘,但是我们的舰艇装备精良,因而相比之下,我们的反应就更轻快利落。运气——它是所有战役的女神——对我们比对我们的敌人更为惠顾,我们对他们的舰艇发射的活力比他们对我们的发射更为有效。我确信,那是普遍的看法,如果英国的战士们不坚持战斗,那么他们的舰队就会全军覆没。没有比当下反对宾元帅这样的案子更不公正的法律了。所有高尚的人,所有现在任职的军官，都应该对此予以特别的关注。

（很可能）1756年12月

**伏尔泰致宾将军**

【伏尔泰将上面黎塞留的信件附在了此信中】

先生：

虽然我们可谓几乎素昧平生，但是我想将我刚刚收到的马歇尔·德·黎塞留公爵的信函寄给你，应是我的职责：荣誉、人道和正义都要求我，那封信应该交到你的手中。

这封出自我的一位同胞中最正直最高尚的人主动提供的证明使我断定，你们的法官将执行同样公正的法律。

此致

对你充满敬意的
伏尔泰
1757年

## 伏尔泰致黎塞留

先生：

你关于宾元帅的信已经通过国务大臣交给了那位不幸的人，他将用来作为辩护的一个证据。军事法庭认为他是一位勇敢和忠诚的人。但是，尽管如此，通过在所有此种案例中常见的那些反驳中的一项，我不明白当他被提请宽大处理的同时，凭借古老的法律——一种仅仅国王能够施行的权力——的力量，就被判处死刑。攻击他的小集团现在利用你的信指控他叛逆罪——好像他贿赂了一位为他讲话的人。这是多么恶毒的理由！但是那些狂吠的犬声将不能妨碍诚实的人把你的信看作只是一位正直大度的胜利者那颗高尚心灵促使下的表白。

我料想你过去的这个月里一直忙于迅速地接二连三出现的所有公共事务——恐怖的、棘手的和不尽如人意的。我们那些在退隐中理性生活的人并不是最可怜的。我不要写得过于详尽而打扰你的时间和利用你的好意。你是国王和多芬（Dauphin）参加的议事厅中的一流绅士，此外，你是军队的统帅，参与机密议事会的决定，因此他的回信人应该考虑到尽量简短。

德尼夫人一直是你忠实的仰慕者，没有任何一位瑞士人比她更温情、更充满敬意地喜爱你……

此致

问候你

伏尔泰

1757年2月13日于瑞士

## LV

## 关于大《百科全书》

致达朗贝尔先生

【达朗贝尔是一位在他那个时代最伟大的几何学家,他以其由狄德罗为主要发起人的那部著名的《百科全书》序言的作者而声誉卓著,伏尔泰也是《百科全书》的一位撰稿人。人们普遍公认达朗贝尔的文学风格是"枯燥难耐、佶屈聱牙、味同嚼蜡",但因为该序言的热情洋溢与雄辩有力而令举世为之折服,他因其巨大的影响而被选为法兰西学院院士。1756年,他在日内瓦伏尔泰那里住了5周。在他们的餐桌上,他认识了许多小镇上的加尔文教牧师。对前来就餐的牧师们而言,他的绅士风度和谦逊有礼的为人,他对罗马的反感和他高贵的智力天赋,使他在那里成为极受欢迎的人(*persona grata*)。而在他看来,他欣喜地发现牧师们的宗教几乎——或是说似乎是——同哲学家们自身的自由思想相同。当他一回到巴黎，他就为《百科全书》撰写了著名的词条"日内瓦"，在那里，他将通过他亲耳听到的对关于理性主义信仰的赞扬写了进去，因为在那里常常存在的只有"一种完美的拒绝所有神秘的索齐尼教（Socinianism）"。

"喜剧中很少诗句"，他为该词条激情的火焰注入了大量新鲜的燃料，因为词条中指出加尔文教认为单纯的戏剧表演是魔鬼的特别娱乐。加尔文教的牧师们共同进行商议，并起草了在这封信里伏尔泰将它们称之为"良好的职业信仰"的文件，而让·雅克很快地在他的《论戏剧书简》（Letters on Plays）中以"他的灵感的那股飓风"举出了反对剧院的实例。这种一直在激怒着伏尔泰去行动的反对意见，却导致了较谨慎的达朗贝尔极力避开他们的冲突。尽管伏尔泰的冲动和刺激没有激起他拒不让步和回击报复。就在与达朗贝尔通过此信后的一年，《百科全书》——在某种程度上，是"日内瓦"词条的结果——被公开地焚毁；继续印刷的许可证被吊销；印刷商和出版商都被送上了断头台。令欢乐园的"受人爱戴的声名卓著的主人"充满激情地战斗下去——直至生命停息——内心深处受到伤害达朗贝尔做出的回答："我不知道《百科全书》是否会继续编写下去，但是我确信，它将不会由我继续下去了。"他的余生致力于他的几何学研究，并长期地热恋着德莱斯皮纳斯小姐（Mdlle.de Lespinasse）。

"洛桑，柏德（Bed），由此我能看到10英里远的日内瓦湖。"在日内瓦的欢乐园旁，在乌西-洛桑（Ouchy-Lausanne）港口的蒙里翁（Monrion），伏尔泰还有一栋房子，那里可以避开日内瓦常见的冷风，他常常在那里度过寒冷的冬天。】

《老实人》中的一幕场景：他眼睛贪婪地看着别人的面孔，和野蛮的人一样

我勇敢和高尚的哲学家：

不要将你的信说成是"喋喋不休"。如果你高兴的话，探讨和理解他们处理的事务是十分必要的。

日内瓦正在造就一种宗教信仰的好职业：你将满意于迫使异教徒出版一部教理问答手册。他们抱怨关于"演员"的词条，包括关于"日内瓦"中的内容；但是在公民们亲自要求下，你在喜剧中添加了不多的台词。这样，一方面，你仅仅地听凭于中产阶级的劝说；另一方面，你重复了牧师们的主张——一种已经在他们的神学家印刷出版的教科书中提出来的主张，在你谈到之前，到处都在公开地讨论了。

当我恳请你重新开始你的《百科全书》工作之前，我不知道传播着什么样卑鄙过分的诽谤，我完全确信那实际上是由当局指使的。我给你写了一封长信放在了德方丹夫人那里，她是你的邻居，你能想办法去看看她吗？

一想到你像传言中讲的那样，你因为"日内瓦"词条的缘故就要放弃《百科全书》的工作，就会让人感到悲伤。可是更让人悲伤的是，你还要继续遭受因他们关系到在使我们的民族感到耻辱的那种恼怒，而那是一种会激起你去反抗的恼怒。

你和狄德罗先生及你那些其他的同事合作得密切吗？"拧成的麻绳扯不断。"

当你们全都同时声明，如果没有对你们必不可少的，你们有权受到保护的、荣誉自由的保证，你们就将不再工作下去时，人们确实要毫无疑问地恳求你们：不要剥夺对于法国荣誉必需的一座丰碑！抗议的呼声将传下去，《百科全书》的工作将继续进行。

如果你们全体做出将这项工作全部放弃的规定，那可能是很好的。如果就你自己放弃它，那就令人极为不快：一个人的头不可以从自己的身体上割下来。

当你出版了第一卷，你为该书撰写的序言将令那些懦夫感到耻辱，因为那些懦弱的人允许的只是正在为这个受到侮辱的国家的荣誉工作的作家。看在上帝的份上，停止那些正刊登在你们《百科全书》中软弱无力的声明吧。不要给我们的敌人抱怨那些在艺术作品中没有成功或者彻底失败的作家的权力，作家能承担起为他们的作品制定规则或由他们自己的荒谬奇想来确定那些规则的结果。清除添加的一些软弱无力的道德说教的词条。读者想要知道一个词不同的通用意义，憎恶当局在证实它时所引用的繁文缛节和平淡无奇。是什么迫使你用一大堆废话和语言垃圾给批评家以有利的把柄而使《百科全书》让读者们大失所望呢？为什么要将乞丐遮羞的破布与你们那华贵的服饰混到一起呢？务必要成为你们作品真正的主人，要不然你们就毁掉了全部作品。不幸的巴黎之子，你们应该在一个自由的国家里从事如此的工作！你们为书商们辛辛苦苦：他们从中获利，而你们则备受迫害。所有这一切——因为你们，我由衷地感到遗憾——使我感到我的隐居充满快乐。当你置身于此地时，你将永远见不到一位服侍上帝的神甫！我恳求你，随时在信中告知我你的一切。

此致

> 你忠实的朋友
> 伏尔泰
> 1758年1月29日
> 于洛桑，柏德，
> 由此我能看到10英里远的日内瓦湖

# LVI

## 信仰的表白

致×××先生

【此信写给那位匿名的收信朋友,他显然是一位瑞士人。

"孟德斯鸠常常缺乏条理以及其他等"(关于孟德斯鸠和他的著作更多的细节,见第25封信,"论高乃依与拉辛",和第80封信,"论君主制和专制")。

"他的著作应是那些要求居于其他作品首位的简明表述。"伏尔泰这里指的是孟德斯鸠最著名的著作,《法的精神》(*L'Esprit des Lois*),迪德方夫人机智地将其概括为"论法的精神"(*l'esprit sur les lois*)。其实完全没有区别,它能被断言是曾经出版过的最清晰、最具独创精神的关于法律科学的著作,毫无疑问它是最令人愉悦的。早在16世纪，孟德斯鸠曾经参与反对伏尔泰当选法兰西学院的院士，他基于的理由是，"伏尔泰不合适，他只是有趣"（*Voltaire n'est pas beau, il n'est que joli*"）。以更宽广的胸怀和大度的精神，伏尔泰对他的批评家的批评："人性已经失去了它的所有权证书。孟德斯鸠找到并交还了它们。"】

我亲爱的朋友：

在你们之间提倡宽容如在我们之间一样是同等必要的。恕我对你直言，如果你能证明英国、丹麦和瑞典的刑法正确的话，你便能证明我们对你不利的法律是正确的。我承认，它们全都是同等的有悖常理、非人道并与好的政府背道而驰，但是我们只是简单地模仿你们。按照你们的法律，我在示剑（Sichem）①购买墓地是不被允许的。如果你们的人之中有人喜欢弥撒胜于布道，因为灵魂的救赎，他马上不再是一位公民而失去了一切——甚至失去了他的公民权利。你们不允许任何牧师在你们任何城镇私下里低声地举行弥撒。你已经忘掉了无法说服自己在所有我不理解的教义准则上签字的牧师吗？仅仅因为"是"或"不"，尽管法国议会（States General）聪明的代表热情地接受他们，难道你们没有将那些贫困、和平的门农主义者（Memnonist）流放吗？不是还有大量的这些流放者仍在巴塞尔（Basle）②教区的山里，你们不允许他们回来吗？一位教区牧师不是因为他反对他的教徒被永久地诅咒罢免了吗？我亲爱的哲学家，坦诚地讲，你并不比我们更明智；我也坦率地承认，在

---

① 示剑（Sichem，又拼为"Shechem"），《旧约全书·创世纪》中巴勒斯坦一城市名，《新约全书》中称尼亚波利（Neapolis），即现代巴勒斯坦的纳布卢斯（Nablus）。——译者注
② 巴塞尔（Basle），Bâsle是法语的拼法，通常拼为"Basel"，瑞士北部城市，巴塞尔城半州的首府，属于德语区，公元44年罗马人所建。——译者注

这个不大的地球上，舆论比瘟疫和地震造成的困扰更多。然而，你却不希望我们以我们团结起来的力量去抨击如此的舆论！废除世世代代激怒人们相互之间反对的迷信，对世界不是一件好事吗？敬拜上帝，让每一个人按照他自己的理念自由地去侍奉他；如果一个人能爱自己的邻居，使他们摆脱迷信；如果他们错了，理解同情他们；将他们认为不重要的、永远不会引起麻烦的问题视为精神，这就是我的宗教，它具有你们所有体系和全部信条的价值。

你告诉我的书我一本也没有读过，我的哲学家；我坚持读那些给我以重大教益的老书；从新书中，我学不到多少东西。我承认，尽管他的作品章节划分有序，孟德斯鸠还是常常缺乏条理。有时他以警句作为定义，以一种对立的事物作为一种新的观念，并且他的引文并不总是恰当。但是这并不影响他依然是一位深刻和天赐的英才。他思考也促使他的读者去思考。他的著作应是那些要求居于其他作品首位的简明表述。它们将是永恒的，而蹩脚的文章将不再被人提起。

至于你们论农业的作家，我认为，就如何耕地的问题所发表的说明，一位明智的农民关于这方面的知识要比那些从图书馆退休后写作的人知道得更多。我也种地，但我不写有关耕种的文章。人生的每个阶段都有其嗜好。论学问的复兴，人们开始相互间对句型的规律和一系列成分产生争议；对没有人明白的形而上学的研究，继之而来的是人们开始对生锈硬币产生的兴趣。支持压缩和电气机器，这些晦涩难懂的问题被放弃了，接下来，每一个人都在搜集壳类和化石。此后，一些人朴实地著文要管理天地万象；而其他同等谦逊的人，则寻求通过新的法律来改革帝国。最后，从帝王的权杖降至犁杖，新的特里普托勒摩斯

（Triptolemies）①尽力去教育人们，每个人都知道，他们知道比如何谈论它更好的是要多行动。这就是变化着的时尚的进步，但我对你的友谊将永不改变。

此致

你忠实的朋友

伏尔泰

1759年1月5日于欢乐园

---

① 特里普托勒摩斯，古希腊神话中的农神，是犁的发明者和农业的创始人，传说他乘坐驾驶着龙拉的车，在世界上发放谷物。——译者注

# LVII

## 论《克拉丽莎·哈洛》

致迪德方夫人

【《克拉丽莎·哈洛》（*Clarissa Harlowe*），1748年分为9卷出版，它是18世纪最著名的小说之一。过去、现在，无论在法国还是在英国，人们都对它褒贬不一。即使伏尔泰认为它枯燥、冗长，狄德罗还是把它并列于摩西和荷马的高度。而那位不感情用事的老俗人——迪德方夫人对它的赞扬几乎同画家海登（Haydon）①一样热情，据说他一口气儿将这部小说读了17小时，并宣布道，除了《奥赛罗》外，他从未被任何天才的作品如此地感动。当代的读者，如果他全然阅读它，就其"联系到被拖得常常的

---

① 海登（Haydon, Benjamin Robert, 1786—1846年），英国著名画家，1809年，他的《登塔图斯》（Dentatus）获得英国画展一等奖；他最著名的画作是《拿破仑在圣赫勒拿岛的冥想》，他晚年不幸陷入贫困的境地，后精神紊乱而自杀。——译者注

阿涅斯侯爵夫人

甜蜜而言",从各方面(令他失落,他一般不会)都倾向于同意伏尔泰的观点;或者回荡着达朗贝尔的批评,"大自然被很好地模仿,但是并没有让你厌倦"。(*La nature est bonne à imiter, mais non pas jusquà l'ennui*)

"我感到对不起的是我曾经公开地谴责他。"伏尔泰在《趣味的殿堂》中曾"公开地谴责"拉伯雷——一种法国人的《愚人颂》(*Dunciad*)——该书差不多出版在这封信撰写前30年出版。】

夫人:

我一直没有寄给你任何一本我那些微不足道的作品,仅供你在闲暇之余借以消遣。这是因为我6个多星期以来,与所有的人都断绝了往来。我将自己深陷于沉思之中,接踵而至的是通常的乡村事务和病痛的发烧。考虑到所有这些,你什么都没有收到,并且很可能在将来的一段时间里收不到我任何作品。

然而,你需要的只是在给我的信中和我讲,"我要开心,我身体好,精力旺盛,心情愉悦,我想要发寄给我的小品读物",你将会收到满满的一个邮包——喜剧、科学、历史和诗歌,恰好都是最令你满意的——前提是当你读过之后,切记请焚毁。

你对《克拉丽莎》是那么充满兴趣以至于当我在病中时,我也以读它来作为我工作之余的消遣,这种阅读使我发晕。对于一位像我这样没有耐性的人,要去读那样9大卷毫无内容、没有任何意义的作品,真是残忍:整部书只不过是不加选择地一瞥克拉丽莎小姐对一位像洛夫莱斯(Lovelace)那样的花花公子谈情说爱的故事而已。我自忖,"假如所有这些人都是我的亲朋好友,那么我对他们的故事一点兴趣也没有。我在作者身上看到的只是:一位自以为聪明而理解人类难以克制的好奇心之人,然后他带来一卷接一卷地来满足希望的故事——目的是为了兜售它们。终于当我发现克拉丽莎深陷恶名的攻讦时,我才深深地被感动了。

即或处在同样的情境或怀着同样的怜悯之心,皮埃尔·高乃依的"泰奥多尔"(Théodore)(出于一位基督徒的动机,他想要控制拉菲永"La Fillons")都不能与克拉丽莎相比;而除了漂亮的英国女孩发现自己在那种不体面的地方的部分外,我承认,小说中没有一点儿令我满意的地方。如果必须彻底再读一遍的话,那我会很难受。对我而言,唯一的好书似乎应该是让人百读不厌的那些作品。

那种特殊类的唯一好书是那些在想象力和悦耳的和声前点缀的一幅永恒的画面。以些许的哲学箴言,不时地增添一点理性的慎重,人们需要音乐和绘画。出于此种理由,贺拉斯、维吉尔和奥维德总是给人以快乐——当然不包括毁掉了它们原来韵味的那些译文。

在读完《克拉丽莎》之后，我又读了拉伯雷的一些章节，如让·德昂脱穆尔（Jean des Entommoures）兄弟之战，以及皮埃罗肖勒（Pierochole）市议会的会议——我几乎能把它们倒背如流。但是我以极大的喜悦重读它们，因为它们描述的是一幅极为生动的生活画面。

并非我将拉伯雷与贺拉斯相比较，而是如果贺拉斯是第一位书信体诗歌的优秀作家的话，那么拉伯雷至多是第一位滑稽小丑。在一个国家里有两位这样的人是不必要的，但是必须有一位。对不起，我曾经对他进行过公开的谴责。

然而，有一种比所有这类事情更大的快乐：那就是看到大地上青草吐绿、丰盛的果实成熟时的那种快乐。那是人类真实的生活，其余的一切都毫无价值。

夫人，原谅我对你讲的通过眼睛享受到的快乐，你只知道灵魂的快乐。你承担你的痛苦的方式是完全令人钦佩的，不管怎样，你享受到了社会的全部有利条件。的确，那常常意味着仅仅是表达自己对于当天新闻的看法而已；从长远的观点看，那对我来说，好像极度枯燥乏味。令这个世界可以忍受的只是我们的情趣和激情。你用哲学代替了激情，一种可怜的替代；而我是用我一直对你感受到的亲切和尊重的情感来代替它们。

请转达我对埃诺部长健康的祝福，我希望他没有完全忘掉我。

此致

伏尔泰

1760年4月12日于欢乐园

# LVIII
## 对一位诽谤者的质疑

致帕里索先生

【1758年年底,伏尔泰购置了一块不大的迷人的地产——费尔内(Ferney),离日内瓦大约有3英里远的路程。

他充满活力和青春热情地享受重建房屋的欢乐,位于花园内丑陋的小教堂显得有碍此处的风光。1760年春天,一位记者夏尔·帕里索(Charles Pilissot)的一部戏剧《启蒙思想家》(The Philosophers)在巴黎上演,剧中嘲笑了哲学的群体——特别是狄德罗、爱尔维修(Helvétius)、杜克洛(Duclos)[①]

---

[①] 杜克洛(Duclos, Charles Pinot, 1704—1772),法国历史学家、道德学家和小说家。从1750年起,任宫廷史官;1754年起,任法兰西学院终身秘书。他是伏尔泰和卢梭的朋友,赞同启蒙运动的拥护者和百科全书派。主要著作有《德吕兹夫人史》(1741)、《路易十一史》(1745)、《路易十四和路易十五统治时期秘录》(1790)等。——译者注

和伏尔泰其他的朋友们。使得此事特别卑鄙的是，从1755年起，与大卫·加里克（David Garrick）①的朋友诗人——帕蒂（Patu）②一起，帕里索曾是伏尔泰欢乐园的客人。确实，伏尔泰在该剧中没有受到个人攻击，但是他代表他的同道针对《哲学家》回复了一部尖刻的称之为《苏格兰女孩》的讽刺剧，在剧中，他不仅向帕里索而且向弗雷龙发起了报复，弗雷龙是他很久以来的一位死敌，他也是一位批评家和记者。紧接着《苏格兰女孩》之后，伏尔泰就创作了他的浪漫悲剧《唐克雷德》（Tancred），该剧颇受帕里索的钦佩，或说他表达了对它的敬佩。接下来帕里索对伏尔泰出人意料的伤害是，他出版了伏尔泰与他的私人信函：这就引出来他下面这封信。

"整个科学院都被勒弗朗（Lefranc）的演讲所激怒。"勒弗朗·德蓬皮尼昂侯爵（Marquis Lefranc de Pompignan），③他在1760年3月10日法兰西学院主持发言的演说中攻击伏尔泰和他们的哲学团体。伏尔泰在一系列极小的小册子中予以反击，这些小册子包括：《什么时候》、《什么内容》、《为什么》和《哪些人》。】

先生：

我不得不对你未经我的同意就先出版了我的信函表示抗议。如此的举动既不合逻辑又不通世故。不管怎样，我要答复你9月13日的信，与此同时，我请求你，依据每一项社会责任，都不要把我写给你的私人信函

---

① 大卫·加里克（David Garrick，1717—1779），英国演员、剧院经理和作家。在35年的表演生涯中，他主演过98个不同的角色，其中还包括莎士比亚戏剧的主角。在和他人合营任剧院经理的29年里，使得德鲁里巷剧院（Drury Lane）蜚声欧洲。他创作和改编的大量戏剧脚本现存于大英博物馆，死后留下了10万英镑的遗产，是最后一个被安葬在威斯敏斯特大教堂名人公墓的演员。——译者注
② 帕蒂（Patu, Claude Pierre，1729—1757），法国戏剧诗人。——译者注
③ 勒弗朗·德蓬皮尼昂侯爵（Marquis Lefranc de Pompignan，1709—1784），法国学者型官员和有成就的诗人。1734年，他创作了悲剧《迪东》（Didon）；1740年，创作了诗集《郎格多克和普罗旺斯游记》；他的讽刺诗亦很有名，1760年被纳为法兰西学院成员。他发表反对伏尔泰等启蒙哲学家和百科全书派的演讲，引起了伏尔泰对他的嘲讽。——译者注

公开。

我首先要感谢你在不太成功的《唐克雷德》（*Tancred*）①中友好地扮演了角色的晚会。除了双方都与作品的利益相关外，你有权不喜欢在舞台上展示和表演。你写得太好了，就是你希望诗人优先于舞台绘景师。

就文字之战而言，我也同意你的意见，但是你必须承认，在任何战争中，侵略者本身在上帝和人类面前应受到谴责。过去了40年，我已经失去了我的耐心。我已经用我的手给了敌人以各种各样的小击打，只是想让他们知道，尽管我是67岁的老人，但我并没有瘫痪。你攻击那种事比我更早：你攻击没有攻击过你的人；不幸的是，我是你曾经恶意攻击的那几个人的朋友。这样，我发现自己处在你和我的那些被你攻击得体无完肤的朋友之间；你要承认的是，你正将我置于一种极为尴尬的境地。我确实因为你到欢乐园来做客深深地感动；我对你和一同前来的帕蒂先生极有好感；我在你本人和他之间平等地付出我的爱，在他去世之后，就只集中在你一个人身上了。你的信曾带给我极大的快乐，我对你的命运和成功一直很关注，我们的交往，给过我那么多的快乐。但现在却以上帝降临我的惩罚——我的朋友们遭受到痛苦的责难而告终。他们抱怨我同一位侮辱他们的人书信往来。为了终止这种令人不快的交往局面，有人已经送给我在你信的空白处印着的批注，而这些批注的文笔是极苛刻的。

被伤害的人不肯放过伤人者，你不应感到吃惊。这种争论贬低了那些信函：它们已经被那些大部分只想到金钱的人所鄙视和发难。

当那些像詹森派教徒（Jansenists）和莫林纳教徒（Molinists）一样被他们的情趣和情感相互伤害的人联合起来的时候，将是一件恐怖的事

---

① 《唐克雷德》（*Tancred*），伏尔泰的一部悲剧，发表于1760年，它的法文拼法为"*Tancrède*"。——译者注

情。那些在黑色长袍下的小无赖反对文人是因为他们嫉妒后者。每一位思考者们都应该起来反对那些狂热的伪君子。他们应该受到阻止，他们应该受到他们自己时代及后代子孙的诅咒。你们在他们的旗帜下战斗，可以判断一下我该是多么的悲痛！

我的安慰是正义终于实现。整个法兰西学院被勒弗朗的讲演激怒了：如果你没有在你的戏剧中公开地侮辱其中两位成员，那么你就可能在那里拥有一院士席位。你知道我们的朋友轻松地背弃我们，我们的敌人则毫不留情。

这场事件已经夺走了我的快乐，就你而言，你完全悔恨地弃我而去。蓬皮尼昂和弗雷龙令我开心，而你却令我悲伤。

尽管我这样虚弱多病，但我还是要写信告诉你，因为对文学声誉蒙受到如此巨大耻辱的一大插曲，我将永远无法安慰我自己。文学已经成为一种可耻的、令人厌恶的行当，我感到惋惜我曾经爱过它，还懊悔我同样地爱过你。

此致

伏尔泰
1760年9月24日
于日内瓦附近的费尔内

伏尔泰在费尔内
上（两张）：伏尔泰在费尔内住所的内景
下（左）：伏尔泰立像；下（右）：伏尔泰的午餐

## LIX
### 1760年的社会状况

致德巴斯蒂德先生

【德巴斯蒂德先生（M.deBastide）①是《新观察家》一书的作者。

此信是伏尔泰微妙讽刺方法的一个最好的例证，但是不幸许多妙语在译文中不可避免地难以再现。】

先生：

我认为，《世界观察家》，你不打算用有关物质世界的数据来填充你的篇幅。苏格拉底、埃比克

---

① 德巴斯蒂德先生（M. de Bastide, Jean François, 1724—1798），法国文人，《法国观察家》和其他杂志的主编。他的著作琐屑无聊而受到伏尔泰和同时代作家的严厉批评。——译者注

泰德（Epictetus）①、马尔库斯·奥勒留（Marcus Aurelius）②，允许所有的社会阶层去吸引位于其他阶层中最顶端的一个，他们都致力于行为举止的控制。你的思索也如此集中于道德上吗？可是，你从各国的教师士已经以极大的成功所宣讲的道德中有何期待呢？

我赞同你的看法，在对人性有几分反思后，我们的结论是：金钱主宰了一切，而功过是非几乎什么也不是。在舞台的背后，真正的工作者几乎不是一种合理的存在，而在舞台上搔首弄姿的是某些挑选出来的角色：蠢人被捧上了天，而天才则一文不名。一位父亲为了使他的长子——通常是一个饭桶——继承他自己全部的财产，宁可剥夺他6个具有美德的孩子应享有的权利。而那位在外国遭难或遭遇任何不幸结局的可怜人，只能将他自然继承人的财产留给了他所在那个国家的国库。

令人悲痛地看到——我再次承认——那些在贫困中挣扎的人，那些无所事事而尽享奢华的人：声称天空中飞行的每一只鸟、水中游动着的每一条鱼，都归他们所有。战战兢兢的仆人们不敢从吞吃他们的野猪的屋子里逃离，宗教狂热者要把每一位不按照他们的方式向上帝祈祷的人烧死，社会上层的暴力引发了人民的暴力，强权即公理不仅存在于国与国之间，也存在于人与人之间。

你期待去改变的正是发生在这个国家，所有的人在所有的地方都司空见惯的情况！瞧，愚蠢的你们——道德家！与布尔达卢

---

① 埃比克泰德（Epictetus，约60—135），生于希腊的古罗马哲学家，斯多亚学派的著名代表，尼禄皇帝最宠爱的仆人。他作为哲学教师，享有很高的声誉，但他没有留下什么著作，他的学说是由他的学生记录下来的。他的格言："忍受"不幸和"克制"恶行和恶念，人的幸福取决于自己的意志。——译者注

② 马尔库斯·奥勒留（Marcus Aurelius，121—180），古罗马皇帝、哲学家，是斯多亚派哲学的代表者之一。他一生能征善战，亲临前线指挥，是一位杰出的统帅，因而有"马背上的哲学家"之称。其哲学著作为12卷的《沉思录》。——译者注

（Bourdaloue）①一起登上布道坛，或像拉布吕耶尔（La Bruyère）②那样挥笔疾书，否则你就是在虚度光阴——世界发展的脚步将永不停歇！

自从政府建立以来，一个能为所有人提供服务的政府在一年之中比布道的修士们的修道会所做的要多。

在很短的时期内，吕库古（Lycurgus）③就将斯巴达人的美德提高到普通人之上。在中国，你仍然感觉到两千年前孔子（Confucius）的智慧力量。

既然你和我都不能被任命去管理，如果你再那么渴望改革，改革我们的美德，那么，极端可能变得对国家的昌盛会造成损害。改革美德比革除罪恶更容易。被夸大了的美德列表会有长长的一张纸：我要提到的只是其中的一些，其余的你将不难猜到。

走在乡村的周围，我看到地上的孩子们吃不饱；他们很难想象出节制这种不合理的爱好。甚至好像他们已经完全明白，如果他们的动物也处于半饥饿状态，它将无法向他们解释美德是什么。

结果是什么样呢？人和动物变得瘦弱，他们的家畜变得虚弱无力，劳作因此而暂时中止，田地的耕作也将受损。

或许，在乡村，耐心是另一种被过分推崇的美德。如果税收员将他们限定在行使他们主人的意志上，那么极具耐心会是一种职责。但是如果你询问供应我们面包的那些善良的人，那么他们将会告诉你，征税的<u>方式比税收本身要繁重百倍</u>。他们的耐心毁了他们，一同毁掉的还有他

---

① 布尔达卢（Bourdaloue, Louis, 1632—1704），著名的耶稣会牧师，詹森派的反对者。他被认为是那个时代最伟大的布道家，因为他分析问题不动感情，以理性取胜。他有着渊博的解读人性的知识，阐述问题简单明了且能对听众产生预期的效果。——译者注

② 拉布吕耶尔（La Bruyère, Jean de, 1645—1696），杰出的法国作家和道德家。法国著名的三拉（拉封丹、拉罗什福科和拉布吕耶尔）之一。他主要的著作是《品格论》，此书享誉世界，书中对人性鞭辟入里的分析，对社会无情的解剖，对人生的价值、金钱的作用、上层社会的丑恶，用他幽默的笔触、优雅的文笔、机敏的嘲讽，留下了路易十四时代栩栩如生的风俗画面。尽管是由箴言、警句构成，却成为不可超越的经典之作。因为此书的影响，1693年，他入选法兰西学院院士。——译者注

③ 吕库古（Lycurgus），约公元前9世纪人，古希腊斯巴达立法者。——译者注

们的庄园主。

福音讲道者的讲坛已经尽情地指责了国王和大人物对穷人的极度苛刻。错误已经得到了纠正——矫枉过正。宫廷的前厅里挤满的仆人比他们来自教区的庄园主更锦衣玉食。宫廷里对仆人的这种过分仁慈，夺走了乡村的士兵，夺去了农村的劳动力。

世界的观察家，不要让改革美德的计划令你受惊；宗教界的奠基者们已经相互改革了。另一个激励的理由是：或许，识别过分的善比宣布恶更容易。亲爱的观察家，请相信我的话，改革我们的美德，我怎么督促你都不够强烈，因为人类坚定地依恋他们的恶癖。

此致

伏尔泰
1760年

## LX

## 论玛丽·沃尔利·蒙塔古女勋爵

### 致达让塔尔伯爵先生

【"现在,《玛丽·沃尔利·蒙塔古女勋爵书信集》在英国出版。"(参看第67封信"论接种疫苗")。

发现一位法国人将玛丽·沃尔利·蒙塔古女勋爵的书信评价得比德塞维涅夫人的作品更高,这几乎是独一无二的。但正如伏尔泰所指出的,事实的确是玛丽女勋爵兴趣更为广泛,涉猎范围更宽。与她对她在东方游历的无拘无束而又机智幽默的描述相比,德塞维涅夫人的信函则显出冷酷高雅,因此它让拿破仑感到看她的书信就好像他一直在"吃雪球"似的,而玛丽本人则(很不公平地)斥之为一位漂亮女士或老保姆的闲聊。

玛丽女勋爵于1762年去世，此信写于她逝世一周年后。】

我亲爱的天使：

《文学报》（*Literary Gazette*）听凭在英国刚刚出版的《玛丽·沃尔利·蒙塔古女勋爵书信集》的报道中所持有的偏见，这是极大的遗憾。《德塞维涅夫人书信集》适合法国人欣赏，而蒙塔古女勋爵的那些信适合所有的民族。如果它们能够被忠实地翻译（那会是一项艰巨的任务），那么你就会欣喜地发现书信中有那么多新颖和稀奇的内容，并辅之以知识、情趣和表达清新的文笔。且请设想一下，通过蒙塔古女勋爵旅行穿越的国家，一千多年以来旅行者无法得到和传递的信息，已经到达了伊斯坦布尔：她曾亲眼见到了俄耳甫斯（Orpheus）①和亚历山大（Alexander）的故乡；她曾与穆斯塔法皇帝（Emperor Mustapha）的遗孀面对面地共餐；她曾翻译过土耳其歌曲、爱的宣言，它们的风格完全是《雅歌》（*Song of Songs*）②的风格；她曾经注意到像荷马描述的那些风俗，并曾经与她的"荷马"携手同行。我们从她那里学到要消除我们自身存在的许多偏见。土耳其人既不像传说的那样残忍也不像流传的那般蛮横。她在伊斯坦布尔发现了许多与巴黎或伦敦同样的自然神论者。

我承认，我感到悲哀的是，她以最鄙视的态度来对待我们的音乐和神圣的宗教，可是我们必须设法习惯这种微不足道的烦恼。

请告诉我《文学报》出了什么问题。难道普拉兰公爵（Duc de Praslin）对它的毫无用处助将毫无用处吗？他们正在为之努力呢，还是

---

① 俄耳甫斯（Orpheus）是希腊神话传说中的诗人、音乐家和发明家。人们认为他在特洛伊战争不久前（公元前1200）住在色雷斯，他的琴声可以迷倒一切。——译者注
② 《雅歌》是《圣经·旧约全书》的一卷，共8章。——译者注

只想为之添加一点刺激胃口的盐呢？如果没有盐就做不出有味道的好菜！正是它成全了厨师。

此致

　　　　　　　　　　　　　　　　　　　　你忠诚的
　　　　　　　　　　　　　　　　　　　　伏尔泰
　　　　　　　　　　　　　　　　　　　　1763年

## LXI
### 论嘲笑

致贝特朗先生

【"我的朋友让-雅克将不接受喜剧。"这是对卢梭在他的《论戏剧》中对喜剧公开反对的回击(参看第55封信,"关于大《百科全书》")。】

亲爱的先生:

我将永远不会停止公开地宣扬宽容——任凭你们牧师们抱怨和我们的神职人员抗议——直到迫害停止时为止。理性的进步总是那么缓慢,而偏见却是那样根深蒂固。无疑,我将难以见到我努力的结果,但是它们总有一天可能是萌芽的种子。

我亲爱的朋友,你那种嘲笑的看法不适合于严肃的主题。我们法国人天生活泼,瑞士人天生严肃。

在充满欢乐的沃州（*canton of Vaud*），它本身可能产生欢乐吗，还是严肃是政府的影响呢？毫无疑问，在征服作为嘲笑的迷信时，没有什么是那么灵验的。我亲爱的哲学家，我不要将宗教与迷信混淆。

宗教是傲慢和愚蠢的对象，迷信的对手是智慧和理性。迷信总是产生不幸和纷争，宗教则维系兄弟之情，提倡学识，主张和平。我的朋友让—雅克将不接受喜剧，你坚决反对毫无恶意的嘲讽。尽管你如此严肃，你仍然是我最要好的朋友。

此致

你挚爱的<br>
伏尔泰<br>
1764年1月8日

# LXII
## 关于卡拉斯和西尔旺案
### 致达米拉维尔先生

【总的看来，达米拉维尔（Damilaville）是伏尔泰在巴黎的代理人和家务总管，因为他不断地向费尔内传送书籍和消息。

此信——同在公众眼中对达米拉维尔先生的意义一样——对两起很长时间里投入了伏尔泰杰出才华和精力的重大有名的案件（*causes célèbre*），简要地给出了极好的陈述和解释，他也使自己和这些案件一起名闻欧洲。此信稍稍强调的是他自己的牺牲：在金钱方面和他更为珍视的、高于金钱的时间上的牺牲，以他极大的热情和坚忍不拔的毅力，终于使两宗大案以胜利告终。为了卡拉斯（Calas），他不仅撰写了《回忆录》和《宣言》以及《伊丽莎白·坎宁和卡拉斯的历史》（注意它们应该被翻译成外语并在国外出版），而且撰写了著名的《论宽容》，迄今为止，这些著作给天主教国家中对新教徒残忍的非正义行为以致命的打击，并依然留存在人们的记忆中。1765年3月9日，正值此信写过一周后，巴黎市议会的40名法官一致裁定并公开宣判：卡拉斯和他的家人无罪。据说他对如"卡拉斯恩人"的荣誉称号一点都不喜欢，唯一他所要做的就是，进一步促使卡拉斯的孩子和孩子们的母亲得到政府的福利救助。

西尔旺一家的案例不怎么引人注目。正如伏尔泰所言，"它缺少一个绞刑架"。但是当他们抱着他的双脚并央告他要救救他们的时候，他不像他的牧师朋友劝告他的那样，站在路边置若罔闻，一走而过。

为了使他们的案件重审，他辛苦地努力了7年。他为卡拉斯所做的包括：投入了大量时间，利用自己的声誉，展现自己的智慧，付出了大量的金钱，施加自己的影响。但直到1771年他77岁时，图卢兹（Toulouse）议会才彻底证明被告无罪。正如伏尔泰所言，用两小时宣判的无罪，得到冤案的昭雪却耗去了他9年的时光。

"新出版的《德博蒙回忆录》，"埃利·德·博蒙（Elie de Beaumont）就是后来才华横溢的著名律师（avocat），在伏尔泰与达朗贝尔、马里耶特（Mariette）选择他为卡拉斯夫人的辩护律师时，他当时还默默无闻。所有的诉讼费皆由伏尔泰自己开销。德博蒙的《回忆录》表明在卡拉斯谋杀他儿子的方式上有"三种可能性"。"第四种"，伏尔泰说道，"那就是反对你主张的可能性"。

"她是一位其慷慨与她那高贵的出身相称的女士"，指当维尔伯爵夫人（Duchesse d'Enville）。她是伏尔泰朋友特龙金医生（Dr. Tronchin）的一位病人，对卡拉斯的家人，她不但给予金钱的帮助，并且把他们的案子反映给了法国的大法官圣-弗洛朗坦（Saint-Florentin）。

"还没有找到马里耶特、博蒙和鲁瓦索（Loiseau）。"就事实而言，就在这封信前几天的一封信里，伏尔泰预示，埃利·德博蒙会如同他曾为卡拉斯案件辩护一样，他也将为西尔旺一家辩护。

"我本人给一位耶稣会牧师提供庇护"——这位牧师即亚当（Adam）（"但是，"伏尔泰强调，"他不是我庇护过的第一个神甫"），伏尔泰与他是在科尔马相识的，并友好相处了13年之久。

"还有谁……曾为一位反对另一位作家可恶虚构的伟大君王的人格进行辩护，不管他可能是谁。"这位"伟大的君王"就是奥尔良摄政王。正如伏尔泰极为了解的那样，诽谤者是那位拉博梅勒，他出版了加有他自己注释的《路易十四时代》（见第51封信，"论文明与文学的进步"和第40封信，"与莫佩尔蒂的争吵"）。

"邪恶的每月两次粗暴伤害他人的雇佣军……。"这是指弗雷龙，伏尔泰的夙敌，见他的诽谤人的期刊《文学年鉴》（参看第58封信，"对一位诽谤者的质疑"）。

"蒙巴尔（Montbard）①的圣贤"指的是布丰（Buffon）②，著名的博物学家。

"沃雷（Voré）的哲人"是伏尔泰的朋友和宠儿（Protégé），爱尔维修（Helvétius，参看第22封信，"如何写诗"）。1751年，爱尔维修在勃艮第伏尔泰沃雷的田园上定居下来后，伏尔泰表明自己——在18世

---

① Montbard，原文印为"Montbar"应是印刷错误；蒙巴尔，法国科多尔省一城镇，位于勃艮第运河旁。——译者注
② 布丰（Buffon, Georges Louis Leclerc, 1707—1788），也称布丰伯爵，法国著名的博物学家。1739年他被选为巴黎科学院院士，同年被任命我法国皇家植物园园长，1753年被任命为法兰西学院院士。他主要的著作是《自然史》44卷，他在法兰西学院的就职演说《风格论》，提出了"风格即人"的名言。——译者注

纪罕见的现象——是一位模范的地主、一位开明的慈善家。】

我亲爱的朋友：

我一口气读完了新出版的德博蒙先生关于卡拉斯案无罪的《回忆录》。我为之既钦佩又哀叹，可是我还是对我所不知道的相关内容一头雾水。我长期以来一直确信，正是我有幸提供了第一手的证据。

你想要知道欧洲如何抗议这场不幸的，关于卡拉斯的合法但不公正的死刑判决吗？要尽力让在图卢兹卡拉斯遭遇到被处以车裂的酷刑，从可怕事件的发生地影响到位于阿尔卑斯山与汝拉山脉数百英里之间，甚至是世界不大为人所知的每个角落。

这一事件是最能清楚地揭示联系这个悲惨世界所有事件的那根无法察觉的链环的存在。

1762年3月底，一位旅行者穿过朗格多克（Languedoc），来到了离日内瓦只有两英里处的我的小居所。他告诉了我卡拉斯的遇害，并向我保证他是无辜的。我回答他，犯罪不是一种或然的活动，而更为不大可能的是，没有任何缘由，卡拉斯案的法官们将一位无罪的人处以车裂刑。

第二天，我听到这位不幸的人家中的一个孩子在瑞士一个离我的住所相当近的地方避难。他的逃亡使我推定这一家人有罪。然而我想到，这位父亲被判处死刑是因为他的宗教信仰亲手刺杀了他的儿子，而在他死亡的时候，这位父亲是69岁。我从来不记得读过任何老人被那么恐怖的狂热所控制。我始终注意到，带着不充分的、过于激动的和不稳定的想象力，被迷信激起的这种狂热通常限定于年轻人。从这个时代的20—30年代，塞文山脉（Cevennes）的狂热者是没有理智的人，从童年起就被培训去传道。我在巴黎见到的以大量群体出现的宗教狂都是年轻的男女。在修士之间，年长的比那些初出茅庐的见习修士更不容易冲昏头脑，也很少会有狂热教徒的暴怒。为人不齿的暗杀、宗教狂热的刺激，都是年轻修士的专利，正如那些伴称被控制的狂热者一样：没有人会见到一位中了魔咒似的老人。此外，这种推理使我怀疑有种违背常情的罪。从这里可以看出我对事件的细节一无所知。

我要小卡拉斯来到我的家。我预料他正如他的国家有时培养出来的那样，我会见到的是一个热衷于宗教信仰的人。但我发现他是一个淳朴、天真的年轻人，有着一张温和而又充满魅力的脸庞。当他走近我时，他竟一时无法控制住自己的泪水。他告诉我说，当他听说他全家人就要在图卢兹被判处死刑，几乎

伏尔泰关于一幕悲剧场景的手记

整个朗格多克都认为他们有罪的时候，他正在尼姆（Nîmes）一家工厂里当学徒。他补充道，为了逃避如此可怕的耻辱，他才被迫来到瑞士藏身。

我询问他，是否他的父母是那种暴力性情的人。他告诉我说，他们从未打过自己的任何一个孩子，永远也找不到比他们更亲切、更宽容的父母。

我承认，再也不必给我更有力的根据推断他们全家人的无辜。我从日内瓦的两位证实是诚实的商人那里搜集到了新的资料，他们在图卢兹时曾住在卡拉斯家里。他们更加坚定了我的看法。非但不相信卡拉斯一家是狂热的信徒和杀害近亲者，我认为，我看到指控和毁灭他们的正是那些狂热的宗教信徒。我好久以来就知道团体精神和诽谤能做出什么样的坏事。

可是令我惊骇的是，当我将这个非同寻常的故事的起因写给朗格多克地方政府时，天主教和新教的教徒的回答却是，卡拉斯的犯罪是毋庸置疑的！我没有因此失去信心。我冒昧地写给那些省里的当权者，写给住在临近的省长，写给国家的部长：他们全都一致地建议我不要将自己与这样恐怖的事件搅和在一起，每一个人都责备我。但我执意坚持，决不放弃，这就是我所做的。

卡拉斯的遗孀（她承受着所遭受的深重苦难和侮辱，她的女儿们被迫离去）退隐独居，过着以泪洗面的日子，绝望地等待着死亡。我没有询问她是依附于新教还是不信仰上帝，要不然，除非她信仰有一位酬报美德并惩罚罪恶的上帝。我问她，是否她会签署一份严肃的宣言书，因为在上帝面前，她的丈夫死于无辜。她没有丝毫犹豫。接着，她便被劝说离开她的居所，然后开始巴黎之行。

显然，如果这个世界上有重大罪行的话，那么同样有许多的善行；

如果迷信产生恐怖的苦难，那么哲学则补救人类的痛苦。

一位慷慨与她那高贵的出身相称的女士，正住在日内瓦让她的女儿们注射疫苗。她是第一位要解救这个不幸家庭的人。住在这个国家的法国人赞同她，旅行的英国人显示出他们的优秀：就哪一个国家应该对遭到那么残酷压制的美德给予更多的问题上，在这两个国家之间存在着一种善行的竞争。

至于竞争的后果，谁比你更清楚呢？是谁曾以忠勇的热情对待无辜？是谁曾更慷慨地鼓励那些全法国甚至整个欧洲都不去听那些演说家的声音？当西塞罗在立法院的大会上伸张正义的日子里，当阿美利努斯（Amerinus）起诉弑亲者的时候，那样的情景再次出现在我们的时代。一些称他们自己为虔诚者的人曾怎样高喊着反对卡拉斯，但是，自从狂热被接受以来，智者的声音第一次让他们安静下来。

理性正在我们之间获胜，这是多么大的胜利啊！可是，我亲爱的朋友，你会相信，如此有效地获救并得到昭雪的卡拉斯一家，不是被那种宗教起诉弑亲罪的唯一受害人——不是唯一的宗教迫害狂怒之下的无辜者吧？还有一个更为可怜的案例，因为，尽管他们经历了同样的恐惧，但结果却没有得到同样的抚慰：还没有找到马里耶特、博蒙和鲁瓦索那样挺身而出伸张正义的人。

在朗格多克本地，看来也出现了一种狂热，最初是继西蒙·德蒙福尔（Simon de Montfort）之后的一位宗教审判官激起的。从此，此人不时地发号施令，推波助澜。

卡斯特尔（Castres）有一位叫作西尔旺（Sirven）的本地人，他有3个女儿。因为一家人的宗教是所谓改革的新教，最小的女儿从她母亲的怀里被拉走。她被送进了修道院，在那里，他们对她施加暴力来"帮助"她学习宗教教理问答课。她被逼疯了，跳进了离她父母住处不远的一口井里。宗教偏执狂因此坚决地认定，使这个孩子淹死的人是她的父母和姐姐。外省的天主教徒绝对地信服，新教最主要的一点就是，父母注定要吊死、扼死或淹死他们怀疑任何趋向于天主教信仰的孩子们。恰好就是此刻，卡拉斯家人正披枷戴锁，结果新的绞架被升起。

女孩跳井自尽的消息立即传到了图卢兹。每一个人都宣称这是一桩杀人父母的新例证。公众的狂怒与日俱增，卡拉斯被处以车裂之刑。西尔旺、他的妻子、他的女儿都遭到了指控。西尔旺惊恐万状，只好找时间与他柔弱无力的家人逃走。在无人帮助的情况下，他们只能徒步穿过白雪皑皑、陡峭难攀的山脉。他的一个女儿就在冰川之间生下了一个婴儿，而孩子的母亲怀里抱着即将死去的婴儿，承载着难以忍受的痛苦死去了。他们最后踏上了通往瑞士的路。

同样命运的卡拉斯的孩子们带到了我这里，不可避免地，西尔旺一家人也选定了向我求助。我的朋友，你想象一下吧，吞吃了一只羊羔的屠夫们起诉4只羊：那就是我所看到的。我没有信心或感到绝望地对你诉说那么多的无辜和无尽的悲伤。我应该做些什么呢？如果你处于我的位置，你会怎么做呢？我能满足于诅咒人类的天性而不闻不问吗？我冒昧地给朗格多克的第一行政官写信，他是一位贤明和善良的官员，可他不在图卢兹。我让一位朋友向副首席法官递交了一份请愿书。在此期间，在卡斯特尔附近，父亲、母亲和两个女儿的塑像被执行死刑，他们的财产被没收和挥霍了——直到最后一个苏（sou）。

一个完整的家庭——诚实、坦率、正直——在这里却留下了耻辱，在外国人中行乞：无疑有一些人同情他们，但是终生成为怜悯的对象是多么难以忍受啊！我终于得知，赦免他们的判决是可能的。一开始我认为，一定是从法官那里得到了赦免状。你将很容易明白，全家人宁愿挨门挨户地去乞食或死于贫困，也不愿意要那种承认自己犯的罪太过恐怖以至于难于宽恕的赦免。可是如何能得到正义呢？他们又如何能回到半数的居民仍然说卡拉斯的谋杀罪结论是公正的那样一个国家的监狱呢？在那里，难道要再次呼吁市议会吗？很可能，卡拉斯的不幸已经耗尽了人们的精力，令人厌倦了驳斥如此的指控，厌倦了恢复死刑判决，厌倦了驳斥他们的法官，难道每一个人会再次努力唤起公众的同情吗？

我的朋友，那么快相继发生的这两桩悲剧性的事件，难道不是无法避免、屈服于悲惨的人类命运判决的证据吗？一种恐怖的真实，在荷马和索福克勒斯的作品中有过太多的强调。可是，它又是一种有益的真实，因为它教育我们听天由命并学会承受苦难。

我要补充的是，尽管卡拉斯和西尔旺一家那难以置信的灾难令我痛苦的时候，一个人谴责我，为什么对与我素不相识的这两个家庭过分地热心，他的职业从他所说的话中还猜不出来吗？他问道："为什么你要与这类事搅和到一起呢？还是让死者就那样结束吧。"我回答他们道，"我在沙漠中发现了一位犹太人（Israelite）——一位浑身是血的犹太人；允许我在他的伤口上倒点葡萄酒和油；你是利未人（Levite），让我去扮演撒玛利亚人（Samaritan）。"①

的确，作为对我不幸的回报就是，我一直完全被作为一位撒玛利亚人对待：破坏名誉的诽谤文章在《一位牧师的教诲》（*A Pastoral Instruction*）和《指控》（*A Charge*）的标题下出版。但是可能被忘记

---

① 这段典故出自《圣经》，利未人是亚伯拉罕的后人之一，是犹太人的一支。而撒玛利亚人和犹太人长期不和，被犹太人认为是异教徒。耶稣讲过一个故事，有人受伤，救助他的不是利未人，而是撒玛利亚人，说明自以为是神的儿女却又反对基督教道的犹太人，反而不如某些行真道的撒玛利亚人，见《路加福音》第10章第25~37节。——译者注

的是——那是一位耶稣会教士撰写的。那时，那卑贱的家伙不知道我曾庇护过一位耶稣会教士！难道我需要更确定性地证明我们应该把敌人看作自己的兄弟吗？

你的激情是人道的，是对真理的热爱、是对恶语中伤他人的憎恨。我们的友谊是建立在我们共同品格的基础上。我自己的人生在寻求和宣传我热爱的真理中度过。在当代的历史学家之中，还有谁为反对一位作家令人憎恶的编造而捍卫过一位伟大君主的名声吗？不管这位作者是何许人也，他都可能会被称之为国王、大臣和军事指挥官们的诽谤者吗，现在他已经不是一位单一的读者了吧？

我只是在令人恐怖的卡拉斯和西尔旺的案子中做了所有人都会去做的事，我只是做了我自己爱做的事而已。一位哲学家的志向不是对不幸的人施之以同情——而是对不幸的人有所帮助。

我知道丧失理性的狂热是如何攻击哲学的两个女儿——真理和宽容的。狂热在毁灭卡拉斯时是欣然自得的，而哲学只是希望使狂热的后果——谎言和迫害变得无害和安全。

没有理性的那些人尽力想给有理性的人带来耻辱，因此他们故意混淆哲学家与诡辩家之间的区别，实际上他们是在极端地自欺欺人。一位真正的哲学家能够在反对自己常常遭到攻击的过程中激发勇气，他能够以持久蔑视邪恶的唯利是图者来战胜那每月两次对理性、高雅情趣和美德的粗暴践踏，在应该受到尊重的文学圣殿里，那些给文学带来耻辱的人，在此经历中，诽谤者受到嘲笑；可是他对阴谋、私下秘密的交易或卑劣的报复一无所知。像蒙巴尔的圣贤，如沃雷的哲人一样，他知道如何使土地结满丰硕的果实，他知道如何使居住在这片土地上的人更加幸福。真正的哲学家开拓的是未开垦的土地，添加的是农具的数量，因此

骑马

在马车上

奔马的训诫

种树

而扩大了居民的人数；雇用穷人并使他们富起来；促进美满的姻缘并为孤儿们找到一个家；心甘情愿地缴纳必要的税款，让务农的人能在纳税的期限内上缴其税。他对其他的人无所求，只对他们做他能够做到的善举。他极端讨厌虚伪，但他同情迷信的人。最后，哲学家知道如何成为一位友人。

我感觉我正在描绘你的肖像，如果你幸运地生活在这个国家，那么你的肖像将会是完美的。

此致

你的朋友

伏尔泰

1765年3月1日于费尔内

# LXIII

## 德拉巴雷骑士

致达朗贝尔先生

【1765年10月1日,年轻的德拉巴雷骑士被控在阿布维尔(Abbeville)以破坏十字架、侮辱宗教队列、"亵渎神明的言辞"等而遭到拘捕。1766年2月28日,拉巴雷、德塔隆德(d'Tallonde,一位已逃往普鲁士的朋友)和一位18岁①的小伙儿穆瓦内尔(Moisnel),在他们的双手被砍断,他们的舌头被割掉后,也一同被判处死刑。巴黎的10位最有名的律师(此信中所提到的"10位人道和正直的法官")宣布这种惨无人道的判决为非法。公众反对此案的一份上诉书被交到国王那里。此案在巴黎重审,判决生效。1766年7月1日,拉巴雷(他当时还不到20岁)在一

---

① 原文如此,按照下面信中的正文应为16岁。——译者注

直遭受酷刑后,"带着苏格拉底般的从容"离开了这个世界。随后他的尸体被焚烧,随着伏尔泰《哲学辞典》的第一卷与其他违禁的著作一起被焚毁。伏尔泰与其他许多人一起,直到最后都认为应该缓刑。因为哲学家们的著作,主要的是最重要的哲学家的著作被认为在很大程度上要为拉巴雷的愚蠢负责,伏尔泰为了安全起见,前往沃州(Vaud)的罗勒(Rolle)避难。在那里,他撰写了他在人道主义事业中最为著名的小册子《德拉巴雷骑士之死》,此书正如他所希望的那样,"令其他食人的野兽们惊恐",不仅将穆瓦内尔从极为野蛮与罪行不符的刑罚中拯救出来,而且迫使法官们撤回此案。他也争得了弗里德里希国王对德塔隆德的保护。1755年,当德塔隆德在费尔内的时候,他在一本标题为"无辜生命的呼声"的小册子中恳求恢复他的公民权(参看第68封信,"论马丁案")。

"一位被禁止言论自由的陆军中将",指的是拉利(Lally)将军(参看第84封信,"最后的一封信")。

"5位年轻人因为遭受到圣-拉扎尔(Saint-Lazare)的愚蠢而被判处火刑。"实际上只有3位,德塔隆德、穆瓦内尔和德拉巴雷骑士,伏尔泰至此还不完全熟知该案的详情。圣-拉扎尔是一处少年犯教养所的名字。

"普鲁士国王的序言",这里的"序言"是1766年出版的一卷标题为"培尔词典选本"的序言。国王将该序言变成了一篇对失去法律保护的自由思想家培尔的颂文(参看第12封信,"论出版自由、兼论戏剧"。

"神学家韦尔内(Vernet)是日内瓦的一位加尔文教牧师,伏尔泰曾与他就戏剧表演这一令人困惑的主题进行过争吵。韦尔内撰文错误地攻击伏尔泰。伏尔泰用《一位神甫与一位新教牧师之间的对话》予以回击，该书导致韦尔内抱怨日内瓦市议会将他置于被嘲笑的境地。对此抱怨，伏尔泰——就在撰写此信的两个月之前——以他从未减弱的战斗笔锋，撰写了个人最犀利的一篇讽刺作品予以回复，文章的标题为"虚伪颂"（*The Praise of Hypocrisy*）。】

我亲爱的哲学家：

达米拉维尔（Damilavile）修士无疑已将阿贝维尔的"叙述"寄给了你。我无法想象思考的人如何能生活在总是常常变成老虎的类人猿地区。对我而言，我甚至羞于接触到其边缘地区。的确，这是打破所有个人束缚的时刻，在某些偏远的地区隐藏起自己的羞耻与恐怖。我还没有能够得到律师商讨会的报告，而你无疑早已看到了它——真是令人不寒而栗。嘲笑的时刻已经过去：诙谐的言辞与血腥的屠杀不相容。什么！这些带着假发身披长袍的布西里斯（Busiris）①将16岁的孩子处以最令人恐怖的酷刑！这完全违背了10位人道和正直的法官们的判决！可国家竟然接受了如此的宣判！人们对此只是讨论了5分钟，然后继续走向轻歌剧大剧院（Opéra-Comique）：残忍不仁的行为正在我们沉默的鼓励下越来越横行无忌，未来将用它正在发痒的手指扼住了生命的咽喉——扼住了你的咽喉，重要的是，因为你曾经高声疾呼反对它的冷酷。

在这边，卡拉斯在这里被处以车裂；在那边，西尔旺被处以绞刑；在离家不远的地方，出现了一位被禁止言论自由的陆军中将；两周以后，5位年轻人因为遭受到圣拉扎尔的愚蠢而被判处火刑。普鲁士国王的《序言》有什么益处呢？像这些如此令人恐怖的罪行，他能够弥补

---

① 布西里斯（Busiris），神话中的埃及国王，为了确保终止饥荒，每一年他都要将踏上他领地的第一位外国人献祭给神，后来死于希腊神话英雄赫拉克勒斯（Hercules）之手。——译者注

吗？这是一个快乐和哲学的国度吗？更确切地说，它是圣巴塞洛缪（St. Bartholomew）大屠杀的重演。像这些詹森教（Jansenist）法官所决定的判决，连宗教法庭都不敢做出这样的决定。我恳求你告诉我，既然什么都无能为力，那么要说些什么呢？要知道如此的事件被痛恨地记住，也许是些许的安慰，可是那也是我们的无能，我请你让我表明我的看法。布伦瑞克（Brunswick）公爵发狂般地愤慨、盛怒并扼腕叹息。你亲笔书写只言片语，通过小驿站（*petite poste*）送到达米拉维尔修士那里，将会更强有力地激起我内心的这些激情。你的友谊和一些其他有理智之人的友谊，是我唯一尚存的快乐。

《序言》的错误在于，意味着作品前言（*In principio erat*）中的一些诸如此类的话已经被篡改。有两篇文章是关于已被插入到《约翰使徒书信》（*Epistle of St. John*）的三位一体。所有这一切是多么遗憾！浪费在揭示错误上的时间可能被用在发现真理真相上。

注意：神学家韦尔内向日内瓦市议会抱怨，他正在被置于遭到嘲笑的境地：市议会对他的德行提供了一份书面证明——好像是说，他不曾是一位拦路抢劫的强盗，甚至也算不上一位扒手。这保证的最后部分似乎在某种程度上过于轻率。

此致

伏尔泰

1766年7月18日

# LXIV

## 论卢梭在英国的影响

### 致英国的助理法官马里奥特先生

【"马里奥特先生"（M. Mariott）——詹姆斯·马里特奥爵士，1764年他"通过个人影响而不是业绩"被任命为英国的助理法官。尽管缺少深沉和稳健，他却是一位聪明又多才多艺的人。但他的诗歌已经理所当然地完全被人们遗忘了。

"让-雅克，你提到他"（参看第51封信，"论文明与文学的进步"），自从1759年《老实人》出版后，卢梭和蒲柏满脸得意的乐观主义微笑令伏尔泰目瞪口呆，卢梭和伏尔泰在戏剧表演的问题上争论不休，结果彼此更加较真地闹翻了。卢梭在他的《论戏剧书简》中对达朗贝尔赞同的评论（参看第55封信，"关于《大百科全书》"）予以答复，在信中，他背弃了他的朋友们，蔑视启蒙学者，并以无比的激情和抑制不住的热情方式，提出了反对剧院的理由。1760年，卢梭出版了《新埃洛伊丝》（The New Éloïsa）——那连篇累牍荒诞事物的炫耀，伏尔泰在写给希梅内斯侯爵（Marquis de Ximènes）的4封书信中揭露了他的诡辩。1762年，伏尔泰嘲笑了那部冗长的《爱弥儿》（Émile），该书在日内瓦如在巴黎一样被公开地焚毁。结果是自然地（尽管那不是事实）——卢梭认为是费尔内的"教长"从中助长了这次大火的点燃。正是在这时候，卢梭在霍尔巴赫男爵的家和别的什么地方，会见了大卫·休谟，这位历史学家那时正作为英国驻巴黎大使的秘书住在巴黎。法国政府对《爱弥儿》的敌视迫使卢梭从巴黎逃离。休谟则在英国为他提供了一处住房。卢梭于1766年1月到达英国，但很快地他又迫使自己相信，休谟的慷慨是出于邪恶动机的驱使，他（卢梭）是被英国政府的间谍和"可疑分子"包围。正如伏尔泰所说，卢梭确实证明了像他一生都在证明的那样，他是"彻底地疯了"，或者至少如德莱顿（Dryden）所表达：

"伟人们进入联盟则注定疯癫，

　分开他们联盟的界限，只需薄薄的隔板。"

"经由世界上最恐怖地方的圣·伯纳德（St. Bernard）。"对自然较难控制方面的强烈厌恶，在18世纪，几乎与16世纪同样的司空见惯，而这远不是伏尔泰特有的。伊利（Ely）的主教在16世纪时通过塞尼山（Mont-Cenis）穿越阿尔卑斯山脉，他宣布道，它"不是一条大路，更像是一座地狱"。对伏尔泰来讲，"德比郡（Derbyshire）的岩石"使那个郡成了英国最恶劣的地方；在他看来，相关风景的"荒野"

（*sauvage*），实在的含义就是"未开化"（*savage*）。

"如果你见到富兰克林先生"——本杰明·富兰克林（参看第81封信，"一份将死者的悔罪书"，第82封信，"1778年的巴黎"）。】

先生：

写给你的信，我决心经由加莱（Calais）而不是荷兰（Holland）发出，因为在人们的相互交往中，就如在物理学中一样，较短的路径总是更好的选择。

在费尔内写信的伏尔泰

确实，我几乎让3个月的时光悄然逝去而没有给你回信。事实是，我比弥尔顿（Milton）还要年长，也几近与他一样失明了。正如一个人总是羡慕自己的邻居，我感到我对失聪的切斯特菲尔德（Chesterfield）勋爵充满妒忌。要过一种安静的生活，阅读对我似乎比谈话更为不可或缺。当然，一本好书比一个人听到的所有可能说出来的更具价值。我相信希望提高自身的人们，应该在他们眼睛上确定的价值比在他们耳朵上确定的价值要更高。我全身心地赞同，那些仅仅希望以能听到每天的流言蜚语引以为乐的人，更适合失明。

我预料，你活跃的想象力更经常地被偶然在你的职位上要求的琐碎责任搞得疲惫。如果一个人没有希望的支撑，得不到公众的尊重，那谁都不想成为一位首席司法官。

一位能像你一样创作出人诗句的人，肯定要有极大的勇气将时间用于人们在猜测遗嘱人的意图和理解法律意义方面的争吵之上。

我病弱的身体总是妨碍我投身于尘世的事务，我的疾病因此帮了我很大的忙。毕竟在一个最可爱的国家里，我与我的家人已经过了15年的隐居生活。当大地回春的时候，大自然恢复了我在冬日被剥夺的室外视野，因此我又一次经历了万物复苏的生机带给我的快乐，这种感觉，对那些健康的人而言则无从知晓。

你提到的让-雅克先生，多年以前，他已经离开了他自己的国家，正如我很久以前离开了我的国家来到了他出生的国家，或随便点讲是来到了我的国家的邻国。瞧，人们是如何遭受命运的摆布啊！上帝、机遇之神，决定着一切。

你在信中引用的红衣主教本蒂沃里奥（Bentivoglio），当然不太喜欢瑞士人，并对该国家恶语相加。这是因为他游历的路线经由圣·贝尔纳（St. Bernard），那是世界上最恐怖的地方。相反，沃杜瓦（Vaudois）乡村，特别是日内瓦的热科斯（Gex），或者我生活的地方，就像一个令人快乐的花园。瑞士的一半是地狱，另一半是天堂。

正如你所说的那样，卢梭选择了英国最恶劣的郡。每一个人都在寻求最适合他的地方，但是美丽的泰晤士河河畔是无法以德比郡的岩石来判断的。我认为休谟先生与卢梭的争吵，是以卢梭使他自己得到公众的蔑视和休谟先生赢得了他应得到的尊重而结束。

让-雅克的逻辑对我来说似乎是最令人好笑的——他尽力要证明的是休谟出于恶意才成为他的恩人，他指控他三点，他将它们称之为"给他的保护人的面颊上三记有力的耳光"。如果英国的国王给了他一份年金的话，第四记耳光无疑地就会落到了陛下的脸上。这个人我看是彻底地疯掉了。在日内瓦，还真有几个像他这样的人。他们在这里比在英国更忧郁；我相信，按照人口比例，日内瓦自杀的人要比伦敦多。自杀并不总是因为发疯。据说偶然地也有一个聪明人走上自杀的道路，但是，一般而言，自杀的人选择的不是一条明智的路。

先生，如果你见到富兰克林先生，我请你千万代我向他转达我的问候和尊重。同样，我也荣幸地向你表达我的问候，书不尽言

此致

你的朋友
伏尔泰
1757年2月26日

## LXV
### 论耶稣会会士和凯瑟琳大帝
#### 致迪德方夫人

【 "我发现自己遭受到战争的所有瘟疫……有一阵子我还遭受到饥馑。" 到1767年初,在日内瓦的公众中,统治阶级和资产阶级之间的争执已经达到了一个高峰,以至于法国(在伏尔泰以调停人身份的亲自要求下)已沿着日内瓦湖屯驻了军队,通过饥馑和封锁来使公众恢复理性。有一阵子费尔内本身也很难弄到生活必需品。

"《贝利撒留》(*Bélisaire*)的第15章,"是马蒙泰尔的作品(参看第34封信,"国王的恩宠")。

"我应当谦恭地呈给你我的讽刺剧,《西徐亚人》(*Scythians*)",《西徐亚人》是伏尔泰创作的一部戏剧。1767年3月,该剧在巴黎上演,遭到了强烈的反对。

"耶稣会会士们……最终成功地为他们自己得到了三个王国"——葡萄牙、法国和西班牙。

"北方的塞弥拉弥斯（*Semiramis*）①——指俄国的凯瑟琳（Catherine）大帝，她于1765年开始与伏尔泰有书信往来。"有关一位丈夫的琐事"——伏尔泰不打算受到她的"家务事"的影响——1763年，凯瑟琳因为受到毒死沙皇彼得的强烈怀疑而大为苦恼。即使她是一位凶犯，那么事实仍然是：她是一位智力极高的女性、一位伟大而又开明的统治者。她和伏尔泰终生未曾谋面，但是1770年，她以十足的皇室的慷慨，通过他在费尔内聚居区的手表商那里定制手表来帮助他。在伏尔泰去世后，她买下了他全部的藏书，并赐予伏尔泰的秘书瓦格尼埃（Wagnière）以终生年金。

"关于凯瑟琳的一本小书"，指的是《论颂词之信札》（*The Letter on Panegyrics*），那是伏尔泰在一个月前，像他通常惯用的方式那样，以匿名的形式完成的一部作品。其内容是在真实的基础上，巧妙地恭维了凯瑟琳。]

夫人：

六个多星期以来，我一直等待着给你写信，因为我一直想得知你健康的状况，一直想问你和埃诺（Hénault）院长是如何维持生计的，一直想与你就这个世界上现存的欺骗现象进行交流。但是我发现自己遭受到了所有战争和30英尺深积雪的灾难。每年我都被积雪和冰层剥夺了我近4个月的视力，因此，正如你所知道的，我是你80岁的同代人，只有到了

---

① 公元前9世纪古代亚述传说中尼尼微创建者尼诺斯之妻，兼具美貌和智慧，后来她杀死了自己的丈夫，自己称王。传说最有名的巴比伦空中花园就是她建造的。——译者注

80~90岁才不痛苦，而我则忍受着剧痛。在春天里，我将再获新生，不用变换地方，我就从西伯利亚到了阿尔卑斯山脉：这就是我的命运。

原谅我这么久以来一直没有给你写信，你知道我对你深厚的感情。你的确可以说，"用你的著作表达你的忠诚，如果你真的那么喜欢我，你将会写出来"。那是千真万确的，可是要愉悦地写作，身心一定要轻松，而我目前远远达不到这一点。你告诉我你感到烦躁，那我要告诉你的是，我被逼得发狂。这就是生活——要么枯燥乏味，要么令人痛苦。

当我说我被逼得发狂的时候，是有一点点夸大：我的意思是，我足以使自己发狂。日内瓦的纷争打乱了我全部的计划：有一阵子我还遭受到了饥馑，只是没有发生瘟疫，但我眼睛上的发炎应当归因于恶性传染病。我现在通过上演一出喜剧来振作自己。我非常令人满意和极自然地扮演一位老人的角色，正如我在这封信中指出的那样，我正在试穿我舞台上的戏装。

我毫不怀疑你听说过《贝利撒留》的第15章，那是整部书最好的一章，或者说我被极大地误解了。可是巴黎大学却谴责这一命题"真理自身放射着光芒——人们不可能靠火刑柱将它点亮"，你不为巴黎大学的结论感到惊骇吗？如果巴黎大学是正确的，那它唯一的赞同者就是那些刽子手了。

我无法想象什么人会提出如此愚蠢和可恶的想法。我不知道群体的所说所做怎么比个人的行为愚蠢得更为惊人，除非事实是个人对所有的人都负有责任而群体对谁都不负责。每一位群体的成员都归咎于他的同仁。

关于讽刺剧，我应当谦恭地呈给你我的讽刺剧——《西徐亚人》，该书的新版正在发行，我恳请你给予批评。如果你一直通过某位明白如何很好地去读剧本的人那里得知此剧，那是一种如同编剧一样罕见的造诣。

俄国的凯萨琳女皇（叶卡特琳娜二世）

在我一生里我所看过的大型讽刺剧中，我认为没有一部可以同耶稣会士们的那部相提并论。他们被认为是精明的政治家，最终成功地为他们自己得到了三个王国——这只是一个开始。你知道，他们与他们享有的声誉完全不配。

我认识一位使自己成为一名伟人的女性，她就是北方的塞弥拉弥斯，她派驻5000士兵到波兰建立了宽容和良知的自由。我保证这在世界历史上是独一无二的，并将坚信未来亦是如此。我可以自豪地对你说，我深得她的厚爱：我是她始终如一、无条件的辩护人。我非常了解她因有关丈夫的一些琐事而受到谴责，但是那都是些与我不相关的家务事，除此之外，就没有什么招致对抗的坏事，因为那表明伟大的努力得到了公众的尊重和仰慕。确定无疑的是，她的宫闱秘史对我的凯瑟琳由日常事务所成就的伟业不会有任何意义。

夫人，我渴望通过送给你一本有关凯瑟琳的小册子来减轻你的烦躁——向上帝祈祷，但愿它不会更增添你的烦恼！我认为，妇女不会对她们不满意于受到标榜的性别而认为她们就没有成就丰功伟业的能力。你将会听到她即将开始她庞大帝国的巡行。她已经答应她会从最遥远的亚洲边界写信给我的……

夫人，暂此。如果我在巴黎的话，我应该喜欢你的社交圈子更甚于在亚洲或欧洲所能发现的任何上流社会的团体。

此致

伏尔泰启

1767年5月18日

# LXVI
## 论莎士比亚

致贺拉斯·沃波尔先生

【贺拉斯·沃波尔（Horace Walple），艺术品鉴赏家和文学家，以其书信而闻名于世。他是伟大的罗伯特勋爵（Sir Robert）①的第三子。伏尔泰是通过他们与迪德方夫人的相互友谊才相识，宣称他为出生在英国土地上的最优秀的法国人。

"你的《理查三世史》"，表达了沃波尔对理查三世历史的怀疑，认为书中极力地粉饰了国王的性格。

"你的小说"是著名的幽灵故事《奥托朗托城堡》（The Castle of Otranto），它成功地令我们的

---

① 罗伯特勋爵（Sir Walpole Robert, 1676—1745），英国政治家，辉格党领袖。1715—1717年出任首相，曾任首席财政大臣。他在任职期间，实行了一系列有利国计民生的政策，特别是在将代表国王的贵族院权力向议会下院转化的过程中，起到了决定性的作用。——译者注

祖辈毛骨悚然而留给我们的是全然的兴奋。

"我是第一位使莎士比亚为法国人所知的作家。"1727—1728年在他游览英国期间，伏尔泰撰写了《英国通信》，在该书中，他将莎士比亚介绍给了法国人民，指出他是"一位令人震惊的天才"，充满了"力量和创新、自然和崇高"，虽然令人遗憾地确实缺少文雅、修饰和文化底蕴，但是那种称之为品位的朦胧性已经令人叹息地即将坠入了滑稽打诨并蔑视戏剧创作的三一律。1748年，在20年之后，他撰写了关于《哈姆雷特》著名的但也是刻毒的批评，他固然承认了剧中所表现出来的"崇高的风格与最高傲的天才相配"，但是他也一直将它的作者戏称为一位"喝醉的野蛮人"。20年后的1768年，他在《英国通信》中重申了以往的表述——一篇十足的批评家特色的评论，他本人也是一个不承认莎士比亚天赋的天才。然而，他是多么典型的18世纪法国人，以至于一定需要在简洁、准确、匀称的圣龛前鞠躬，这些极大地妨碍了他那个时代的天才。在致迪德方的信中，贺拉斯·沃波尔反对伏尔泰的这些评论——虽谈不上是最强烈的反对。1776年，当伏尔泰82岁的时候，他在一封信函中，对法兰西学院予以愤怒的答复，因为由莱图尔诺翻译的伟大威廉的法文版中，他大胆地称莎士比亚为"戏剧界之神"，竟然连高乃依和拉辛都视而不见（更不用提《扎伊尔》（Zaïre）的剧作者了）。但是，年迈的伏尔泰，仍然抨击莎士比亚为一位"粗鄙的滑稽小丑"，因为他已经"毁掉了英国200年的审美鉴赏力"，正是他将莎氏介绍给法国人民，他真正没有偏见的见解在这封给贺拉斯·沃波尔的信中得到阐释。

当然，现在伏尔泰反对的是粗俗和打诨，他所赏识的往往根本不是莎士比亚，或说如果是莎士比亚，也是他的时代趋附庸俗公众趣味的莎士比亚。

"丰特内勒"（参看第47封信，"论接种疫苗"）。

"我们的《愚蠢的大妈》（Mere Sotte）"，是公元16世纪时的一位作家皮埃尔·格兰戈尔（Pierre Gringore）①的作品，据说是由"愚蠢的大妈"搜集的"奇人异事"故事集一书的副标题。

"《愤世嫉俗者》（Misanthrope）……《乔治·唐丹》（Georges Dandin）"——莫里哀所著的两部喜剧。

"《亚美尼亚的唐·雅费》（Don Japhet d'Aménie）和《若德莱》（Jodelet）"——斯卡龙（Scarron）②所著的两部喜剧。

"《围攻加莱》（Siège de Calais）"——贝鲁瓦（Belloy）③创作的一部糟糕的悲剧。

"《西拿》（Cinna）、《阿塔利》（Athalie）和《伊菲戈尼亚》（Iphigènie）"——《西拿》是高乃依创作的悲剧；《阿塔利》和《伊菲戈尼亚》是拉辛创作的两部古典悲剧。】


先生：

我有40年的时光不曾冒昧地去讲英语，因为你在国内讲我们的语言真是十二分地纯正。我已经读了你的信，你的文笔将你所想表达得自然流畅。此外，我的年纪和我的健康状态都不允许我亲自动笔来写信。因此你只好接受我用我的母语来表达我的谢意了。

---

① 皮埃尔·格兰戈尔（Pierre Gringore，1480—1539），法国讽刺作家和剧作家，他最有名的作品是剧作《蠢人之王和愚蠢的大妈》（Jeu du Prince des Sots，1512），该剧上演时以《愚蠢的大妈》为名，其主题是讽刺国王路易十二和教皇尤里乌斯二世。——译者注

② 斯卡龙（Scarron, Paul，1610—1660），法国滑稽讽刺作家。他30岁时因风湿病瘫痪，其最重要的著作为《滑稽小说》（Roman Comique，1651）。他的夫人在他去世后成为著名的曼特侬女士（Mme. De Maintenon），路易十四的王妃。——译者注

③ 贝鲁瓦（Belloy, Pierre-Laurent Buirette，1727—1775），法国剧作家和演员，他最成功的爱国悲剧就是《围攻加莱》，他也是将平民英雄替代古典英雄推上法国舞台的剧作家之一，法兰西学院院士。——译者注

我刚刚读了你《理查三世史》的前言，发现你写得极为简短。当一位作者极为显而易见地正确，此外又有极为大胆的见解和极雄浑的风格时，我就想要从他那里得到更多的见地。你的父亲①是一位了不起的政治家和优秀的演说家，但是我看他未必会写出像你那样好的文章。因此你不能那样说，"我的父亲远远比我更优秀"。

勋爵，我始终赞同你的看法，古代的史籍是不值得相信的。丰特内勒曾是路易十四时期唯一的一位诗人、哲学家和学者，他断言它们无疑是编造的。但必须承认的是，罗兰（Rollin）②搜集了许多荒诞不经和自相矛盾的材料。

当我读了你的《历史》的前言之后，我又读了你小说的开篇。你在书中对我有点嘲笑：法国人相当理解善意的嘲笑。但是我将尽可能严肃地回复你。

你已经几乎成功地使你的同胞们相信：我鄙视莎士比亚。可是，我是使莎士比亚被法国人了解的第一位作家。40年前，我就像翻译弥尔顿（Milton）、沃勒（Waller）、罗切斯特（Rochester）、德莱顿（Drydon）和蒲柏（Pope）的著作一样，翻译了莎士比亚的部分著作。我能向你保证，在我之前，法国任何人对英国的诗歌都一无所知，几乎没有人听说过洛克。因为我说过洛克是形而上学的赫拉克勒斯，是他确定了人类理解的范围，为此我30年来一直遭受到成群极端狂热分子的迫害。

命运主观促成我应该是第一个向我的同胞们解释伟大牛顿的发现，我们之中的许多人仍然将它作为运动的体系。我曾是你们的信徒和你们

---

① 即罗伯特爵士，见前注。
② 罗兰（Rollin, charles, 1661—1741），法国历史学家、语言文学教授，曾任巴黎大学的校长。1712年，因为他的詹森教观点被迫退休。他著有《罗马史》、12卷本的《古代史》，但他最著名的著作是《语言学教育和教育方法论》。——译者注

的殉道者。的确,英国人对我的抱怨是不公正的。

很久以前我说过,如果莎士比亚活到艾迪生(Addison)的时代,他会给自己的天赋增加典雅和令艾迪生羡慕的纯洁。我表述道:"他的天赋是他自己拥有的,而他的缺陷是他时代的过错"。准确地说,根据我的看法,他像西班牙人洛佩·德维加(Lope de Vega)①和卡尔德龙(Calderon)②一样,他是一位天生优秀的人才,但是他的天性却没有受到好的培养:他既没有规则可循,也没有得体的举止和专业技艺可言。在他的崇高之中,有时就会沦为粗俗;在最令人难忘的场面中有时会沦为滑稽;他的悲剧被炫目的光线照射得一团糟。

意大利人在英国人和西班牙人前的一个世纪复兴了悲剧,但他们不曾陷入这种错误;他们更好地模仿了希腊人。在索福克勒斯(Sophocles)的《俄狄浦斯》(Oedipus)和《厄勒克特拉》(Electra)中就没有任何滑稽的小丑。我强烈觉察到,这种粗俗在我们宫廷的弄臣中有其起源。在阿尔卑斯山的这一边,我们都有点儿不文明。每一位王公都有他自己固定的弄臣。无知的国王是由无知的人带大的,岂能理解崇高心灵的快乐。他们将人类的天性贬低到对他们讲些无稽之谈的人支付报酬的程度。由此出现了我们也有我们的《愚蠢的大妈》——在莫里哀之前,几乎在所有的喜剧中都有一位宫廷弄臣,亦即一种令人憎恶的习俗。

勋爵,我确实说过,正如你所表述的,也有像名著《愤世嫉俗者》

---

① 洛佩·德维加(Lope de Vega, 1562—1635),西班牙著名诗人、小说家和剧作家,是莎士比亚和塞万提斯的同代人。他出身低微,但从小就爱好写作,后靠一位公爵资助完成大学学业。在他的第一位妻子死后,他参加了"无敌舰队",为他后来的剧作积累了丰富的素材。他一生著述之多,据说他一天就可以完成一个多幕的剧本,其著作不胜枚举,仅剧本就创作了2000部,其中有宗教、历史、戏剧、阴谋等各种题材。他被赋予各种称号——"命运的宠儿""时代的凤凰"和"声誉的焦点"。但他晚年再次丧妻,失去爱女、爱子,一系列不幸接踵而至,生活也陷入困境,他精神崩溃而离开人世。——译者注

② 卡尔德龙(Calderon, 1600—1683),西班牙著名剧作家。大约13岁时就创作了剧本《天堂马车》,他一生创作了500部剧本。他主要的代表作有历史剧《忠贞不渝的王子》、悲剧《十字架的虔诚》和《爱情不是儿戏》、哲理喜剧《人生就是一场梦》。——译者注

那样严肃的喜剧；还有非常令人愉悦的其他喜剧，如《乔治·唐丹》（*Georges Dandin*）①。它们离奇可笑、严肃认真、悲怆感人，在同样的喜剧中可以很好地体现其作用。我说过除了令人生厌的风格之外，所有的风格都是好的。是的，先生，但是粗俗根本不是一种风格。在上帝的房子里有许多房间：但是我从来不妄称他们住在同一个房间是明智的：查理五世（Charles V）和亚美尼亚（Armenia）的唐·雅费（Don Japhet）②，奥古斯都（Augustus）和一位喝醉了的海员，马尔库斯·奥勒略（Marcus Aurelius）和一位江湖庸医。在我看来，查阅一下他的《诗艺》（*Ars Poetica*），在历代最高贵的人们之中，贺拉斯是最深邃的。整个启蒙的欧洲在今天全都持同样的观点。西班牙人不但开始摆脱了宗教裁判所，他们也开始摆脱低下的品位——健全的理智将陋习一个接一个地加以排斥和禁绝……

你使英国人摆脱了束缚，可是你不奉行时间、地点和行动的三位一体。确实，你没有改善事态，或许应该说明问题。它使艺术更加困难，克服每一个困难的描写就是自豪和满足的合理根源。

正如你是一位英国人一样，你一定要允许我为我自己的民族事业去辩护。我常常讲述那令人不快的真相，即只有当我认为那是正确的时候，我才会顺应服从。是的，勋爵，我一直相信，就悲剧和喜剧而论，巴黎远优于雅典。莫里哀，甚至勒尼亚尔（Regnard）③，似乎对我而言，都像德摩斯提尼超越了我们的演说家一样超过了阿里斯托芬

---

① 《乔治·唐丹》（*Georges Dandin*），莫里哀1668年发表的三幕喜剧，讲述乡绅唐丹娶了个偷情的妻子，他对她进行报复的故事。——译者注

② 唐·雅费（Don Japhet）是斯卡龙的喜剧《亚美尼亚的唐·雅费》（*Don Japhet d'Arménie*）中的主角。他是一位疯狂的乡绅，他的愚蠢很快让查理五世开心，是宫廷小丑的典型代表。——译者注

③ 勒尼亚尔（Regnard，1655—1709），法国剧作家，他被认为是最类似于莫里哀喜剧风格的继承者。他不是一位道德学家，他无比快乐地用丰富多彩的风格和一流的文笔描述一个堕落的世界。其主要剧作有《赌徒》（*Le Joueur*）《心不在焉的人》（*Le Distrait*）和《全权遗产受赠人》（*Le Légataire*）。——译者注

（Aristophanes）。我冒昧地讲，在我看来，我认为全部的希腊悲剧与高乃依的崇高场景和拉辛完美的悲剧相比，都不过是中学生的作品而已。像布瓦洛（Boileau）①那样羡慕古人的人，他本人也是这种观点。在超过欧里庇得斯（Euripides）而与高乃依齐名的伟人拉辛肖像下的题词中，他没有丝毫不安。

是的，我相信我能够证明，情趣高雅的人在巴黎比在雅典更多。在巴黎，我们有3 000多以美术为乐趣的人，而雅典则不足1 000人。雅典的下层社会经常光顾剧院的只是在某些大大小小免费演出盛会之时。我们不断地与女性交往给予我们更多的周到细腻感、更多的礼貌规范和更多美好的情趣。把我们的剧院留给我们，把意大利的《森林传奇剧》（*favole boscareccie*）留给意大利人，你在其他方面是足够富有的。

的确，每一部糟糕的作品，都写得怪诞费解和粗俗难耐，在一个小集团、党派人士、上流社会人士和名人们自然的帮助下，它们曾一度在巴黎获得了奇异的成功。那是一时的疯狂，在不多的几年里，错觉就渐渐地消失了。《亚美尼亚的唐·雅费》和《若德莱》被交给大众来评判，《围攻加莱》在加莱之外不再有任何名声。

我必须在你用来指责我的韵诗中加上一句：几乎所有德莱顿的作品都是押韵的。这种添加可谓难上之难。他曾经写过的最被人记得和最被广泛引用的诗句都是押韵的。我还是坚持，《西拿》《阿塔利》《伊菲戈尼亚》都是诗体悲剧。在法国，任何试图要摆脱这种束缚的作家，都会被认为是一位没有力量坚持它的弱者。

---

① 布瓦洛（Boileau, Nicolas, 1636—1771），法国第一位具有全欧影响的古典文艺理论家和诗人。路易十四因为欣赏他的诗作，封他为宫廷史官，为此他同拉辛共同编著《路易十四史》。他最著名的著作是《唱经池》和《诗歌的艺术》。1684年，经国王推荐，他成为法兰西学院院士。另外，莫里哀、拉封丹都是他的好友。——译者注

费尔内生病的老人
作于1777年2月

书信中的伏尔泰

木版画的草图

伏尔泰玩国际象棋

在我这个絮絮叨叨的老人的角色中，我要告诉你一件逸事。有一天，我问教皇，为什么当其他所有的诗人都模仿意大利人用诗来表达他们作品时，弥尔顿却不用韵文体来写诗呢？他回答道："因为他做不到。"

先生，我坦诚我内心的一切。没有注意到莱斯特伯爵（Count of Leicester）首次被称为达德利（Dudley）①这一事实，我承认我应当承担很大的责任；但是如果当你想要进入上议院并更改了你的名字时，我将永远带着最深的敬意牢记沃波尔的名字。

先生，在发出此信之前，我已经找出时间阅读了你的《理查三世史》。你会是一位优秀的首席检察官。你权衡了所有赞同与反对的意见，还有，我认为我发现你有一个喜好驼背人的秘密。你无法控制对他的希望：即使他不是一位优秀的人，他也要是个帅气的家伙。卡尔梅（Calmet）②，那位本笃会修士，撰写了一篇长长的论文来证明基督有一张漂亮的面容。我希望我会同意你的看法，理查三世正如他被传说的那样既不过于丑陋也不太令人讨厌，但是我该不会在意与他有什么关系。你的白玫瑰和你的红玫瑰对于那个民族而言都将是布满了恐怖的荆棘。

那些仁慈的国王全都是一群流氓无赖。

确实，约克党人、兰开斯特王朝党人和其他许多党派的历史，更像

---

① 达德利（Dudley, Robert, 即莱斯特伯爵, 1532—1588），英国宫廷大臣、政治家和将军。1554年，他因参与宫廷政变被判处死刑，但同年获释。伊丽莎白登基后，他成为女王的第一男宠。1564年被封为莱斯利伯爵。休谟对他的评价是："傲慢无礼，野心勃勃，缺乏荣誉感，缺乏宽广的胸怀和仁慈博爱的精神"。——译者注

② 卡尔梅（Calmet, Augustin, 1672—1757），法国本笃会修士。他因注释《圣经》而显示出自己的学识和勤奋。他主要的著作有《拉丁-法语对照详注评论本》和2卷本《〈圣经〉历史评论词典》。——译者注

是在我们读到的大路上的抢劫犯的历史一样。恕我直言……

　　此致

你的朋友
伏尔泰
1768年7月15日
于费尔内

## LXVII
### 关于作为动物的好处

致雄贝格伯爵

【"我从未有幸见到加尔冈图阿(Gargantua)夫人"——这是指法国首相的夫人,即迷人得如同仙子一样娇小的德舒瓦瑟尔公爵夫人(Duchesse de Choiseul)。到1769年,伏尔泰在费尔内已经建立了丝织业,通过接受他的织机所织出来的第一双长袜要德舒瓦瑟尔公爵夫人对此给一些建议。事出有误,她寄出了对她而言特大的一只样鞋。因此信中提到的"舒瓦瑟尔夫人"和极为令人误解的鞋,"表明了"她是"世界上最高大的女性之一"。

"(东)印度公司……现在正为拉利(Lally)的鲜血付出高昂的代价"(参看第84封信,"最后的信")。

"我总是如在5月14日左右遭受到高烧的侵袭一样，在那个月（8月）的24日前后也总是发烧。"——这两个日子分别是：圣·巴塞洛缪（St. Bartholomew）大屠杀日和亨利四世（Henri IV）被拉瓦雅克（Ravaillac）谋杀的忌日。】

先生：

是啊，确实我病得很重。但是那是老年人司空见惯的常事，特别当一个人一直在身体羸弱的情况下更是如此。这些小警报敲响了要我们知晓的警钟：很快地我们就将度过我们的今世。动物与人相比极大的优势是，不管它们多么聪明，它们永远都听不到时间的脚步声；它们死去，却从没有任何死亡的意识；它们没有神学家施之于四足动物的说教；它们最后的时刻也没有任何讨厌的，甚或经常是会引起反对的仪式的打扰；它们的丧葬没有任何花销；没有人对它们的遗嘱提出法律的诉讼。就此来说，我们极大地优越于它们——它们只知道习惯的纽带，我们则知道友谊。即使是不和我们打交道的势利小人，他们在这个世界上也享有最忠实的朋友的美名。

先生，你使我在很大程度上享受到了这种慰藉。

我从未有幸见到加尔冈图阿夫人，关于她我唯一知道的就是，那只表明她是这个世界上最高大的女性之一的鞋。可是我曾读到过她的作品，那使我相信她是一位有比她的脚……更敏感而妙不可言的大智慧。

你在信中告诉我的（东）印度公司，现在正为拉利的鲜血付出高昂的代价，但是谁将为德拉巴雷骑士的血付出代价呢？

先生，不要震惊，我在8月的时候就一直病着。我总是如在5月14日左右遭受到高烧的侵袭一样，在那个月（8月）的24日前后也总是发烧。

你将很容易猜到那是为什么，因为你的祖先是那样深深地忠实于亨利四世。一想到你和你的到访，我就感到抚平的伤口。请保持对我友好的记忆，我将深深地珍视它。

此致

> 你的忠实的
> 伏尔泰
> 1769年8月31日

# LXVIII
## 致达朗贝尔先生

论马丁案

【除了那些审判不公的案子——如此不公的案例触目皆是——外,我们对伏尔泰陈述的"马丁(Martin)案"没有添加任何多余说明的必要。另一方面,伏尔泰从未放过对此类案件的关注。

"对西尔旺家我尽了自己足够的努力"(参看第62封信,"关于卡拉斯和西尔旺的案例")。

"德拉巴雷骑士的判决已经作为一桩暴行被谴责"(参看第63封信,"德拉巴雷骑士")。】

先生:

马丁是一位农民,有一大家子人,住在巴鲁瓦(Barrois)布勒维尔(Bleurville)的马尔什

（Marche）农场里。两年八个月以前，一个男人在靠近布勒维尔的大路上被暗杀了。某个机警的人在马丁房子之间的同一条路上注意到凶手行凶的地方，一个鞋印儿，马丁被逮起来，并受到了审讯因为他的鞋有点符合留下的印痕。

这次预审后，一位曾见到凶手逃跑的目击人站出来，当马丁面对着这位目击人的时候，他说道，他认出来马丁不是他所见到的那位暗杀的凶手。这时，马丁叫道："感谢上帝！终于有一个人在这里说出他看到过的人不是我！"

法官，作为逻辑非常混乱的他，这样打断了他的话："感谢上帝！我犯了杀人罪，但是我没有被证人认出来。"

这位法官在几位当地律师的协助下，在模棱两可的意义上，判决马丁车裂刑。此案被呈递到巴黎的拉图尔内勒（La Tournelle）：判决被确认，马丁在自己的村子里被执行死刑。当他的四肢被绑定在行刑车上到达圣·安德鲁（St. Andrew）的十字街头时，他要求司法长官和行刑者将他的手臂抬起来，呼吁让上苍来证明他的无辜，但是他无法让围着的人群听到自己的声音。他允许得到的"恩惠"：在那之后，他的双臂、整个的双腿被肢解，然后他在那辆行刑车上被处死。

这一年的7月26日，一个恶棍，在街区上被处死，在他死亡之前，他严肃地宣称，他才是马丁为之处以车裂刑的那桩杀人案的真正凶手。然而，尽管如此，这个家庭中这位无罪的父亲点滴的财产都被没收和挥霍了：三年前，这一家人妻离子散。十有八九，甚至连父亲最终被承认无罪的消息他们都不曾知道。

此消息来自洛林（Lorraine）的讷沙托（Neufchâteau）：两封接连

而至的信函证实了这个消息。

我亲爱的哲学家，我该怎么办？"维拉尔（公爵）不可能到处都有（*Villars ne peut pas etre partout*）"。我只能像马丁一样对苍天举起我的双手，让上帝来见证在他创造的作品中发生的一切恐怖事物。对西尔旺家我尽了自己足够的努力——他家的女儿仍然在我的居住区。我已经将她们的父亲送往图卢兹：他的无辜就像欧几里得命题的证明一样清楚。乡村医生的极度无知和更无知的助理法官，再加上十足的狂热，这一切毁掉了一家人，使他们六年来成为在赤贫和乞食中度日的流浪者。

最后，我信任图卢兹的议会将成功地向欧洲证明它的荣誉和职责，它不会总是被表面迷惑，因此必须做出与它的职责相称的事业。这事件给我带来的困扰和焦虑超过了一位年迈体衰的老人所能承受的程度，但是直到我停止呼吸，我也将永远不会放弃对此案的干预——我是冥顽不化的。

幸运地，现在大约10年了，议会已经任命了更加理智、颇具知识和思想的年轻人任职——正如你所做到的……

我刚刚发现了在我的文件中有一封洛克写的信，此信正好写于他死于彼得堡女勋爵之前：这真是一个令人愉快的顺序。

穆斯林的事务越来越糟。我多么想见到那些狩猎的恶棍从伯里克里（Pericles）和柏拉图的故乡滚出去。确实，他们不是迫害者，可是他们是野蛮人。上帝保卫我们不受这两种人的伤害！

噢，对了，你已经听到了德拉巴雷骑士的判决了吧？他被任命的400名俄国代表们起草的一份法典判定为暴行。我认为在那份法典里将要讲到的是最令人恐怖的一例暴行，它将被整个欧洲长期引用直到给我们的民族带来永久的耻辱。

　　此致

你的朋友

伏尔泰

1769年9月4日

## LXIX
## 论皮加勒的雕像

致内克尔夫人

【1770年,伏尔泰的一伙朋友们,以内克尔夫人(Mme. Necker)——曾经是吉本的心上人,现在的日内瓦银行家、曾为法国财政大臣的内克尔之妻——为首,建议要通过公众捐赠,建立一尊费尔内长者的雕像,现在他已经76岁了。著名的雕刻家皮加勒(Pigalle)①承接了这项工作,但是没有成功。透过下面这封信中对自身的贬低,伏尔泰表现出了在人们的敬意中孩子般的快乐。】

---

① 皮加勒(Pigalle, Jean Baptiste, 1714—1785),法国著名的雕刻家。他就学于罗马,回到巴黎后,因其作品大理石雕《墨丘利》而成为法兰西学院院士。因得到路易十五的资助,他享有"国王雕刻家"的称号。他的经典之作是1753年设计的一组斯特拉斯堡纪念萨克斯元帅的陵墓。1770—1776年,他的伏尔泰裸身雕像亦是有名的佳作。——译者注

夫人：

我合理的谦逊和健全的理智使我首先想到的是，一尊雕像的计划只是一个玩笑。可是，既然事情是认真的，就让我和你严肃地探讨一下。

我76岁了，我的健康几乎无法从严重的疾患中恢复，6个星期以来，我的身心几乎完全失去了昔日的平衡。皮加勒先生应该开始做我脸的模型；可是，夫人，我必须先有一张脸；你几乎猜不到它应该在什么部位。我的眼睛已经深陷了3英寸，我的面颊只是拙劣地粘到什么都贴不上的骨头上的一块旧羊皮纸。我的牙齿也掉得没有几颗了。这可不只是"卖弄"，而是毫不夸张的事实。皮加勒先生认为，他正在同我开玩笑；在我自己看来，出现在他的面前，我确实是太过虚荣了。我应该建议他，如果他真要将这非同寻常的冒险进行到底的话，或多或少地，他要将塞夫尔（Sèvres）小镇上的半身磁像作为他的模型。毕竟，如果一块大理石与一个人或与另一个人神似的话，对后人来说有什么重要的呢？在这个问题上，我完全想得开。但是，因为我还是感激胜过理智，我给你们的是，一个身体所能留给我的东西，还有你们所具有的同样的一个灵魂留给我的才智。两者都处于不良的状态，但是，夫人，我的心与你们的心是相通的，就像我还是25岁一样，我对你的尊重同你一样真诚。我对内克尔先生充满敬意。

此致

你的朋友
伏尔泰
1770年5月21日

伏尔泰塑像
雷昂-巴普蒂斯特·皮加勒作（1772年）

## LXX
### 同前一主题

致内克尔夫人

夫人：

当这里的村民们见到皮加勒拿出他的一些职业工具时，"快来啊！"他们叫起来，"他要被解剖了，那将是很有趣的！"夫人，正如你所知道的，任何种类的演示都会令人们愉悦。他们同样地准备去看牵线木偶、圣让（Saint Jean）①的激情、巴黎的喜剧歌剧院（Opéra-Comique）、天主教的大弥撒或是一场葬礼。我的雕像将使一些哲学家见笑，会使一些流氓的伪君子或无赖的蹩脚文人竖起他们那否定的眉毛——虚荣之至！

---

① 圣让（Saint Jean, 1624—1684），詹森派修女，波尔多亚尔女修道院院长，作为女修道院的她，曾经勇敢地抵制结束耶稣会驱逐修女的迫害。著有回忆录《波尔多亚尔教职服务回忆录》。——译者注

但是，并不完全是虚荣，我对我的朋友们，夫人，最主要的是你，热情地感激，这不是虚荣。

向内克尔转达我的敬意。

此致

*你的真诚的朋友*

*伏尔泰*

1770年7月19日于费尔内

## LXXI
## 致普鲁士国王弗里德里希·威廉

### 论上帝和灵魂

【弗里德里希·威廉王子是弗里德里希大帝的侄子，他于1786年继承了弗里德里希大帝的普鲁士王位。

"《自然的体系》是霍尔巴赫男爵（Baron d'Holbach）①论无神论必要性的名著（但那时他曾长时期地不予承认他是此书的作者）。伏尔泰宣称它是"反对自然的原罪"，在他的《哲学辞典》中"上帝"这一条目上强烈地驳斥了该书的观点，并宣布它确实对哲学家的团体造成了无法表达的伤害。

"*Si Dieu n'exitstait pas'il faudrait*

---

① 霍尔巴赫男爵（Baron d'Holbach, Paul Henri Thiry, 1723—1789），法国怀疑主义和唯物主义哲学家和无神论者。他出身贵族，终生富有，他的沙龙是百科全书派的名人聚居地。其主要著作有《袖珍神学》《自然的体系》《社会的体系》等。伏尔泰指责他的《自然的体系》令人厌恶，同时他的这部代表作也受到歌德、弗里德里希大帝的驳斥。——译者注

*l'inventer*"——"如果上帝不存在，他也一定会被创造出来"——这句名言——18世纪文学中最著名的一句名言——当然是伏尔泰自己信念的表达。此语出自他的《致<三个江湖骗子>一书作者的信》（*Epistle to the Author of the Book of the Three Imposters*），他自己也常常地引用它。】

阁下：

普鲁士王室有极好的理由不希望毁灭灵魂，因为它比任何不道德的人更正义。

千真万确，我们也不很知道灵魂是什么：没有什么人曾见过灵魂。我们所知道的不过是永恒的大自然之主赋予我们思考和分辨美德的能力。这种天赋的能力一直伴随到我们死亡时为止的问题也没有被证明，但是与之相反的结论也同样没有人能够证明。无疑，在我们不存在时，上帝将思维赋予一个粒子是可能的，他将仍然赋予思维的能力：在这种概念上是一致的。

在我们已经以4000种方式探讨了4000年的全部疑惑之中，最安全的途径是不做任何有违良心的事。用这个秘诀，我们就能享受生命的欢乐并对死亡无所畏惧。

有一些骗子不承认任何疑惑。我们对宗教的第一原理一无所知。当我们不知道为什么我们能张开我们的双臂迎接快乐时，确实对上帝、天使、神灵给出定义，自称确切地知道上帝创造世界的原因，这都是极为放肆的想法。

怀疑不是令人快乐的条件，但是确定无疑则是一种有悖常理的观念。

在《自然的体系》中最令人反感的是——在从面粉里面造鳗鱼的配方后——在连不可能性都没有尝试去证明的前提下，以此得出放肆的结论：不存在上帝。在该书中有一些雄辩之处，但是更为夸张的是，不存在任何证据之类的实例。对于君王和人民来说都一样，它是一部极具破坏力的著作。

"如果上帝不存在，他也一定会被创造出来。"

但是整个的"自然"都大声呼喊，他确实存在——存在一种最高的智力、一种无穷的力量、一种令人羡慕的秩序，并且一切都使我们认识到我们自己都依赖上帝的存在。

从我们严重无知的深渊，让我们尽我们最大的努力：这就是我所思考的，我一直思考的问题是，在我70年生涯的历程中与我分不开的所有的不幸和愚蠢。

在您的面前我可以说，陛下有着辉煌的生涯。我祝愿你并冒昧地为你预言，你自身和你的心灵的幸福都是来之必然、受之坦然。阁下，当你还是一个孩子的时候，我就认识你；当你患天花时，我到你的病房去看过你；我为你的生命担忧。你的父亲以极大的仁慈使我感到荣幸之至。你放弃王子的身份赐予我大量的恩泽，那是我年迈的荣耀和我肯定不久即将结束生命的那些痛苦的安慰……

对你致以深深的敬意。

你忠实的仆人

伏尔泰<br>1770年11月28日于费尔内

# LXXII
## 论老年的幸福

致切斯特菲尔德勋爵

【这位伟大的切斯特菲尔德勋爵,是蒲柏、斯威夫特和博林布罗克的朋友,著名的《致其私生子的信》的作者(参看第76封信,"论切斯特菲尔德的信"和第77封信,"论同一主题")。

在1726—1727年伏尔泰访问伦敦期间,他在伦敦曾与切斯特菲尔德共餐(因为预期中的仆人们脱帽致礼时不够尊重而引起的不悦,他被迫谢绝了第二次的邀请)。1741年,切斯特菲尔德勋爵与伏尔泰同住在布鲁塞尔,伏尔泰向他高声朗诵了他的剧作《穆罕默德》的选段。对此切斯特菲尔德后来回忆道,他将这看作是"一种攻击基督教的掩饰"。在撰写此信前的许多年,切斯特菲尔德勋爵就以身体不好和耳聋为由,已经从公共社会生活中淡出。

伏尔泰提到他在"大的彩票抽奖"中他那"理想的一张",其中包括他的枢密院官员的职位、驻海牙大使和爱尔兰的总督。

"你自己建造的精致漂亮的大房子"是切斯特菲尔德在梅费尔区(Mayfair)的南奥德利街的房子。切斯特菲尔德自己说,那是"在他生命的最后阶段,唯一真正使他舒适的"安静、自由和健康"的地方。因此他的见解和伏尔泰完全一致。】

勋爵:

亨廷顿勋爵(Lord Huntington)对我讲过,对我们所有人普遍共有的五个感官之中,你已经失去了一个。可是你的胃口相当好,那足以抵消你一对耳朵的失聪。

我,而不是你,应该决定是否聋或瞎或消化不良症中哪一种是更糟的仲裁人。我能从个人的经验中判断这三种情形:只是好久我都不敢在琐事上做什么决定了,更不用说决定如此重要的问题。我自己限于这种信念,如果你在为自己建造的精致漂亮的大房子里让它阳光充足,你就会很能忍受此时的时光。那就是在我们的年纪我们所能希望的了。西塞罗写下了一篇漂亮的《论老年》的论文,但是事实并不能证实他的理论,他最后的岁月是极为悲惨的。你已比他活得更长寿,更幸福。因为你不必对付接连不断的独裁者或执政者。你的彩头已经是,并仍将是,在这大的彩头抽奖中最理想的一张,中奖的机会是多么罕见,而其中最大的那份奖的彩头——永恒的幸福——还不曾被任何人抽到。

你的哲学从未被冲昏了头脑而更强烈的疯狂梦幻误导。在任何方面,你从来既不是一个江湖骗子,也不是受任何骗子愚弄的人,我认为那是在这短暂的人生中,一个人所能做到的最不寻常的闪光点之一。

  此致

你忠实的朋友

伏尔泰

1771年9月24日于费尔内

# LXXIII
## 论天赋

致狄德罗先生

【关于狄德罗,见第27封信,"关于盲人"。

"我将永远因为活在世上而没有见到你感到遗憾。"在写此信五年后,伏尔泰在巴黎见到了狄德罗,那是他们一生中唯一的一次见面。

"你寄给我你一个朋友的《寓言》……代替灵感的是,大自然赋予了他更健全的理智"等。那位朋友就是卡昂(Caen)文学院的布瓦萨尔(Boisard)先生[①]。伏尔泰在此预见到了歌德的感想——"一个人年龄越大,他就越珍视自然的天赋,因为它们不可能通过努力去获得和加之于某人身上。"

---

① 布瓦萨尔(Boisard, Jean Jacques, 1743—1831),法国寓言作家。主要作品有《新寓言》(1773)、《各种诗体寓言》(1804)和《寓言1001篇》(1806)。——译者注

"（这方面）拉莫特已经讲得够多了。"——拉莫特·富凯（La Motte Fouquet）①，他是德国《水精灵》（*Undine*）一书的作者，他当然无法与拉封丹相比。德塞维涅夫人（Mme. De Sevigne）认为他的《寓言诗》（*Fables*）具有"天才"的特征，此言确实中肯。正如伏尔泰所断言的，寓言诗具有明显的妙不可言的灵感——"抛弃鲜花但不可抛弃鲜花的栽种（*Laissant tomber les fleurs et ne les semant pas*）。"

"基诺（Quinault）的"阿尔米德"（*Armide*）。女演员基诺小姐的著名角色之一（参看第19封信，"论平静的生活和一时的沮丧"）。】

先生：

当我再次从斯提克斯冥河（Styx）的一岸穿越到另一岸的时候，我极为惊喜地发现了等待着我的是一封带有狄德罗签字的信。

想象一下，一位带着伤疤的老战士收到一封来自德蒂雷纳元帅（M. de Turenne）②的信时那种兴奋和欣喜的情景吧。天意已经允许我在这个世界上留得更久一些。换言之，就是在两个永恒之间（好像有可能会存在来世）暂时准备一会儿。

因此，在最终一切都将消失在时间长河中前，我将在阿尔卑斯山脚下继续过一段我的田园生活。我的智力像梦一般在逐渐地消失，但是如果此生不能见到你，我将永远感到遗憾。

你送给我的《寓言诗》，是你的一个朋友创作的。如果他是一个年

---

① 拉莫特·富凯（La Motte Fouquet，1777—1843），有故事集《水精灵》（*Undine*，1813）（见《牛津法国文学词典》英文版第392页，牛津大学出版社，1984）。这封信很可能是英译者有误，伏尔泰1778年去世，他怎么会提到他呢？——译者注

② 德蒂雷纳元帅（M. de Turenne，1611—1675），德蒂雷纳子爵，法国最伟大的军事天才之一。他一生率军征战西班牙、意大利和德意志等，战功卓著，最后在与奥地利将军雷蒙德·蒙泰库克利的对战中于萨斯巴赫遇难。——译者注

轻人的话，我保证他将会成功；如果他不再年轻了，那么可以说，他那充满智慧的创作来自他的天赋——拉莫特在这方面已经讲得够多了。谁还会想到有比他更高的赞扬呢？可是对拉·封丹有一点是公认的：他是极为自然、情不自禁地从事创作。在所有的艺术作品中，总有一座难以企及的巅峰。世界上所有的哲学家，即使全融于一体，也不会成功地扮演基诺的"阿尔米德"，也无法写出拉封丹的《感染瘟疫的动物》（*Les Animaux Malades de la Peste*），几乎潜意识地不知道他怎么能做到。让我们坦诚地讲，在天才的作品中，一切都是本能冲动的结果。高乃依写下的贺拉斯和居里亚斯（Curiace）的一场戏，就如同一只鸟建巢一样，总是造得鬼斧神工——与我们可怜的才能相比完全不是一回事。布瓦萨尔先生在我看来似乎是帕尔纳索斯山（Parnassus）上一只非常漂亮的鸟，代替天才本能的是大自然赋予他更健全的理智、真诚和敏锐。我附上一封感谢他的信函。我仍在遭受的病患带给我的后果是，不允许我在此言之甚详。

我务必要见到你，直到我停止呼吸。作为一位有勇气去对一位忘恩负义之人[①]有帮助的男子汉，他值得所有的智者称赞——我尊重你，敬重你，好像我自己就是一位智者。

此致

费尔内的老朽

1773年4月20日

---

[①] 忘恩负义之人，在这里指的是卢梭。狄德罗曾帮助过卢梭，但卢梭后来却攻击狄德罗。——译者注

老年伏尔泰

# LXXIV
## 论明智的任命

致杜尔哥先生

【就在写这封信的一周之前,杜尔哥——一位法国最明智、最伟大的政治家,被年轻的国王路易十四任命为海军大臣。一个月之后,他又被任命为财政总监,因为他正直,开明,公正。他同时也是哲学家们的朋友,曾在卡拉斯案中站在宽容一方进行辩护。在此信和下一封信中,伏尔泰表达了时代和历史已经证明其正确的见解。两年以后,即1775年,他被轻薄的王后从其高位上解聘了,因此他任职时废除掉的弊病重又盛行。法国就这样"轻轻松松"地踏上了她的毁灭之路。在费尔内,年迈的伏尔泰写道:这是死亡之前的毁灭,这是落在他头上和心上的晴天霹雳。当他在1778年最后一次到访巴黎时,他去会见了杜尔哥。

"让我吻一下你的手,"年迈的伏尔泰说道,"它象征人民的得救。"

"德孔多塞先生",参看第75封信,"关于杜尔哥和费尔内"。】

阁下:

德孔多塞先生告诉我,在杜尔哥先生任命为国务大臣之前,他从未真正感到幸福过。

阁下,即使我在他们合法的地位上见到了美德和理性,我还是为我如此地接近死亡而悲痛。你将为由衷的祝贺而激动不已——你将是极少数曾经接受到人们由衷祝贺的人之一。我决不会要求你给我回复,然而,尽管我为自己奄奄一息地哼上一首《深沉的哀痛》(*De Profundis*),但我要为你大声地唱上一首《我们赞美你,啊,上帝》(*Te Deum laudamus*)。

此致

费尔内快乐多病、濒临死亡的老人
1774年7月28日于费尔内

# LXXV
## 关于杜尔哥和费尔内

致孔多塞侯爵

【德孔多塞侯爵,哲学家团体中的贵族,为了让自己逃过(革命恐怖时期)断头台之刑,他最终服毒自尽。1773年,他当选为法兰西学院的终身秘书。1770年,他曾与达朗贝尔一起住在费尔内——在这封信中,伏尔泰提及他时称他为"贝特朗先生(M. Bertrand)"——这是达朗贝尔曾用过的一个笔名。孔多塞到访费尔内的时候他才27岁,伏尔泰不但颇为赞赏年轻伯爵聪颖的天资、杰出的智慧和崇高的理想,也对他朴实谦恭和公正无私的品格极为钦佩。"你将目睹伟大的时代,"费尔内年迈的主人这样写道,"你将创造那伟大的时代。"

"费尔内已经成为……一个极为不可小觑的地

吗？那是一位叫作伯努瓦（Benôit）①的愚蠢的耶稣会教士写给一位叫作迪加（Dugad）的胡作非为的耶稣会教士的信。正是在这封信中，他以许多对话陈述了一位宰相指控一位信基督教的中国官员：

乾隆皇帝问道："他辖下的民众抱怨他了吗？"

"没有，陛下。"

"他在司法办案时公正无私吗？"

"是的，陛下。"

"他对国家有失职行为吗？"

"没有，陛下。"

"他在家中是一位严父吗？"

"是的，陛下。"

"那么没有任何理由，何以罢他的官呢？"

如果你见到杜尔哥先生，请转告他这则逸事。

我寄给你一份我给所有的执政大臣草拟的请愿书。我唯一没有将它寄送的人就是国王。我极为渴望的是，这份请愿书能够呈给商务议事厅，在那里，杜尔哥先生可以有决定票。尽管有如弗雷龙（Fréron）、克莱芒（Clément）和萨博捷（Sabotier）那样显赫的人物，我至少还有些安慰，正如你见到的那样，费尔内已经成为一个不可小觑的地方，它不能不引起政府显要的高度注意。这里不仅有为制造厂所用的高大壮观的石头厂房，而且有可以用来作为圣-克卢（Saint-Cloud）或默东

---

① 伯努瓦（Benôit, Michel, 1715—1774），法国耶稣会传教士。1745年，他到中国传教，介绍了反射望远镜、雕刻术和其他的发明等。——译者注

方……不能不引起政府显要的高度注意。"1770年，伏尔泰在费尔内他所建立的丝织业工厂之外又增建了钟表制造业工厂（参看第67封信，"论作为动物的好处"）。日内瓦的争端（由于法国以武装力量形式的"调解"只是加剧了局势的恶化——参看第65封信："论耶稣会会士和凯瑟琳大帝"）威胁着那里的钟表制造商的存在，这里伏尔泰提及了他们的好处，费尔内的他向那些钟表商表示欢迎，很快地建起了"高大宽敞的石筑厂房"。正如他所说的，他为了这项规划，"不仅从来未向政府要过钱"，而且已经几乎花掉了自己的积蓄。他成功地为他所在地域的人们承担的无情的征税得以免除，这种征税单单在赤贫如洗的热克斯（Gex）省，每年的税费就要缴纳4万利弗尔（livres）。在他去世之后，一切照旧。在一定程度上，费尔内确实又重陷入原来他所"规划它时"那样的"空旷"，此地的工业衰落了，伏尔泰的费尔内现在只是日内瓦一片散乱的郊区。伏尔泰当年的房子、他的地产和他所建立的永远吸引人的建筑物——教堂，仍然充满着令人对它依恋的回忆。】

法兰西学院秘书阁下：

我今天给你写信，既不谈艺术和科学，也不讨论良知的自由，此中人们已试图剥夺没有它就无法存在的人文科学。

当你告诉我，国王回复那位不满现状的人时告诉他，杜尔哥才是百科全书撰稿人，你让我的心中充满了神圣的欢乐。"他是一位正直和开明的人，那就足以让我满意了。"在国王身旁，你认识有同样心灵的正直的人吗？

你知道吗？贝特朗先生知道吗？诗人乾隆——中国的皇帝——几年前说过同样的话吗？你读过（所谓的）《奇妙的启迪书》第三十二杂集

（Meudon）衬托装饰的漂亮的乡间小院。如果政府官员抛弃我们的话，它就将陷入到原来我所规划它时那样的空旷。我或许是唯一从未向政府要钱的一座制造厂的创建人。现在，我只要求专心于它自身的利润。我委任你和贝特朗先生为"本案的法官"。

我很想要在既会令你更感兴趣，又是我即将从事的一件事上与你商量——我恳请上帝和你本人来帮助费尔内事业的成功。它将关系到我们美好的事业，因此我能够依靠你的协助。

此致

*向你们两位问候*

V.

1774年8月12日于费尔内

# LXXVI
## 论切斯特菲尔德勋爵的信

### 致迪德方夫人

【切斯特菲尔德勋爵（参看第72封信，"论老年的幸福"）写给他儿子菲利普·斯坦诺普（Philip Stanhope）的这些著名的书信以字斟句酌的精练之词来表达阅世的体现。如果它们如伏尔泰在这里称之为至今"已经出现的最好的教育手册"，那么它们在其主要宗旨上——为了使菲利普成为一位讨人喜欢的人——是极大的失败。不过它们让他成为一位正直的人。正是他的遗孀，在1773年切斯特菲尔德勋爵去世后不久，将这些信卖给了一位出版商——他的亲戚试图阻止其出版。就在伏尔泰撰写此信的一年后，不论是有许可证还是没有许可证，它们中的一种法文译本确实在巴黎出版了。

"了不起的蒙克利夫（Moncrief），他弄明白了如何去讨好一位威严的法国王后。"蒙克利夫著有《论艺术和令人愉悦的必要随笔集》（*Essays on the Art and Necessity of Being Pleasant*），"威严的王后"是指法国的王后玛丽·莱津斯卡（Marie Leczinska），（当她还是一位法国宫廷里的一位年轻的新娘时）伏尔泰就从她自己私密的钱包中得到了一笔年金。

"路易十四陶醉于……韵律诗"——这种状况发生在他即位前的三个月，路易十四于1774年5月即位。

"德舒瓦瑟尔公爵（Duc de Choiseul）"——法国大臣，伏尔泰的老朋友。在卡拉斯事件中，公爵曾帮助过他，并保护他在费尔内的钟表制造商和丝织厂的工人群体。他的妻子就是迪德方夫人亲爱的"外婆"——一位耽于幻想的小伯爵夫人。迪德方夫人在接受费尔内丝织厂织出的第一双长筒丝袜的赠予时，曾对伏尔泰曾尽展风情（参看第67封信，"论作为动物的好处"）。自1770年起，舒瓦瑟尔因为王室女情人迪巴里夫人的阴谋而被贬黜和流放。伏尔泰因为欣然接受他的替代者——莫普（Maupeou）的政策而极大地伤害了他。】

夫人：

……为了你的愉悦，我多么希望有人能立刻很好地翻译出两大卷的《切斯特菲尔德勋爵致其子菲利普·斯坦诺普书信集》。书中提及大量你以往认识的人。你从书中也会学到更多的东西——我无法肯定它们会不会变成曾经出版过的最佳教育手册。书中描述了整个欧洲的宫廷。切斯特菲尔德勋爵试图把他的儿子培养成为一位讨人喜欢的人，为他指出了成为这种人的途径——他的途径比了不起的蒙克利夫那些要更高明，而后者只是弄明白了如何去讨好一位威严的法国王后。

除了承认他知道如何使自己快乐外，切斯特菲尔德对黎塞留元帅（Marshal Richelieu）没有任何好评。他给他的儿子出主意，让他成为迪夫人的情人，并寄给了他一份爱情宣言的范文。

我很担心此书将被你的朋友弗雷龙店里的某个伙计或某个其他书商的雇佣文人翻译过来。

一位有生活阅历的人应该不辞辛劳地去翻译它，但是它在法国的出版将永远不会被允许。如果我在巴黎，在我的面前放上英文原著，我就会用法语给你读上几封，可惜我的健康状况不允许我到巴黎。此外，在我的地域内未开发的地方，我竟然大胆地找到了一个所谓的小镇，为了在这里建立工厂，就要求我得在场并时时关注进程。我在乡村的工厂是我无法终止的链条。我乘坐马车去种田；我的工人们只要求我保持健康，时刻保持我的头脑清醒，给他们写韵律诗并在《水星》（Mercure）上发表。

在我看来，当路易十四执政时，就有比路易十四陶醉的那些诗更好的韵律诗朗诵给他。如果他是被迫去接受它们的话，那我真诚地同情他。

夫人，你肯定知道，如果舒瓦瑟尔公爵已经确实从德布永公爵（Duc de Bouillon）那里买了御前大臣的职位。那会是一件好事，确实，一位如此高尚品格的人应该注定永远在宫廷里任某些高级职位。我必须结束此信了，因为到此刚好写满这一页。

此致

*向你致以最亲切的问候*
*1774年8月12日*

## LXXVII
### 同前一主题

致弗里德里希大帝

【自从他们1753年不和以来，弗里德里希和伏尔泰仍有书信来往。有时保持着旧时的友情和热情，有时又冷漠和客套。四年来，毕竟不止一次是这样。两人都知道，如果他们见面，他们就会再一次争吵。然而正如此信所示，有时两个人又像分离的情人一样，相互渴望重逢。】

阁下：

……已故的《切斯特菲尔德勋爵》的书信集已经出版了，书信是写给一位私生子的，他对他就如同德塞维涅夫人对她的女儿一样喜爱。

在这些信函中，他极为频繁地讲到您：对于后人以您为理想楷模，您确实当之无愧。

切斯特菲尔德勋爵的赞同有着非凡的影响，不仅因为他属于一个几乎连国王都不必恭维的民族，而且他或许是最优雅高贵的英语作家。他对您的敬慕是无可置疑的，因为他不知道他和他的儿子去世之后，他的书信会出版。他的书信在荷兰已经被翻译成法语，因此陛下很快就会见到其书。您将会看到一位将艺术的愉悦作为人生第一要义的唯一英国人。

我从未忘记，我最珍视的希望就是曾经去取悦于您；即使现在，我也不希望您不愉快。随着年龄的增长，一切都越来越衰弱：一个人越是意识到自己的缺点，他就会越来越谦让。

此致

您昔日的敬慕者<br>1774年8月16日

# LXXVIII
## 为穷人恳求

致德法尔热先生

【德法尔热先生（M. de Fargès）是一位国务大臣。

正如在致德巴斯蒂德先生的那封嘲讽信中所述（参看第59封信，"论1760年的社会状况"），伏尔泰在这里对法国革命前农村的贫困状况进行了令人赞叹的描述，其中强调了这样的事实：对贫苦人民形成极大压迫的不是税收极不公正的强夺，而是税收官员残忍贪婪的本性。伏尔泰在这里指的是盐税局（Gabelle），或说盐税，人们被迫每人每年要买7磅盐，其价格在不同省份也变化不一，在各地都是很离谱的高。可是，贵族、教士和政府官员都享有免税权。无怪在很短的几年时间内，盐税就成为法国大革

命的导火索。】

阁下：

自从你与你的仆人开始裁决，请允许我告诉你，如果我能离开我的床（直到现在，我已83岁，一直是病魔缠身），我就会迅速地冲到总务大臣的面前。以下就是我就我们国家问题的赘述：

我们小小的乡村比索洛涅（Sologne）和悲惨的香槟（Champagne）更惨，比波尔多（Bordeaux）最糟的地方更差。

尽管我们的不幸，28个教区唱着28首感恩赞美诗（Te Deums），并呼喊着28声"国王万岁、杜尔哥先生万岁！" 在将我们从使我们死于狂怒的78位无赖的手里解救出来的前提下，在欣慰地接受死于饥饿命运的心境中，我们将欢快地付给60位国王代理人30000法郎。

我们赞同你的意见，靠近巴黎、米兰和那不勒斯的土地能够资助全部的税收，因为那里的土地是丰沃高产的，但是，它与我们是不同的。我们在风调雨顺的年月里，收益是3∶1，通常是2∶1，有时也可能一无所获，丰收的果实10年才有那么一次。而这些都需要6头牛来耕种。

你将会问道，那么我们靠什么活着呢，我可以回答你，靠的是黑面包和红薯。主要靠我们的农民在森林中砍伐树木，然后运往日内瓦去销售它们。连此种的生存手段也不断地失败，因为这里的森林比其余的植被区被破坏得更严重。

顺便我可以说一下，在法国，木材将很快将越来越稀有。最近，用于生火的木头正在从普鲁士买入。

因为我要绝对地坦率，因此我承认我们在六、七、八的3个月里在汝拉（Jura）山上的某处制作一些奶酪。

我们维持生计的主要手段是靠我们的双手。我们的农民，没有任何赖以生存的手段，只有一直辛勤地为日内瓦人从事钟表制造——于是，日内瓦人每年（*per annum*）创造了价值上千万法郎的产品，可是热克斯省的工人们报酬却少得可怜。

一位老人，他突然想到要在瑞士和日内瓦之间定居下来，并在热克斯省建立一个手表制造厂，他付给当地工人的工资极为优厚，结果使当地的人口增加了，如果得到政府保护的话，他将取代富有的日内瓦的生意，但是这位老人在这个世界上的时日已经不多了。

既然如此，我们完全是靠我们的工业生存。可是我要问，如果这种钟表制造业每年将带来上万法郎的收入，盐业的利润更是超过了农业的收入，我总觉得这些只有3000法郎收入的农民，他们为什么一定要为盐业做出补偿呢？

伏尔泰对一位普通农民拒绝免税答复的批注

我要问，如果这些肥胖的店主比钟表制造人赚钱更多的话，他们消费更多的盐，不也应该帮助在贫瘠土地上不幸的农民们吗？

大钟表制造商、店主、肉铺的老板、面包店老板、商人，他们都那么了解农村的悲惨境遇，都了解牧师们全都以很少的捐助提供对我们的帮助。

要么允许这种捐助，要么就略微地降低60位国王代理人要我们缴纳高达3000利弗尔（livres）的数目。

在这些国王代理人中有一位叫贝塞蒙（Basemont）的刚刚死去，据说，他有1800万（法郎）。为了我们的皮可能给他带来500利弗尔的进项，那个流氓有什么必要活活地剥我们的皮呢？

阁下，这就是我应该向总务大臣进献的一些不平之事和我的牢骚，但是我没有妄加评论，我把所有的解释留给了您。如果您真的被我的论证感动的话，您就屈尊地好到足以将它们提交处理；如果它们让您觉得很糟的话，您就将它们弃置勿用。

如果我这样为我的国家微言恳请是做错了，那么在表达我对您的开明、对您仁慈的极大感激之情无疑是正确的。阁下，向您致以我最真诚的问候。

此致

您忠实的

伏尔泰

1776年2月25日于费尔内

# LXXIX

## 论路易十四时代

### 致德福热尔男爵

【德福热尔(de Faugères)男爵是一位海军军官。

"卡斯特尔(Castel)推荐了一种目镜的羽管键琴。"卡斯特尔是一位法国的数学家,他在物理学方面进行了实验。在他1740年出版的名为《颜色光学》(*Optique des Couleurs*)或《论色彩的旋律》(*Treatise on the Melody of Colours*)一书中,他试图通过羽管键琴(*clavecin oculaire*)来解释他的主题。

"尼达姆(Needham)自以为是地认为他能从一点儿汤里繁育出鳗鱼来。"尼达姆是18世纪英国的一位科学家,布丰的朋友。像卡斯特尔一样,他也是一位耶稣会教士——这可以说明伏尔泰对他们理论蔑视的某种缘由。尼达姆的理论称"动物是从腐烂物质中演化出生命的。这肯定不是如伏尔泰所设想的那么荒谬。此外，尼达姆的文字表达过分复杂而令人困惑不解，这种文风对伏尔泰清晰的思维而言是特别反感的。

"在我们的祖先——动物——演变成人类的伟大的时代。"提前发现伏尔泰对达尔文理论的嘲笑，在某种程度上，这肯定是一种反常现象吧。】

先生：

你建议，在蒙彼利埃（Montpellier）建起的雕像——在路易十四去世后，为他而建的——周围应该为那些给他那个时代带来荣耀的伟人建造纪念碑。

这项工程尤为值得赞扬，因为多年来在我们之间似乎一直存在着一种阴谋小集团，他们贬低使那个闻名的时代辉煌的一切事物。人们对17世纪的杰作失去了兴趣。他们极力贬低路易十四，指责他追逐名望。一般而言，我们的民族偏爱亨利四世（Henri IV）而排斥所有其他国王。我不想问这是出于公正还是出于反复无常——如果是因为对情况更为了解的话，那么我们熟知今天的事实更多于我们对从前的认识。我仅仅要说明的是，我们根本没有意识到或感觉到继亨利四世时期之后那伟大辉煌的时代。

"他们不理解我，"那位好君主对德叙利公爵（Duc de Sully）①说道，"但是他们将为我感到遗憾。"确实，坦率地讲，先生，他受到更多的憎恨而没有受到尊重。他从出生时就受到宗教狂热的迫害，谋害他的密谋不下百次。最后，他还是死于以前的一位修士——被宗教联盟逼

---

① 德叙利公爵（Duc de Sully，1560—1641），法国政治家和雨格诺宗教领袖；法王亨利四世的伙伴和朋友，曾任亨利四世的财政大臣。1606年被封为公爵。路易十四执政时期炙手可热的重臣，留有《圣贤回忆录——亨利四世时王室的经济、国内的政治和军事状况》一书。——译者注

疯的一个疯子——之手。我们现在对他做出了体面的补偿：我们认为他胜过我们所有的国王，虽然我们坚持，坚持了很久很久，但是许多偏执狂还是煽动了这起谋杀我们英雄的恶行。

可是如果说亨利四世是伟大的话，那么无论从哪方面看，他的时代都称不上是伟大的时代。我不是讲那些以其迷信和谋反玷污了法国的大量犯罪和恶行。我只是提及艺术，它的荣耀是你寻

亨利四世在香榭丽舍迎接伏尔泰

求的永恒。它们不是被忽视就是极为恶劣地延续着——首先是战争的艺术。他发动战争达40年，没有一个人获得明智将军的美名，没有一个人的后代堪与帕尔马公爵或奥尔良公爵相媲美。至于海军，阁下，你自己就是其光荣的一员，肯定知道它形同虚设。和平的艺术，它使社会充满魅力，它美化了我们的城镇，它启迪了我们的头脑和智慧，它使我们的习俗变得宽容，而我们对这些艺术全然不知，只是在这个时代——见证了路易十四生与死的时代，这些艺术才得以存在。

当今，我认为要去理解对科尔贝（Colbert）①声誉的曲意逢迎是很困难的——在福利保障方面，科尔贝对与你的情感如此密切的海军贡献颇大。先生，你很清楚地意识到，他是如今变得如此强大可畏海军的创

---

① 科尔贝（Colbert，1651—1690），法国海军大臣，路易十四的财政大臣之子，被封为塞涅莱侯爵。——译者注

建人。在他去世的前两年，法国有180艘战舰和30艘大帆船。制造业、商业、贸易——在东方和西方——的发展都应归功于他。超越他是可能的，但是他的声威永远不会消失。

在知识的艺术——讲演术、诗歌、哲学——和在大脑指挥手的艺术——建筑、绘画、雕塑、机械学中都同样如此。那些才华横溢的天才为路易十四时代增光添彩，无论他们的继承人有什么样的功绩，这些人都永远不应被他们忘记。一项事业的先驱者在后人的眼里，将永远是他们同辈的领军人物。正如牛顿在与莱布尼茨的辩论中所言，所有的荣誉属于创造者，正是正确的。帕斯卡尔（Pascal）①肯定是被看作一位创始者，因为他开创了一种新式的雄辩术；佩利松（Pelisson）②像西塞罗（Cicero）在凯撒面前保护戴奥塔乌斯（Deiotarus）一样，以同样的方式为富凯（Fouquet）进行了辩护；高乃依，即使他模仿了西班牙的《熙德》（*Cid*），他仍然是法国悲剧的创始人；莫里哀，因为他开创并完善了法国的喜剧；笛卡尔，因为从他的模式中，他如果不在他的创造中徘徊的话，他就会完善几何学；而如果马勒伯朗士只知道如何约束他的想象力的话，那么，在人们之间他会是一个什么样的人啊！

每一个人都会一致认为，这个伟大的世纪是天才的时代，但是往往是，在创建者之后而来的——我不是说那些老师在学校里教的弟子，因为他们是值得赞赏的——却是设法破坏他们无与伦比的开拓者工作的拙劣的模仿者。因此，在牛顿发现了光的性质后，卡斯特尔为了超过他，

---

① 帕斯卡尔（Pascal, Blaise, 1623—1662），法国几何学家、哲学家和作家。他17岁时就创建了新的几何学《二次曲线论》（1640）。他在物理学方面也有杰出的贡献，陈述了现在以他的名字命名的"限定液体均衡律"，气压试验证明了气压随着高度递减的基本规律。他在文学和哲学方面的成就体现他的名著《外省人书简》和《思想录》两部著作中。——译者注

② 佩利松（Pelisson, 1624—1693），他的名字又拼为"Pellisson, Paul"，法国作家。他著有《法兰西学院史》，并因此书被推荐填补法兰西学院的席位。他是路易十四的财政大臣富凯的首席秘书，因为他为富凯辩护，被投入巴士底狱4年之久。出狱后被路易十四任命为史官，著有《路易十四史》3卷。——译者注

提出了一种目镜的羽管键琴。

一个微型的新世界已被显微镜发现，尼达姆就想入非非地以为他能够从一点儿汤或在一滴煮着麦穗的水里造出鳗鱼来。没有种子的动物和蔬菜就这样出现了，这种登峰造极的荒谬应该称之为自然史上极端而盲目的成就。

真正的哲学家已计算出潮汐对日月的影响，比希拉诺·德贝热拉克（Cyrano de Bergerac）①还差的空想家们则杜撰大海覆盖阿尔卑斯山和高加索（Caucasus）的时间史，杜撰宇宙上只有鱼才能生存的时代史。通过发现奇异的时代，在那个时代里，动物——我们的祖先——演化成了人，它们"Y"状的尾巴变成了下面的大腿，他们以这样的高论结束了他们的离奇史。这就是泰利阿梅德（Telliamed）最近提供给人类的伟大服务。这样，先生，在所有的艺术中，在所有的职业中，江湖骗子们接替了真正的发现者：上天承认所有我们必须与之打交道的骗子或许没有任何伤害吗？

祝你的规划成功！愿所有为路易十四时代增光添彩的天才再现蒙彼利埃广场，在国王雕像的周围，激励一个永恒竞争时代的来临！

此致

你忠实的

伏尔泰

1776年5月3日

---

① 希拉诺·德贝热拉克（Cyrano de Bergerac，1619—1655），剧作家，军人，放荡不羁、臭名昭著的决斗者。人们称他为有一个奇特的外貌而充满胡思乱想的人，他想象自己到了月球和太阳上面，并描述那里的居民和机构。他主要的著作有喜剧《出丑的学究》、悲剧《阿格莉皮娜之死》《太阳帝国趣史》和《月球帝国趣史》。——译者注

## LXXX
### 论君主制和专制

致吉恩先生

【吉恩先生（M. Gin）曾经寄给伏尔泰他的著作：《作为理性和事实所证明的法国政府的真正原则》（*The True Principles of French Government as shown by Reason and Facts*）。

《论法的精神》（*Esprit des Lois*，参看第56封信，"论信仰的表白"，伏尔泰在信中提及：孟德斯鸠在史实上的错误是人所共知的）。

"孟德斯鸠议长"（参看第25封信，"论高乃依与莱辛"），他是波尔多（Bordeaux）议会的议长。】

先生：

在这封信中我不想讲我对你的赞扬和感激，因此我一开始就要让你相信：在所有理智的人心中，"专制"和"君主制"是相同的体制。"专制（herus）"的意思是"主人"，而"君主"的意思是"唯一的主人"，它的意思更为强烈。一只苍蝇是感觉不到它吞掉的微小动物的君主，而蜘蛛则是苍蝇的君主，因为它给它们设下陷阱，然后吃掉它们；伯劳鸟吞吃燕子……不胜枚举。你将无法否认，包税人吞吃我们。你知道，世界自创始以来就是如此构成的。可是那并不妨碍在是非上很清楚是你正确而不是修道院院长马布利（Abbé Mably）。先生，我因此对你报之以无尽的感激。你得出了幸福的结论：君主制政府是最好的政府，并总是有马尔库斯·奥勒留这位君主为依据。反之，如果他被一只狮子或是一个老鼠的部落吞吃，那么对于一个人而言，什么会是重要的呢？先生，在承认君主制的原则是"荣誉"，共和制的原则是"美德"的时候，你的观点似乎是出自《论法的精神》。如果你的见解不是这样的话，那么我的观点应该是来自（摄政王）奥尔良公爵的主张，他讲到我们一位伟大的君主："他是最完美的廷臣——他既没荣誉也不幽默"；我应该告诉孟德斯鸠议长，如果他希望通过在君主制下的臣民寻求荣誉来证明他的命题的话，那么在共和制下的臣民更追求荣誉。在共和体制中，他们为凯旋归来的荣誉、胜利、全体的尊严而奋斗。人们都追求威尼斯总督的职位，尽管这的的确确是虚空的虚空（*vanitas vanitarum*）①。就其余而言，先生，你比《论法的精神》更有条理，你从未像他那样错误地引用——非常重要的一点是，如果你查对孟德斯鸠的引文，你将几乎连四处正确的地方都找不到；我一度有幸检验了它们。先生，我因你在亨利四世统治时期谨慎地停下来颇受启迪；你所说的给我提供了信息：我擅自猜测了许多你没有讲出来的东西。总

---

① *vanitas vanitarum*，语出《旧约·传道书》，第1章第2行。——译者注

之，我从你的思考方式和关于称之为封建政府的野蛮措施的表达方式中受益匪浅，为此我对你不胜感激。据说，拉蒂斯邦（Ratisbon）的议会已臻于完善。在我这半英里处，不管是向左还是向右，它都被深恶痛绝。然而，由于我们法国的一种反常现象，就在汝拉山的山谷我厨房花园的后面，所有的恐怖经历全都存在。圣克劳德（Saint Claud）的12000名奴隶的准则，使他们已经无礼地渴望成为国王的臣民而取代对修士们来说是负担的农奴和动物。但在贝桑松议会上他们的请求刚刚失败，不顾国王的敕令，而法国大理院主要法庭（Grand Chambre）的许多委员们都有他们的地产，他们的地产充满生命的活力。我们之中的法学家是如此的一致！最后，你的书给我以指导并令我振奋，我爱其有条理的阐述和表达风格。你没有像《论法的精神》和《波斯人信札》的作者那样在书中夸耀你敏锐的思维，但是你用你的智力发现了真理。先生，有幸得到你送给我的著作，那么请判断一下我对你的感激之情，判断一下是否我怀着喜悦之情读完了它，判断一下，当我使你确信我甚为荣幸之至时，是否我仅仅是在利用华而不实的套语。

  最后向你表达我发自内心最深处的敬重和最衷心地感激……

  此致

你忠实的朋友
伏尔泰
1777年6月20日
于费尔内

## LXXXI
## 一份临终者的信仰表白

致戈尔捷神甫

【1778年，伏尔泰在84岁高龄之际，不顾他最好朋友的建议，决定离开费尔内前往巴黎探访亲友。他因巴黎人的敬仰和关注而应接不暇——仅一天之中，他就接待了300位来访者。到了星期日，2月15日，他已经病重得离不开室内了。就在这一天，正如信中所记载的那样，本杰明·富兰克林——美国的政治家、哲学家和外交官，此时也已72岁，为了保证美国同英国发起战争时的国外援助，他正在巴黎履行外交使命——带着他的孙子来接受费尔内长者的祝福。（富兰克林的努力至此已经极为成功，因此在1778年2月6日 ——在伏尔泰写

这封信前的一两周，路易十四已经签署了与美国的盟约——参看第82封信："1778年的巴黎。"）据说，伏尔泰与富兰克林谈到了那个自由国家的政府和宪法。"如果我40岁的话，"伏尔泰说道，"我就会到你幸福的祖国去定居。"

2月20日，伏尔泰收到了一封耶稣会神甫戈尔捷（Abbé Gaultier）的信，他渴望这位怀疑主义者的灵魂得救，这样他自己也会享有拯救他灵魂的盛名。对于此信，伏尔泰做了如下答复：2月21日，他终于同意给戈尔捷一个长时间晤谈的机会。在此过程中，他接受了神甫作为他的告解牧师——为确保体面和基督徒的葬礼，一位告解牧师的存在乃是一种无法避免的象征——并答应再次与他面谈。在伏尔泰临终的卧榻上，在那种特别的场面和氛围到来的时刻，戈尔捷显得无足轻重。他皈依宗教的挣扎体现的是他哲人的宽厚和包容，而不是他的宗教同道那种坚定信仰方面的觉醒。】

先生：

似乎对我而言，你的信表达了一位正直人的坦诚，那足以让我决定：在你有暇之日，对你又最方便的时候，欢迎你的光临。我将毫无保留地对你说：当我给最受尊敬的美国公民、睿智而声名卓著的富兰克林的孙儿祝福时我所说的一切。当时我只祝福他"上帝和自由"。所有在场的人都深受感动。我自我感觉你将会分享我的渴望。

我84岁了，很快就要出现在宇宙的造物主——上帝的面前。尽管疾病的痛苦令我难以忍受，但是如果你有什么话要和我讲，接待你仍将是我的职责和荣幸。

我有幸成为……

此致

你的朋友

伏尔泰

1778年2月21日于巴黎

## LXXXII

### 1778年的巴黎

#### 致比茹-费尔内的德弗洛里安侯爵

【德弗洛里安侯爵(Marquis de Florian)是伏尔泰甥女德方丹夫人的再婚丈夫。1772年,德方丹夫人去世后,他与在伏尔泰家里遇到的一位漂亮的小新教徒结了婚。夫妇二人在费尔内附近的一个小房子里住了下来。

"自从上次事故后,过去的这两周时间里就是半死不活的状态。"2月25日,伏尔泰破开了一条血管,他一直病得骇人。

"你知道,人们已经在大量地谈论战争"——作为美国的联盟,法国已经承诺介入反击英国的行动(参看第81封信,"一位临终者的信仰表白")。

"内克尔(Necker)的彩票。"内克尔是法国灾

难性财政危机时的财政总监。】

侯爵阁下：

那位年迈的病弱者已经不能尽快地给德弗洛里安先生和夫人写信了。他自从上次事故后，过去的这两周时间里就是半死不活的状态。他不得不承受在如此状况下不可避免的全部不幸。当他在某种程度上较感轻松时，就抓住这一刻告诉德弗洛里安先生和夫人：即使他已经真正死去，那也会对他们怀有最友好的挚爱，并一直相信他们不会忘记他。

在巴黎，你知道人们已经在大量地谈论战争：国王已经通过他的驻伦敦大使，宣告他渴望和平，但是他必须坚决要求他的旗帜和商务受到尊重。与美国的条约公开签订。因为我病得太重而不能去拜访他，所以我在自己的家里会晤了富兰克林先生。他要我给他的孙子祝福。我答应了他的要求，在我屋子里20个人的面前，我只讲了"上帝和自由"。

英国大使大约在一小时后到场。我接受了来自宫廷和来自这个城市的友好，这远远超出了我的希望，甚至我的愿望，但是我没有找到一个有利的时机要求在金钱方面给我瑞士居住地的那些人以帮助。国王正深陷于债务之中。法国舰队的花费甚巨。内克尔的彩票已经毫无价值——丰额1000（利弗尔）的彩票兑换不了8（利弗尔）。不再存在什么经济问题——存在的只是一种报复的愿望。德斯坦元帅（M. d'Estaing）①控制着一支强有力的中队；德拉莫特-皮盖（M. de la Motte-Piquet）元帅控制着另一支。

你知道，迪皮先生（M. Dupuits）在巴黎，他希望找到一个职位。

---

① 德斯坦元帅（M. d'Estaing, 1729—1794），他的全名是Jean Baptiste Charles Hector，德斯坦伯爵，法国陆海军指挥官。1778年，他曾经指挥一支军队援助北美殖民地同英国作战，但作战失利。1794年，他被法国革命法庭处死。——译者注

很可能的是，没有任何战争的宣言，一些交火也将会发生。至于我——我是地道的和平主义者——我只期待被那些懦夫纠缠死。他们总是用莎士比亚、沃克斯豪尔（Vauxhall）①、烤鹿肉、英国的江湖骗子和英国的贵族来烦我。

我恳请德弗洛里安先生原谅我讨论到这些细节琐事。我更宁愿在他家的外边修一条路，可是我看到治疗我的吐血比从困窘的政府里弄到钱更容易，因为政府甚至连付给穷苦的拉克勒（Racle）②的必要资金都没有。这里，到处有令人反感的奢侈和惊人的贫困。巴黎是所有的愚蠢、白痴和所能想象到的恐惧大本营。

什么时候我才能再回到费尔内，什么时候能再拥抱比茹（Bijou）的主人和女主人呢！

此致

你的朋友
伏尔泰
1778年3月15日于巴黎

---

① 沃克斯豪尔（Vauxhall），即沃克斯豪尔公园，伦敦一景区，是大型音乐会或舞会演出地。——译者注
② 拉克勒（Racle, Leonard, 1736—1791），法国建筑师，伏尔泰聘他在费尔内为他工作，后将他推荐给个法国首相舒瓦瑟尔公爵。——译者注

# LXXXIII
## 告别

致弗里德里希大帝

【这是弗里德里希和伏尔泰之间长期著名通信中的最后一封信。年迈的弗里德里希大帝,就像年轻时的他一样,还是成堆的恭维话。伏尔泰尽管年迈体衰,还是一如既往、无所顾忌地予以接受。可是,他最后致"不朽的弗里德里希"的信,却像他最初写给他的信一样,写信的人此时还是一位比他同时代的人都更爱那应受启蒙的人类,他终生的努力就是,"对使他们失明有好处"的那些人不应总能"弄瞎他们的眼睛"。】

陛下:

法国的绅士将要向陛下呈上此信,他似乎面呈才符合礼节，告诉您因为我在巴黎一直忙于逃避两件纠缠我的事——兴奋和死亡，因此不幸有好久我没有致信问候陛下。

真正令人感兴趣的是，在84岁的高龄，我还会从两种致命的疾病中活过来。我的好运出自您的保护之下，我的声誉应该归于您。

我已经亲眼见证了——带着一种惊异和深深的满足感——一出新悲剧的上演和公众（30年来他们一直把君士坦丁（Constantine）①和狄奥多西（Theodosius）②看作是君主甚或是圣徒的典范）的反响。当舞台上宣布他们两位只不过是迷信的暴君时，观众在台下狂喜地欢呼。我看到了在所有各个阶层中，自然科学终于取得进步的20个类似的证据。在一两个月里，我不会为让人宣布对朱利安皇帝（Emperor Julian）③的一篇颂词而感到绝望。确定无疑的是，如果波斯人记得，他像加图（Cato）④一样在他们中间行使正义，他为他们像凯撒一样战斗，他们就应该永远感激他。

陛下，于是真实的情况是，最后，人们将受到启蒙，对使他们失明有好处的那些人将不总能弄瞎他们的眼睛！我对此感谢陛下。您已经像征服您的敌人一样征服了偏执，您能庆幸自己在每一类名人的行列中。您像是一座日耳曼自由的堡垒，是迷信的征服者。

比我长寿的您，建立所有您已经发现的帝国吧！

愿弗里德里希大帝成为不朽的弗里德里希！

---

① 君士坦丁（Constantine，274—337），即君士坦丁大帝，古罗马帝国皇帝。他在位期间，承认了基督教在国家统治中的地位，并将帝国的首都从罗马迁往拜占庭。——译者注

② 狄奥多西（Theodosius，346—395），古罗马帝国皇帝，即狄奥多西一世，亦称狄奥多西大帝。在位期间，正式将基督教定为国教；临死前将罗马帝国分给他的两个儿子，从此出现东罗马帝国和西罗马帝国。——译者注

③ 朱利安皇帝（Emperor Julian，331—363），即背教者朱利安，古罗马皇帝。他执政期间，排斥基督教，任用非基督徒为军事官员，"背教者"之称由此而来，他后来死于波斯人之手。——译者注

④ 此处的加图，应指小加图，加图（Cato，公元前95—46年），古罗马政治家，曾任民保官，元老院中的共和派首领。他一直反对凯撒，内战爆发后，他加入庞培一方，败给凯撒后绝望自杀。——译者注

1778年3月30日，在法兰西剧院舞台上演出的《伊蕾娜》中的一个场景

请接受我不可改变的忠诚。

伏尔泰

1778年4月1日于巴黎

## LXXXIV
## 绝笔书

致德拉利伯爵

【拉利元帅，拉利-托郎达尔（Lally-Tollendal）的父亲，此信就是写给他的，他是一位曾在法国谋划斯图亚特王朝复辟的爱尔兰詹姆斯二世保皇党人（Jacobite）。在印度，他反对英国的东印度公司，但无果而终。

关于他回到法国的原因，部分地是对他失败的惩罚，部分地是讨好英国。法国政府则将他投入了巴士底狱：以他向敌人——英国出售本地治里（Pondicherry）①的理由提出控诉，还有许多其他的事项，皆尤为荒谬至极。1766年5月6日，那时作

---

① 本地治里（Pondicherry），法属印度的首府，几次易手于英国，但最后还是成为法国殖民的城市和地区。——译者注

为64岁的老人，他的嘴被塞上，手上戴着手铐，最后被砍头。一个月以后，伏尔泰写信给达朗贝尔，"我将以自己的头来打赌，他不是一位叛国者"。7年以后，拉利的儿子恳请伏尔泰的帮助，证明他父亲人格的清白，伏尔泰"日以继夜"地工作了好多个星期，写出了《印度和拉利将军史的历史片段》（*The Historical Fragments of the History of India and of General Lally*），以此成功地和结论性地证明了这位被冤枉将军的清白。

1778年5月26日，当年迈的伏尔泰在巴黎的维莱特府邸（Hôtel Villette）面临生命垂危之际，路易十六在国王议事会上公开地证明拉利将军是无辜的。

现在正在很快衰退的智力，通过最后一次非凡的努力，面临死亡的老人恢复了他极佳的智力，那曾经多么高尚地为他所用的智力，他向德拉利-托朗达尔伯爵口述了下面这封信。接着他让人用大号字写到了一张纸上，他又让身边的人将那张纸固定在他的床帷上，其内容如下：

"5月26日，由帕吉耶（Pasquier）（议会的议长）对拉利本人判定的谋杀罪由国王议事会平反昭雪。"

那是他意识清醒时最后做的事。四天之后能1778年5月30日，他的心脏停止了跳动。不曾有过什么人和他那样怀有那主宰其终生的激情：憎恨专制、压迫和世道的不公，他的这种激情至死丝毫未减。更多的人，在他们生命的最后时刻，发现除了他们自己以外，他们不可能想到任何人。】

当听到这个伟大的消息时，那临终之人的生命重又复苏——他轻轻地拥抱德拉利先生。此时，他看到了国王是正义的捍卫者，此生，他死

伏尔泰的坟墓

亦瞑目而含笑九泉。

1778年5月26日

*L'Homme Immortel*

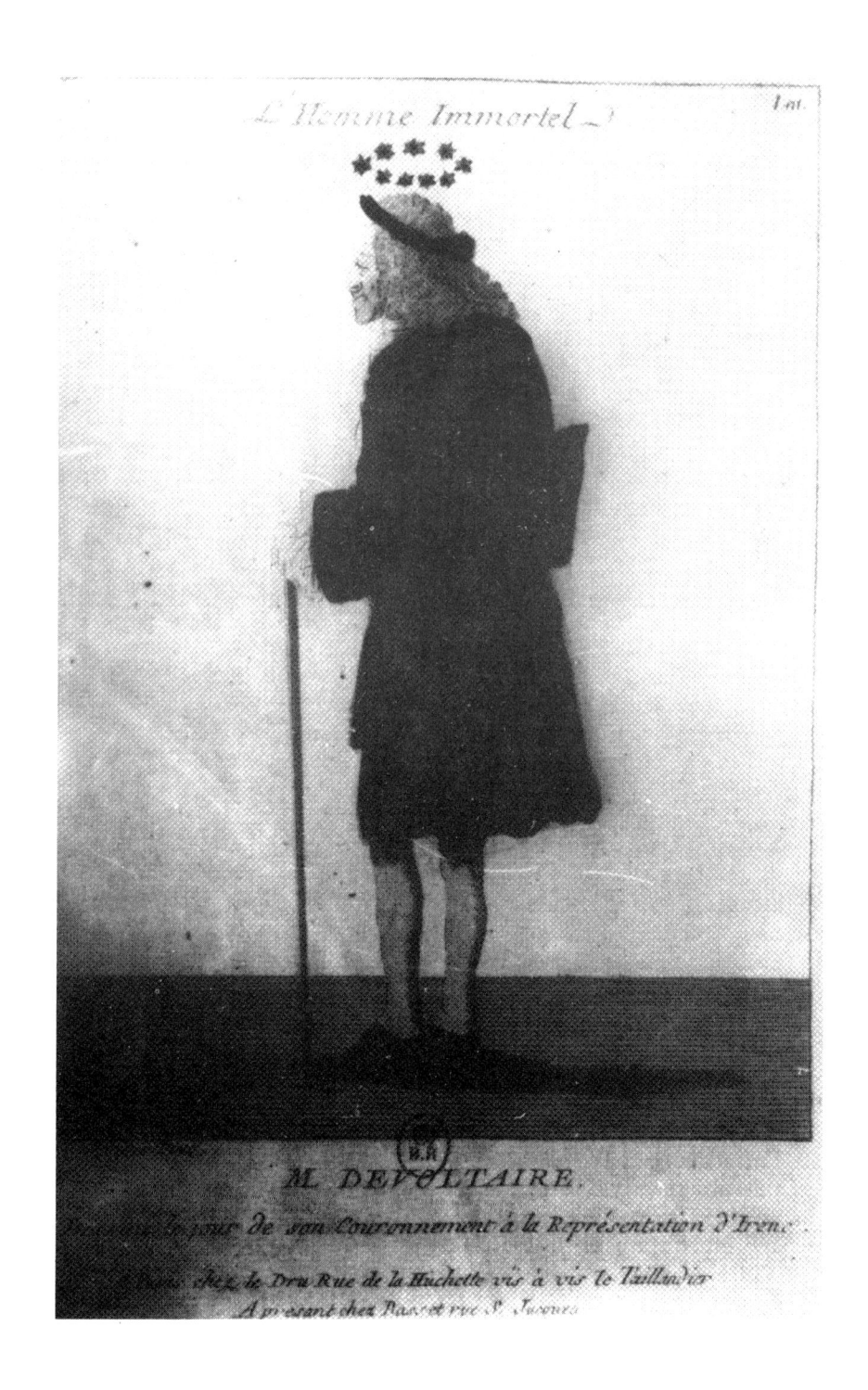

M. DE VOLTAIRE.

LXXXIV 绝笔书

图书在版编目（CIP）数据

书信中的伏尔泰：插图本 /（英）斯蒂芬·G.塔伦泰尔编译；沈占春译. -- 长春：吉林出版集团股份有限公司，2017.5
书名原文：Voltaire in His Letters
ISBN 978-7-5581-2231-6

Ⅰ.①书… Ⅱ.①斯… ②沈… Ⅲ.①伏尔泰（Voltaire, Francois-Marie, Arouet 1694—1778）– 书信集
Ⅳ.① B565.25

中国版本图书馆 CIP 数据核字（2017）第 085377 号

## 书信中的伏尔泰：插图本

| | |
|---|---|
| 著　　者 | [英]斯蒂芬·G.塔伦泰尔 |
| 译　　者 | 沈占春 |
| 出　　品 | 吉林出版集团·北京汉阅传播 |
| 出 品 人 | 刘丛星 |
| 总 策 划 | 崔文辉 |
| 策划编辑 | 顾学云 |
| 责任编辑 | 李　楠 |
| 封面设计 | 观止堂_未　氓 |
| 开　　本 | 720mm×980mm　1/16 |
| 字　　数 | 300 千 |
| 印　　张 | 21.75 |
| 版　　次 | 2017 年 6 月第 1 版 |
| 印　　次 | 2019 年 3 月第 2 次印刷 |

| | |
|---|---|
| 出　　版 | 吉林出版集团股份有限公司 |
| 发　　行 | 北京吉版图书有限责任公司 |
| 地　　址 | 北京市西城区椿树园 15—18 号底商 A222 |
| | 邮　编：100052 |
| 电　　话 | 总编办：010—63109269 |
| | 发行部：010—63104979 |
| 官方微信 | Han-read |
| 邮　　箱 | Beijingjiban@126.com |
| 印　　刷 | 河北省三河市天功达印刷有限公司 |

ISBN 978-7-5581-2231-6　　　　　定价：79.00 元

版权所有　侵权必究